edition suhrkamp 2282

W0074920

Viele Texte, die seit den 1960er Jahren unter dem Schlagwort »Pop-Literatur« zusammengefaßt werden, zielen auf das ab, was Thomas Meinecke als entscheidende Parameter einer »jetzt-versessenen Literatur« anführt: »Vergegenwärtigung, Gegenwart (wenigstens die Illusion des Gegenwärtigen).« Rolf Dieter Brinkmann versteht sein Schreiben als eine »in der Gegenwart« betriebene »Grundlagenforschung der Gegenwart«, in Andreas Neumeisters Roman *Gut laut* bestimmt die »Gegenwart als Alles und als Nichts« die Struktur des Textes, Rainald Goetz beschreibt sein fünfbändiges Projekt *Heute morgen* als eine »zur Zeit erscheinende Geschichte der Gegenwart«. An diesen und weiteren Texten (u. a. von Hubert Fichte, Kathrin Röggla und Andy Warhol) zeigt Eckhard Schumacher, wie über die Serialisierung eines immer wieder neuen »Jetzt« die Aktualität des Geschriebenen im Akt des Schreibens konstruiert wird, wie über literarische Verfahren der Gegenwartsfixierung ein performatives Potential entfaltet wird, das neben dem Effekt der Gegenwärtigkeit auch die Pop-Qualitäten der Texte hervorbringt.

Eckhard Schumacher, geboren 1966, arbeitet als Literaturwissenschaftler am Kulturwissenschaftlichen Forschungskolleg »Medien und kulturelle Kommunikation« der Universität Köln. In der edition suhrkamp erschien von ihm zuletzt *Die Ironie der Unverständlichkeit* (2000).

Eckhard Schumacher
Gerade Eben Jetzt
Schreibweisen der Gegenwart

Suhrkamp

edition suhrkamp 2282
Erste Auflage 2003
© Suhrkamp Verlag Frankfurt am Main 2003
Originalausgabe
Satz: Jung Crossmedia, Lahnau
Druck: Nomos Verlagsgesellschaft, Baden-Baden
Umschlag gestaltet nach einem Konzept
von Willy Fleckhaus: Rolf Staudt
Printed in Germany
ISBN 3-518-12282-7

1 2 3 4 5 6 – 08 07 06 05 04 03

Inhalt

I

»… gerade eben jetzt…«
Pop, Literatur, Journalismus

»Mir ist alles klar, wenn es erst mal passiert ist – was Vergangenheit angeht, bin ich richtig gut. Es ist die Gegenwart, die ich nicht verstehen kann.«[1] Mit dieser Feststellung kommentiert Rob Fleming, der erzählende Protagonist in Nick Hornbys Roman *High Fidelity*, nicht nur seinen Umgang mit Schallplattensammlungen und Liebesbeziehungen. Er führt zugleich eine Unterscheidung an, die über den im Roman problematisierten Kontext eines durch Pop-Musik kanalisierten Herzschmerzes hinaus auch einen differenzierteren Blick auf das ermöglichen kann, was in den letzten Jahren unter dem Begriff Pop-Literatur verbucht wurde. Nicht wenige der mit dem Label Pop versehenen Bücher, darunter auch Hornbys *High Fidelity*, lassen sich als Texte qualifizieren, die mit der vermeintlichen Klarheit der Vergangenheit besser umgehen können als mit den Verständnisschwierigkeiten, die durch das produziert werden, was sich immer wieder neu als Gegenwart präsentiert.

So ist, wie Thomas Meinecke bemerkt, ein großer Teil der Ende der 1990er Jahre entstandenen Pop-Texte nichts anderes als »Erinnerungsliteratur«, geschrieben für die, »die auch gerade alt geworden sind und sich möglichst der gleichen Dinge erinnern sollen«, nostalgische »Verständigungsliteratur«, die sich darauf beschränkt, »in einer Sprache und in einem Stil über Pop-Musik zu schreiben, wie immer schon geschrieben wurde, anstatt über irgendwelche Blumenbeete in Heinrich Vogelers Vorgarten nun über Schallplatten aus England«.[2] Diese Form von Pop-Literatur, der man in Büchern von Nick Hornby ebenso begegnen kann wie in Texten von

---

1 Nick Hornby: *High Fidelity* [1995], übers. v. Clara Drechsler u. Harald Hellmann, Köln 1996, S. 96.
2 Thomas Meinecke, zit. nach Eckhard Schumacher: Pop, Literatur. Ein Interview mit Thomas Meinecke, in: *Kritische Ausgabe. Zeitschrift für Germanistik & Literatur* 1/2000, S. 19.

Florian Illies,[3] verdankt ihre Popularität vor allem einem technisch versierten, literarisch weitgehend konventionellen, in seiner Konventionalität jedoch durchaus unkonventionell wirkenden Nacherzählen popkulturell geprägter Sozialisationsmuster. Schreibverfahren, die sich in diesem Sinn auf die Attraktivität ihrer Gegenstände verlassen und so auch Pop zu einem literarisch verwertbaren Thema machen, setzt Meinecke im Blick auf Autoren wie Rainald Goetz und Andreas Neumeister, aber auch im Blick auf seine eigenen Texte das Prinzip entgegen, im Schreiben selbst »nach der Methode Pop zu verfahren«. Wenn er sein Verständnis von Pop dabei als ein »Bezugnehmen, ein Sich-Verlassen auf die Gegenwart« qualifiziert, ist die Verweigerungsgeste gegenüber der »auf Versöhnlichkeit angelegten Erinnerungsarbeit herkömmlicher Erzählliteratur« ebenso vorausgesetzt wie die Anlehnung an eine Form von Gegenwartsfixierung, die Andy Warhol als Pop Art popularisiert hat: »Pop als die totale Gegenwart«.[4] Nicht weil sie vorgibt, die Gegenwart zu verstehen, sondern weil sie unter Vermeidung tiefenhermeneutischer Sinnerkundungen ansetzt, das »zum Ausdruck« zu bringen, »was gegenwärtig ist«, kann, so Meinecke, eine in diesem Sinn »jetzt-versessene Literatur« zumindest »für fünfzehn Minuten« auch als »Pop-Literatur« verstanden werden.[5] Ein anderer, aus nicht ganz nachvollziehbaren Gründen weniger umstrittener Begriff trifft den an dieser Stelle springenden Punkt allerdings ähnlich genau. Es geht, hier und auf den folgenden Seiten, um eine auffallend häufig auf das vergleichsweise alte Medium der gedruckten Schrift

3 Eine Art Konzentrat dieser Form von Verständigungsliteratur findet sich in Florian Illies: *Generation Golf. Eine Inspektion*, Berlin 2000.

4 Meinecke, zit. nach Schumacher: Pop, Literatur (Anm. 2), S. 19; Thomas Meinecke: Ich als Text (Extended Version), in: Ute-Christine Krupp/ Ulrike Janssen (Hg.): *Zuerst bin ich immer Leser. Prosa schreiben heute*, Frankfurt/M. 2000, S. 16; ders: From A to B and back again. Über Andy Warhol, in: *Frankfurter Rundschau* 25. 11. 1998.

5 Meinecke: Ich als Text (Anm. 4), S. 17 f.; Meinecke, zit. nach Schumacher: Pop, Literatur (Anm. 2), S. 19.

beschränkte Form von Literatur, die man auch in einem etwas engeren als dem üblicherweise in dieser Sache veranschlagten Sinn als Gegenwartsliteratur beschreiben könnte.

✳

Als im Herbst 1998 die neuen Bücher von Rainald Goetz, Thomas Meinecke und Andreas Neumeister in einer Werbeanzeige unter dem Schlagwort »Pop« zusammengefaßt wurden, wirkte es zunächst naheliegend, den zu dieser Zeit zwar schon andeutungsweise, aber noch nicht übermäßig strapazierten Begriff auf die entsprechende Musik zu beziehen und als eine Inhaltsangabe zu lesen, die die unterschiedlichen Texte auf einen gemeinsamen Nenner bringen konnte. In allen drei Büchern spielt, kaum zu übersehen, Pop-Musik eine entscheidende Rolle: House und Techno in Goetz' *Rave*, Punk Rock, House und Krautrock in Meineckes *Tomboy*, Munich Disco, Krautrock, Kraftwerk und diverse andere Elektronika in Neumeisters *Gut laut*.[6] Der etwa zeitgleich einsetzende Boom deutschsprachiger Pop-Literatur, von der Literaturkritik etwas überstürzt herbeigeschrieben, selbst in den kulturpessimistischsten Abwehrmaßnahmen verblüffend schnell zu einem konkurrenzfähigen Genre aufgewertet und ebenso kurzschlüssig wenige Jahre später für beendet oder auch tot erklärt, schien diese Lesart gleich mehrfach zu bestätigen. Benjamin v. Stuckrad-Barres *Soloalbum*, Kathrin Rögglas *Abrauschen* oder Alexa Hennig von Langes *Relax* ließen sich, unabhängig von den beträchtlichen Unterschieden zwischen den Texten,[7] ähnlich leicht auf jene pop-kompatiblen Parameter beziehen, die neben einer etwas merk-

6 Rainald Goetz: *Rave*, Frankfurt/M. 1998; Thomas Meinecke: *Tomboy*, Frankfurt/M. 1998; Andreas Neumeister: *Gut laut*, Frankfurt/M. 1998.

7 Alexa Hennig von Lange: *Relax*, Hamburg 1997; Kathrin Röggla: *Abrauschen*, Salzburg/Wien 1997; Benjamin v. Stuckrad-Barre: *Soloalbum*, Köln 1998; die folgenden Bücher von Stuckrad-Barre lieferten über ihre Titel weiteren Stoff für popmusikalische Verrechnungen: ders.: *Livealbum*, Köln 1999; ders.: *Remix. Texte 1996-1999*, Köln 1999.

würdigen Begeisterung für den gesenkten Altersschnitt der neueren Gegenwartsliteraten und Gegenwartsliteratinnen in den Feuilletons als Sortierschematismen herhalten mußten: »Junge Autoren öffnen Plattenschränke und Diskothekentüren, um vom Zustand ihrer Generation zu erzählen.«[8] Weitgehend übersehen wurde bei derartigen Zuordnungen, daß der Begriff Pop, wenn er denn überhaupt brauchbar war, in den meisten der genannten Fälle weder auf die Thematisierung von Pop-Musik noch auf die Popularität des Textes, der Autorin oder des Autors beschränkt werden konnte, sondern ganz offensichtlich auch auf ein spezifisches Verhältnis zur Gegenwart abzielte, das nicht nur thematisch, in der Wahl der Gegenstände und Szenarios, sondern auch auf der Ebene der je spezifischen Schreibverfahren erkennbar wurde.

In Andreas Neumeisters Roman *Gut laut*, der sich schon im Klappentext als Entfaltung der Kategorie des »Ebenjetzt« präsentiert, bestimmt die »Gegenwart als Alles und als Nichts« die narrative und rhythmische Struktur des Textes; Rainald Goetz beschreibt sein fünfbändiges Projekt *Heute morgen*, das 1998 mit der Erzählung *Rave* einsetzt, als eine »zur Zeit erscheinende Geschichte der Gegenwart«; und auch Thomas Meineckes *Tomboy* läßt sich als genau das lesen, was eine der Romanfiguren eher beiläufig entwirft, als »eine noch nie dagewesene Geschichte der Gegenwart«.[9] Diese und andere Bücher legen nahe, daß die Konzentration auf die Gegenwart, die Frage nach der schriftlichen Darstellbarkeit des Jetzt und die Reflexion auf dessen Verhältnis zu einer möglichen Geschichte der Gegenwart entscheidende Momente jener Schreibweisen sein könnten, die Pop und Literatur gleichermaßen ernst nehmen, ohne dabei notwendig einem Begriff von Pop-Literatur das Wort zu reden. Voll-

8 Wolfgang Höbel: Das gute, beschissene Leben, in: *Der Spiegel* 50/1998, S. 246.
9 Neumeister: *Gut laut* (Anm. 6), Klappentext u. S. 13; Meinecke: *Tomboy* (Anm. 6), S. 103; Rainald Goetz: *Celebration*, Frankfurt/M. 1999, S. 4.

kommen neu sind derartige Projekte allerdings nicht. Auch bei den bereits Ende der 1960er Jahre unter dem Schlagwort Pop-Literatur verhandelten Autoren Hubert Fichte und Rolf Dieter Brinkmann,[10] die Goetz im Zusammenhang seiner »Geschichte der Gegenwart« als »Referenzen« anführt[11] und die auch für Neumeister, Meinecke oder Röggla wichtige Bezugsfiguren sind, findet sich eine vergleichbare Fixierung auf die Gegenwart. Auch hier geht es um die Frage, wie im literarischen Text ein Jetzt präsentiert werden kann, das einerseits Gegenwärtigkeit und Aktualität verspricht, zugleich aber immer auch konstitutiver Bestandteil einer Geschichte der Gegenwart ist und so, wie Brinkmann schreibt, einer »in der Gegenwart« betriebenen »Grundlagenforschung der Gegenwart« zuarbeitet.[12]

Diese Form der Grundlagenforschung, mit der man auch in Texten von Goetz, Neumeister oder Meinecke konfrontiert wird, versucht nicht in erster Linie, die Gegenwart zu verstehen und zu erklären, sondern macht zunächst vor allem das, was die Pop Art der 1960er Jahre auszeichnet und was man mit Meinecke auch heute noch als »Methode Pop« qualifizieren kann: Zitieren, Protokollieren, Kopieren, Inventarisieren.[13] Dabei geht es weder um philologische oder buch-

---

10 Als Beispiele für »Pop-Literatur« werden Brinkmann und Fichte u. a. von Jost Hermand diskutiert: *Pop International. Eine kritische Analyse*, Frankfurt/M. 1971, S. 30ff.; vgl. auch ders.: Pop-Literatur, in: ders. (Hg.): *Literatur nach 1945 II. Themen und Genres*, Wiesbaden 1979, S. 279-310; mehr zu Brinkmann und Fichte in den Teilen II und IV in diesem Band.

11 Rainald Goetz: *Abfall für alle. Roman eines Jahres*, Frankfurt/M. 1999, S. 654.

12 Rolf Dieter Brinkmann: *Erkundungen für die Präzisierung des Gefühls für einen Aufstand*, Reinbek 1987, S. 129.

13 Ohne Rückgriffe auf frühere Modelle von Pop oder Pop-Literatur beschreibt Moritz Baßler, ausgehend von Texten von Max Goldt, Andreas Mand und Benjamin v. Stuckrad-Barre, Katalogisierung und Archivierung als zentrale Verfahren des »deutschen Pop-Romans« der 1990er Jahre, vgl. Moritz Baßler: *Der deutsche Pop-Roman. Die neuen Archivisten*, München 2002.

halterische Akte der Bestandssicherung noch darum, Gegenwartsliteratur als eine repräsentative Veranstaltung zu begreifen. An die Stelle der seit Anfang der 1990er Jahre verschiedentlich angestrengten Suche nach dem hauptstadtgerechten Berlin-Roman und anderen Formen von Literatur, die gegenwärtige gesellschaftliche Zustände mit kritischer, ironischer oder sonstwie gebrochener Distanz erzählerisch zur Darstellung bringen sollen, tritt der Versuch, eine Form von Signifikanz zu produzieren, die ein gegenwartsdiagnostisches Potential freilegen kann, ohne es durch Erklärungen, Meinungsbekundungen oder andere Verständnishilfen zugleich wieder zum Stillstand zu bringen. Diese Signifikanz wird dabei nicht zuletzt durch jene performativen Qualitäten produziert, die auch das Wort »Pop« auszeichnen: durch die kurzzeitige Hervorhebung nicht nur bedeutender, sondern ebenso auch vermeintlich unbedeutender Momente, durch die unerwartete Unterbrechung erwartbarer Zusammenhänge, durch Wörter, Begriffe und Konstellationen, die selbst vorführen und vollziehen, was sie bezeichnen.[14] Als eine mögliche Definition von Pop führt der Germanist Jost Hermand in diesem Sinn Anfang der 1970er Jahre genau das an, was Rainald Goetz zwanzig Jahre später als Kennzeichen brauchbarer Gegenwartsliteratur in Anschlag bringt: Pop, so Hermand, eher skeptisch, oder eben Literatur, so Goetz, eher emphatisch, ist »alles, was knallt«.[15]

Eine spezifische Qualität, die Pop als Wort und Sache auszeichnet, ist damit ebenso benannt wie ein Problem, das auch

14 Als »performative Qualität« wird hier nicht nur der Inszenierungscharakter von Wörtern, Texten oder anderen kommunikativen Akten begriffen; im Anschluß an John L. Austins Entwurf einer Sprechakttheorie wird ein performativer Akt auch als ein Akt verstanden, der das, was er bezeichnet, durch die Bezeichnung selbst hervorbringt, selbst vollzieht; einen Überblick über verschiedene Konzeptionen von Performanz und Performativität gibt Uwe Wirth (Hg.): *Performanz. Zwischen Sprachphilosophie und Kulturwissenschaften*, Frankfurt/M. 2002.
15 Hermand: *Pop International* (Anm. 10), S. 13; Rainald Goetz: Alles, was knallt, in: *Der Spiegel* 2/1992, S. 145.

auf den Begriff der Pop-Literatur abstrahlt. Bereits Mitte der 1960er Jahre wies der Kunsthistoriker Max Imdahl darauf hin, daß sich Pop Art durch »Provokationen«, nicht aber durch »Definitionen« auszeichne, und folgerte, daß Pop entsprechend »völlig indeterminiert« sei, »die Determinierung dem Beschauer« überlasse.[16] Aus dieser Perspektive überrascht es nicht, daß angesichts der »Kriterienvielfalt« und der »formalen Offenheit« auch im Umgang mit dem Begriff »Pop-Literatur«, wie Johannes Ullmaier schreibt, »seit jeher heillose, teils fruchtbare Verwirrung herrscht«.[17] So ist es keineswegs nur kokett, wenn Christian Kracht, dessen 1995 veröffentlichte Erzählung *Faserland* wiederholt als Ausgangspunkt für den jüngsten Pop-Literatur-Boom beschrieben worden ist, bemerkt, er habe »keine Ahnung, was das sein soll: Popliteratur«.[18] Der Begriff war auch Ende der 1990er Jahre wenig mehr als das, was ihm schon um 1970 zugeschrieben wurde – ein ebenso unterbestimmter wie überdeterminierter »Verlegenheitsausdruck«.[19]

Die Mißverständnisse, Unklarheiten und Fragwürdigkeiten, die den Begriff der Pop-Literatur bestimmen, lassen sich allerdings auch nicht dadurch lösen, daß man die Fixierung auf die Gegenwart an die Stelle der Thematisierung von Pop-Musik rückt und Pop-Literatur in diesem Sinn durch einen

16 Max Imdahl, Diskussionsbeitrag in: Hans Robert Jauß (Hg.): *Die nicht mehr schönen Künste. Grenzphänomene des Ästhetischen* [= *Poetik und Hermeneutik* 4], München 1968, S. 696.

17 Johannes Ullmaier: *Von Acid nach Adlon und zurück. Eine Reise durch die deutschsprachige Popliteratur*, Mainz 2001, S. 18 f.; Ullmaiers materialreiches Buch arbeitet dieser Verwirrung durchaus gezielt zu; Einführungsbände, die eher um Definitionen und ideologische Zuordnungen bemüht sind, sind vergleichsweise weniger fruchtbar, vgl. etwa Thomas Ernst: *Popliteratur*, Hamburg 2001.

18 Christian Kracht, zit. nach Anne Philippi/Rainer Schmidt: »Wir tragen Größe 46« [Interview mit Benjamin v. Stuckrad-Barre und Christian Kracht], in: *Die Zeit* 9. 9. 1999; vgl. Christian Kracht: *Faserland*, Köln 1995.

19 Harald Hartung: Pop als »postmoderne« Literatur, in: *Neue Rundschau* 82 (1971), S. 723.

neu formatierten Begriff von Gegenwartsliteratur ersetzt. Gegenwartsliteratur ist ebenfalls seit jeher nicht viel mehr als ein Verlegenheitsausdruck, der seine anhaltende Prominenz vermutlich nicht zuletzt seiner fehlenden Trennschärfe verdankt, die im kritischen Diskurs in eine tendenziell universelle, immer wieder zu relativierende und also neu zu bestimmende Verwendbarkeit verwandelt wird. Ein Grund für die Unschärfe, die den Begriff der Gegenwartsliteratur kennzeichnet, liegt in dem Wort »Gegenwart«, das bereits das Grimmsche Wörterbuch als »ein vielfach merkwürdiges Wort« qualifiziert.[20] Zunächst ein räumlich definierter Begriff, der *praesentia* im Sinne von Anwesenheit übersetzt, wird Gegenwart erst seit Mitte des 18. Jahrhunderts auch als ein Begriff verwendet, der eine Zeit und eine Zeitform bezeichnet. In diesem Sinn unterscheidet man auch heute noch drei Verwendungen des Begriffs: Gegenwart wird im physischen oder metaphysischen Sinn von Präsenz als räumliche oder spirituelle »Anwesenheit« verstanden; Gegenwart bezeichnet eine »Zeitform, die ein gegenwärtiges Geschehen ausdrückt«, das »Präsens«; und schließlich wird Gegenwart begriffen als »Zeit[punkt] zwischen Vergangenheit u. Zukunft«, als »Zeit, in der man gerade lebt«, als »Jetztzeit«.[21] Offensichtlich ist es vor allem die letztgenannte zeitliche Dimension, die mit dem Begriff der Gegenwartsliteratur assoziiert wird. Die Diskussionen um Möglichkeiten und Grenzen von Pop-Literatur führen aber nicht zuletzt vor, daß auch die anderen Bedeutungsebenen in diesem Zusammenhang bedient werden können.

*

20 *Deutsches Wörterbuch von Jacob Grimm und Wilhelm Grimm, Vierten Bandes Erste Abtheilung, Zweiter Theil*, bearb. v. Rudolf Hildebrand u. Hermann Wunderlich, Leipzig 1897, Sp. 2281.
21 Vgl. *Duden. Das große Wörterbuch der deutschen Sprache. In zehn Bänden*, Band 3, Mannheim u. a. 1999, S. 1419.

Ein Aspekt der Attraktivität, die der Bezug auf die Gegenwart als »Jetztzeit« verspricht, ist der fehlende historische Abstand zu den Gegenständen des Schreibens. Er produziert einen latenten, oftmals instabilen Zustand der Unübersehbarkeit und Unkontrollierbarkeit, der häufig nicht als Problem, sondern als produktives Moment, als Möglichkeitsraum des Schreibens begriffen wird. Die Form von Gegenwartsliteratur, die sich bei Brinkmann und Fichte ebenso abzeichnet wie in den Texten von Goetz, Neumeister, Meinecke oder Röggla, bleibt allerdings nicht auf die Repräsentation von zeitnahen Gegenständen, auf die Vergegenwärtigung einer gerade vergangenen Gegenwart beschränkt. Sie produziert im Akt des Schreibens zugleich auch das, was sie beschreibt, was sie in der Form der Schrift präsentiert: Aktualität, Gegenwart oder zumindest, wie Meinecke schreibt, die »Illusion des Gegenwärtigen«.[22] An die Stelle von distanzierter Reflexion und Strategien ästhetischer Repräsentation kann so immer auch das treten, was Goetz »Konstruktion der Gegenwart« nennt.[23] Entscheidend dafür ist allerdings keineswegs nur eine durch die »Jetztzeit« vermeintlich vorgegebene Aktualität der Gegenstände. Die Aktualität verdankt sich vielmehr erst dem Akt des Schreibens, der in den genannten wie in vielen anderen Fällen auf Lektüreprozessen aufbaut, die das, was aktuell anfällt, aufnehmen und weiterprozessieren – sei es neues und in diesem Sinn aktuelles Material, sei es historisch abgelagertes, längst archiviertes, aber neu entdecktes, in der Lektüre aktualisiertes Material.[24] In genau diesem Sinn beschreibt Thomas Meinecke seine Arbeit mit den täglich neu anfallenden »Lek-

22 Thomas Meinecke: Handlung lenkt ab, in: *Spex* 10/1999, S. 34.
23 Goetz: *Abfall* (Anm. 11), S. 201; mehr dazu in Teil III in diesem Band.
24 An die Stelle der Suche nach zeitgemäßer Gegenwartsliteratur kann so auch eine Praxis des Schreibens rücken, die »Lektüre als Ereignis« denkt: »Genügt es nicht, daß sich heute etwas im 16. Jahrhundert tut?«, vgl. dazu Rembert Hüser: *Kommissar Lohmann*, Diss., Ms., Bielefeld 1991, hier: S. 135.

türe- und sonstigen Partikeln«, die zum Ausgangspunkt und Taktgeber der literarischen Produktion werden: »Ich brauche sie noch nicht einmal unbedingt ganz zu verstehen, um sie zu Papier zu bringen. Ich kann einfach begeistert sein und denken: Das ist es jetzt im Moment.«[25]

*

Auch wenn die Fokussierung auf die Gegenwart, den jeweils aktuellen Moment, gerade wenn sie Züge von Begeisterung trägt, nicht immer weit von traditionellen Mustern entfernt bleibt, die sich schon in der Erlebnislyrik und Gelegenheitsdichtung des 18. Jahrhunderts finden lassen und im 19. und 20. Jahrhundert vielfach ausdifferenziert worden sind, verweist diese Art der Gegenwartsfixierung nur sehr indirekt auf literarische Traditionen.[26] Wichtigere, zumindest aber naheliegendere Bezugspunkte für die hier diskutierte Jetzt-Versessenheit finden sich im Kontext der Pop-Musik.[27] Von den Anfängen des Rock'n'Roll bis zu neuesten Spielarten elektronischer Tanzmusik wiederholt sich in immer neuen Wendungen eine Konzentration auf die Gegenwart, die in der Fixierung auf das jeweilige Jetzt den Ausgangs- und Fluchtpunkt, das Glücksversprechen oder zumindest den Zuständigkeitsbereich von Pop lokalisiert. Der schnelle, unablässige Wechsel von Stilen, Moden und Hypes, ein in vielen Szenen nicht nur geduldetes, sondern offensiv forciertes Prinzip von

---

25 Thomas Meinecke, zit. nach: Daniel Lenz/Eric Pütz: »Ich bin so ein Pop-Sommer-1982-Typ. Ein Gespräch mit Thomas Meinecke«, in: *Neue Zürcher Zeitung* 23. 8. 1999.

26 Einen historischen und systematischen Überblick über Fokussierungen auf Augenblick und Gegenwärtigkeit in Philosophie, Literatur und anderen Künsten gibt ein Sammelband von Christian W. Thomsen/ Hans Holländer (Hg.): *Augenblick und Zeitpunkt. Studien zur Zeitstruktur und Zeitmetaphorik in Kunst und Wissenschaften*, Darmstadt 1984.

27 Pop-Musik wird hier als ein übergeordneter Begriff verwendet, der die verschiedenen Genres, Stile, Szenen, Binnendifferenzierungen und Binnenbinnendifferenzierungen umfassen soll.

Pop, richtet die Aufmerksamkeit auf eine präsentisch verfaßte Gegenwart, die immer schon unter den Vorzeichen ihrer Vergänglichkeit, ihrer nur temporären Haltbarkeit wahrgenommen und zelebriert wird: »Here Today, Gone Tomorrow«[28] – »The Time Is Now« – »Now Is The Time« – »Now! Now! Now! Is the Time«.[29]

Zugleich verweisen die Begriffe Gegenwart und Gegenwärtigkeit im Zusammenhang von Pop-Musik auch auf Vorstellungen von Unmittelbarkeit, die auf der Bühne, auf der Tanzfläche, über Lautstärke und Lärm, das entstehen lassen, was als Präsenz[30] verstanden werden kann – sei es im Sinne eines in der Hippiekultur ausgelebten quasimystischen »Hier und Jetzt« oder im Sinne des Authentizitätsversprechens der Rockmusik. »Rock swings free, embracing chaos, and laughing at the notion that there could be anything more worth celebrating than the present. Rock is, and always has been, the sacred squeal of now«, beschreibt Richard Goldstein 1969 einen entscheidenden Einsatzpunkt nicht nur der Rock-Musik, sondern weiter Teile einer schon damals hochgradig ausdifferenzierten Popkultur.[31] Aber auch in der Abkehr von derartig emphatischen Beschwörungen ist die Fi-

28 Vgl. Ramones: *Rocket To Russia*, LP, Sire Records 1977.
29 B. G. Prince of Rap: *The Time Is Now*, CD, Dan/Sony 1994; Moloko: The Time Is Now, auf: dies.: *Things To Make And Do*, Doppel-LP, Echo/Roadrunner Records 2000; Ernest Ranglin: *Now Is The Time*, CD, MPS/Universal 1999; The Crystal Method: *Now Is The Time*, 12", 1994; The Andrews Sisters: Now! Now! Now! Is The Time, auf: dies.: *Now Is The Time*, CD, Jasmine 2002.
30 »Entstehung« hier verstanden als ein »Präsent-Werden ohne Präsenz«, vgl. Jean-Luc Nancy: Entstehung zur Präsenz, in: Christiaan L. Hart Nibbrig (Hg.): *Was heißt »Darstellen«?*, Frankfurt/M. 1994, S. 103; aus anderer Perspektive könnte man Pop-Phänomene auch als Inszenierungen im Sinne einer »Produktion von Präsenz« begreifen, vgl. dazu die Beiträge von Hans Ulrich Gumbrecht und Martin Seel in: Josef Früchtl/ Jörg Zimmermann (Hg.): *Ästhetik der Inszenierung. Dimensionen eines künstlerischen, kulturellen und gesellschaftlichen Phänomens*, Frankfurt/M. 2001, S. 63-75 u. 48-62.
31 Richard Goldstein (Hg.): *The Poetry of Rock*, New York 1969, S. 11.

xierung auf ein jeweils aktuelles Jetzt als ein nahezu zeitloser Topos der Pop-Musik in Serie gegangen. So bestimmt Neil Tennant, Sänger der Pet Shop Boys, mehr als dreißig Jahre später den Gegenstandsbereich und Zeitindex der Pop-Musik zwar deutlich distanzierter als Goldstein, aber in der Sache dennoch kaum anders: »Pop handelt vom Jetzt.«[32] Die Auslöschung möglicher Transzendenzgedanken in Punk und New Wave[33] kann diese Lesart ebenso bestätigen wie die Verabschiedung von Authentizitätsvorstellungen im Glam-Rock der 1970er und Zitat-Pop der 1980er Jahre, die in der popartgeschulten Vergegenwärtigung der Vergangenheit auch die vermeintliche Unmittelbarkeit von Pop als postmodernistisch zitierbare, artifiziell konstruierbare und hedonistisch zelebrierbare Konstellation vorführen.[34]

»All we have is now / All we've ever had was now / All we have is now / All we'll ever have is now«,[35] bringen die Flaming Lips im Jahr 2002 gut fünfzig Jahre Pop-Geschichte auf einen Punkt, der in seiner abstrahierenden Bewegung das ekstatische Moment des Rock'n'Roll, die Spontaneität des Free Jazz, die Diesseitigkeit des Punk und die Zitathaftigkeit des Zitat-Pops ebenso erfassen kann wie das, was Diedrich Diederichsen den »Präsenz- und Präsens-Anspruch« von Techno nennt.[36] Gerade Techno und House Music können in ihrer Repetitivität, wie Neil Tennant betont, den »Moment

32 Neil Tennant im Interview mit Charlotte Roche, in: *Fast Forward*, Viva TV, 29. 3. 2002.

33 Vgl. etwa Fehlfarben: Hier und Jetzt, auf: dies.: *Monarchie und Alltag*, LP, EMI Electrola 1980: »Die zweite Hälfte des Himmels könnt ihr haben / Das Hier und Jetzt, das behalt' ich.«

34 Vgl. dazu Eckhard Schumacher: »Re-make / Re-model« – Zitat und Performativität im Pop-Diskurs, in: Andrea Gutenberg/Ralph J. Poole (Hg.): *Zitier-Fähigkeit. Findungen und Erfindungen des Anderen*, Berlin 2001, S. 271-291.

35 Flaming Lips: All We Have Is Now, auf: dies.: *Yoshimi Battles the Pink Robots*, CD, Warner Bros. 2002.

36 Diedrich Diederichsen: Hören, Wiederhören, Zitieren. Vorschlag einiger Elemente einer Zeichentheorie der Popmusik aus aktuellem Anlaß: Beck, Mike Ink, Rockers Hi Fi, in: *Spex* 1/1997, S. 45.

als Moment« hervorheben,[37] verstärkt durch die Präsentation im Mix des DJs, über den, wie Hans Nieswandt schreibt, eine »fragile, neue Musik« erzeugt wird, die »nur in diesem Moment existiert und im nächsten schon wieder verdunstet« ist.[38] Abstrakter und allgemeiner, aber durchaus in diesem Sinn benennt auch Bernadette La Hengst, unterstützt von modernistisch umformatierten Motown-Beats, genau den Effekt, der der Pop-Musik immer wieder zugeschrieben wird und den sie immer wieder erneut, und sei es in den Wiederholungsschleifen eines Refrains, hervorbringen kann: »Der beste Augenblick in deinem Leben / ist nicht morgen sondern gerade eben.« Zukunftsvorstellungen werden zugunsten der Gegenwart, des gerade eben aktuellen Augenblicks ausgestrichen – aber nur, wie in diesem Fall schon die nächsten Zeilen des Refrains zeigen, um im beinahe gleichen Atemzug auch dessen instantan einsetzenden Verdunstungsprozeß und damit die unabwendbare Vergangenheitsverfangenheit des Jetzt auszustellen: »Der beste Augenblick in deinem Leben / ist gerade eben jetzt gewesen.«[39]

Aus der Perspektive der Pop-Musik könnte eine Geschichte der Gegenwart an diesen Punkten – »gerade eben jetzt« – ansetzen, und auch viele der Texte, die als Pop-Literatur beschrieben oder rezipiert werden, beziehen ihre Gegenwartsorientierung auf derartige Konstellationen. Läßt sich aber die Konzentration auf ein jeweils neues Jetzt, lassen sich die Effekte von Unmittelbarkeit, Präsens, Präsenz und deren Verschwinden, die in der Musik evoziert und reflektiert werden, auf vergleichbare Weise in der Literatur produzieren – oder zumindest reproduzieren?

*

37 Neil Tennant, zit. nach: Jutta Koether: Pet Shop Boys. Der Westen ist rot, in: *Spex* 1/1994, S. 20-25.
38 Hans Nieswandt: *plus minus acht. DJ Tage DJ Nächte*, Köln 2002, S. 22.
39 Bernadette La Hengst: Der beste Augenblick, auf: dies.: *Der beste Augenblick in deinem Leben ist gerade eben jetzt gewesen*, CD, Trikont 2002.

»Literatur und Pop hatten es im deutschsprachigen Raum die meiste Zeit schwer miteinander«, schreiben Andreas Neumeister und Marcel Hartges 1996, also noch vor dem letzten größeren Pop-Literatur-Boom, im Vorwort zu ihrem Sammelband *Poetry! Slam! Texte der Pop-Fraktion.*[40] Ausgangspunkt der Anthologie ist allerdings die bereits durch den Vorworttitel *Tecstasy* angedeutete Beobachtung, daß genau das sich »im Moment« zu ändern scheint: »Mit den Slams hat die Literatur endlich zurück in die Clubs und Bars, zurück ins Nachtleben gefunden.« Die nach amerikanischem Vorbild seit Mitte der 1990er Jahre auch in Deutschland etablierten Poetry Slams sind für die Herausgeber »nicht nur eine neue Präsentationsform, sie dokumentieren auch ein neues Verständnis von Literatur«, bei dem »Spontaneität, Alltagsnähe, Gegenwartsbezug, Sprachwitz, Lustprinzip und Unmittelbarkeit« eine weit größere Rolle spielen als »die abstrakte, auf ein Expertenpublikum zielende Kunstanstrengung«.[41] Mit ähnlichen Unterscheidungen wird die Abwendung von Abstraktion, Expertentum und Kunst zugunsten von Unmittelbarkeit, Spontaneität und Alltagsnähe auch in der bereits einige Jahre zuvor erschienenen Anthologie *Slam! Poetry. Heftige Dichtung aus Amerika* propagiert.[42] Selbst wenn die Protagonisten der Poetry Slam- und Open Mike-Szene unter der Voraussetzung antreten, daß ein Gedicht »auf dem Papier genausogut wirken solle wie in der Performance«,[43] wird schnell deutlich, daß das zentrale Moment hier nicht die Form der Schrift, sondern die *live performance*, die mündliche Präsentation von Texten ist: »performance poetry ist, wie jazz, eine kunst des augenblicks, nicht jeder streich gelingt«, beschreibt Bert Papenfuß die Situations-

---

40 Andreas Neumeister/Marcel Hartges: Tecstasy, in: dies. (Hg.): *Poetry! Slam! Texte der Pop-Fraktion*, Reinbek 1996, S. 15.
41 Ebd., S. 13 ff.
42 Paul Beatty u. a.: *Slam! Poetry. Heftige Dichtung aus Amerika*, Berlin ²1994.
43 Alan Kaufman: Die Poeten des neuen Jahrhunderts, in: ebd., S. 96.

abhängigkeit der aus den USA importierten neuen Form von Literatur, die sich – ähnlich wie die im deutschsprachigen Kontext schon seit Anfang der 1990er Jahre aktive Social-Beat-Szene[44] – ebenso durch die selbstgesetzten Maßstäbe von Aufrichtigkeit, Schnelligkeit und Beweglichkeit wie durch ihre Positionierung in kaffee- oder biergetränkten Zusammenhängen auszeichnet: »prost, wort!«[45]

Stilisiert man jedoch auf diese Weise das Nachtleben zum eigentlichen Ort und die dort ausgelebte Mündlichkeit zum eigentlichen Medium der Literatur (oder auch nur der Pop-Literatur), übersieht man leicht, daß häufig erst die Differenz von Mündlichkeit und Schriftlichkeit, markiert etwa durch die Unterschiede zwischen Nachtleben und literarischem Text, die Engführung von Pop und Literatur interessant machen kann. Blendet man dieses Spannungsmoment aus, kann es passieren, daß Poetry Slams nicht viel mehr vorführen als, wie Rainald Goetz schreibt, »die Illusion, dass ein Bier in der Hand genügen würde, um alle grundsätzlichen Fragen zwischen Schrift und Rede mit einem Schluck aus der Welt zu schaffen«.[46] Wenn die Frage: »Live-Literatur zwischen Buchdeckeln, Performance auf Papier – geht das?« nur mit der Begründung positiv beantwortet wird, beim Slam sei »schließlich alles möglich«, wie im Fall eines im Jahr 2002 initiierten Poetry-Slam-Jahrbuchs, wird nicht viel mehr als der Wunsch erkennbar, eine gut eingespielte und in diversen Städten etablierte Präsentationsform ohne größere Reflexionsanstrengungen auf ein Medium zu übertragen, das dem Unmittelbarkeitspathos und dem Authentizitätsversprechen der *live performance* ähnlich viel Widerstände entgegenzustellen scheint wie der Vorstellung, Texte könnten einen »si-

44 Material zu Social Beat und Poetry Slams findet sich in Ullmaier: *Von Acid nach Adlon* (Anm. 17), S. 129-169.
45 Bert Papenfuß: Frischlust anstelle eines Vorworz, in: Beatty u. a.: *Slam! Poetry* (Anm. 42), S. 5.
46 Rainald Goetz: *Dekonspiratione*, Frankfurt/M. 2000, S. 178.

multanen Kollektivorgasmus« auslösen.[47] Die an anderer
Stelle geäußerte Befürchtung, es könnten »Transferverluste
vom Slam zum Buch« entstehen,[48] legt dagegen nahe, daß
die Schwierigkeiten im Verhältnis von Mündlichkeit und
Schriftlichkeit im Rahmen von Poetry Slams weder gelöst
noch einfach zu den Akten gelegt werden können. Sieht man
von letztlich sehr traditionell verankerten Positionen ab, die
mit dem »Lob der lebendigen Rede« zugleich »die Schrift als
Zerstörung der Präsenz« verdammen,[49] lassen sich in den
Texten, die im Kontext von Poetry Slams entstanden sind,
vor allem zwei Schreibstrategien unterscheiden, die auf vergleichbare Weise auch die verschiedenen anderen Annäherungsversuche zwischen Pop und Literatur bestimmen, die
sich Ende der 1960er und Ende der 1990er Jahre beobachten
lassen. Einerseits wird versucht, im Medium der Schrift Formen zu entwerfen, die der präsentischen Verfassung und den
Präsenzeffekten korrespondieren, die der mündlichen Rede
und anderen Formen von *live performance* zugeschrieben
werden. Andererseits lassen sich Schreibverfahren ausmachen, die den Wunsch nach Präsenz und Unmittelbarkeit gezielt unterlaufen und ihm Formen von Textualität entgegenstellen, die präsenzmetaphysisch aufgeblasene und andere
schriftskeptisch verankerte Erwartungshaltungen ins Leere
laufen lassen. Mit verschiedenen, durchaus divergierenden
textuellen Verfahren geht es in beiden Fällen, explizit oder
auch nur implizit, in immer neuen Wendungen darum, Unterscheidungen wie die von lebendiger Rede und toter
Schrift, von *live performance* und literarischem Text, von authentischem Ereignis und artifizieller Repräsentation, von

---

47 Hartmut Pospiech/Tina Uebel: Poetry Slam. What about it, in: Dies.
   (Hg.): *Poetry Slam Jahrbuch 2002/2003*, Hamburg 2002, S. 7.
48 Neumeister/Hartges: Tecstasy (Anm. 40), S. 15.
49 Diese und andere grundsätzliche Fragen zwischen Rede und Schrift
   werden – ohne Bezug auf Poetry Slams oder Pop-Literatur – problematisiert in Jacques Derrida: *Grammatologie* [1967], übers. v. Hans-Jörg
   Rheinberger u. Hanns Zischler, Frankfurt/M. 1983, hier: S. 244f.

Unmittelbarkeit und Mediatisierung, von Flüchtigkeit und Dauerhaftigkeit im Schreiben zu verschieben, zu unterminieren, zu radikalisieren – oder auch nur unter neuen Vorzeichen in den vorgegebenen Bahnen zu reproduzieren.

*

Verfolgt man die Debatten, die sich Ende der 1960er Jahre am Begriff der Pop-Literatur entzündet haben, stellt sich das im Rahmen von Poetry Slams entdeckte neue Verständnis von Literatur nur sehr bedingt als neu dar. Auch vor fünfunddreißig Jahren waren Spontaneität und Unmittelbarkeit, Alltagsnähe und Gegenwartsbezug, Sprachwitz und Lustprinzip zentrale Aspekte der Forderungen nach neuen Schreibweisen, die in der Literatur das realisieren sollten, was in der Pop Art und der Pop-Musik längst weitgehend selbstverständlich war.[50] Ein entscheidender Einsatzpunkt der Annäherungsversuche zwischen Pop und Literatur war Ende der 1960er Jahre der Wunsch, die performative Kraft der Rockmusik auch auf die Form der Schrift zu übertragen. Inszeniert als »DER TOTALE ANGRIFF AUF DIE KULTUR«, präsentiert sich in diesem Sinn »Das lange Gedicht« von Helmut Salzinger, erschienen 1969 in der Anthologie *Super Garde*, als Aufruf zur Revolution: »heute sprech ich von den verstärkern / von den aufgedrehten verstärkern sprech ich / von den motoren der gitarren von den verstärkern die / dich anheizen hochjagen bis du fliegst / von den verstärkern sprech ich von den heißen krei- / schenden jaulenden pfeifenden zischenden / schnarrenden raschelnden schlürfenden gur- / gelnden sprechenden hustenden heulenden / keuchenden krächzenden stöhnenden aufgedrehten / überdrehten / verstärkern spreche ich [...] / heute sprech ich

---

50 Erweitert man den historischen Rahmen, zeigt sich, daß hier zudem auch Forderungskataloge reproduziert werden, die bereits für die Avantgardebewegungen im frühen 20. Jahrhundert – etwa für Dada und den Surrealismus – charakteristisch waren.

von der revolution«.[51] Neben derartigen Adjektivakkumu-
lationen, die zur näheren Qualifizierung der in Aussicht gestellten Revolution in den folgenden Zeilen nochmals Wort
für Wort wiederholt werden, ist es vor allem das Wort
»jetzt«, das als Marker für Dringlichkeit und Aktualität dem
Text eine ekstatische Form der Zeitlichkeit unterlegt, die ihn
selbst als das Ereignis erscheinen läßt, das er einfordert. Gekoppelt mit Wörtern wie »rausch« und »revolution«, übersetzt in die typographisch verstärkte Aufforderung »GET
IT GET IT NOW NOOOOOOOOWWWWWWWW«,
hervorgehoben durch die im Zentrum des Gedichts vierfach
wiederholten Zeilen »sofort / hier / jetzt« und nochmals verdichtet in den Schlußzeilen »ich hör jetzt auf / ich steig jetzt
aus / ich fang jetzt an / steig aus / jetzt«, kristallisiert sich das
Wort »jetzt« in seinen Wiederholungen als ein zentrales, den
Rhythmus und Sound des Gedichts maßgeblich prägendes
Schlagwort heraus, das die Vorstellung der »monströsen hy-
sterischen revolution« auf einen Punkt bringt, in dem die
kulturrevolutionären Potentiale von Politik und Pop-Musik
nahezu ununterscheidbar zusammenzufallen scheinen.[52] Die
Kopplung von Aktionismus und Vitalismus, die auch viele
andere Texte bestimmt, verweist dabei im Kontext der Debatten um 1968 nicht nur auf die Utopien linker Projekte, ein
derartig emphatisches Beharren auf der »Situation des Hier
und Jetzt« ruft fast zwangsläufig auch den Vorwurf einer sy-
stemstabilisierenden Entpolitisierung oder eines »›rechten‹
Irrationalismus« auf den Plan: »Welche politischen Konsequenzen sich aus dieser Revolte ergeben, ist den meisten
Rockern und Schockern völlig egal.«[53]

51 Helmut Salzinger: Das lange Gedicht, in: Vagelis Tsakiridis (Hg.): *Super
    Garde. Prosa der Beat- und Pop-Generation*, Düsseldorf 1969, S. 185 u.
    167.
52 Ebd., S. 178f., 182 u. 191.
53 Hermand: *Pop International* (Anm. 10), S. 142f.; neben Salzinger führt
    Hermand als Beispiele hier Rolf Dieter Brinkmann, Peter O. Chotje-
    witz und Rolf Eckart John an.

Die Abwehrhaltung, die Salzingers Angriffe gegen Kultur und Kulturbetrieb auf den Plan ruft, gleicht in vielen Punkten der Kritik, die Leslie Fiedler 1968 mit seinem Plädoyer für eine postmoderne Literatur und Literaturkritik auf sich gezogen hat: »Cross the Border, Close the Gap«.[54] Ein skeptisch diskutierter Aspekt von Fiedlers Essay, der den Begriff der »Pop-Literatur« in der deutschsprachigen Literaturkritik etabliert hat, ist die Forderung nach einer *»ekstasis des Lesens«*, die sich »für einen Augenblick« aus den vorgegebenen Zusammenhängen löst.[55] Wie andere Autoren schließt auch Salzinger an diese Forderung an, indem er sie zugleich in ein Schreibprogramm transformiert, das an die Stelle eines kontinuierlich gedachten Zusammenhangs von Vergangenheit, Gegenwart und Zukunft die Vorstellung eines ekstatisch hervorgehobenen Augenblicks rückt, in dem die unmittelbare Gegenwart als Moment einer potentiellen Revolution beschworen wird – sei es auf einer politischen, kulturellen, literarischen oder auch nur individuellen Ebene im Sinn einer *»ekstasis des Lesens«.*

Texte, die in dieser Hinsicht Ende der 1960er Jahre als Pop-Literatur qualifiziert werden, knüpfen an Schreibverfahren und Themen der *Beat Generation* der 1950er Jahre an, übernehmen Cut-Up-Techniken von William S. Burroughs, bedienen sich bei Modellen aus Agit Prop und Anarchismus ebenso wie beim Spontaneismus der Studentenbewegung, übertragen momentanistische Darstellungsverfahren aus

54 Fiedlers Text ist zuerst in deutscher Übersetzung unter dem Titel »Das Zeitalter der neuen Literatur« in zwei Ausgaben von *Christ und Welt* erschienen (13. 9. u. 20. 9. 1968); die anschließende Debatte mit Beiträgen u. a. von Jürgen Becker, Reinhard Baumgart und Martin Walser und eine spätere Fassung von Fiedlers Essay (nach der amerikanischen Erstveröffentlichung im *Playboy* 12/1969) sind dokumentiert in: Uwe Wittstock (Hg.): *Roman oder Leben. Postmoderne in der deutschen Literatur*, Leipzig 1994; vgl. dazu, im Blick auf Brinkmann, auch Teil II in diesem Band.

55 Leslie A. Fiedler: Überquert die Grenze, schließt den Graben!, in: ebd., S. 16.

Pop-Musik, Werbung, Comic, Fernsehen und Film auf die Literatur, bedienen sich aber auch, trotz aller Verabschiedungsgesten gegenüber der klassischen Moderne, bei Plötzlichkeits- und Schockästhetiken, die Anfang des 20. Jahrhunderts auf sehr unterschiedliche Weise von Autoren wie André Breton, Walter Benjamin, James Joyce oder Ernst Jünger entworfen wurden.[56] An die Stelle einer imaginativen, surrealistischen oder ästhetizistischen Literatur treten dabei jedoch häufig Formen eines radikalisierten Realismus, in denen nicht nur die Grenzen zwischen *high* und *low*, sondern auch die Grenzen zwischen symbolischer und authentischer Rede, zwischen Imagination und Realität gezielt verwischt werden. Wie unsicher in diesem Zusammenhang auch die Grenzziehung zwischen einem spontaneistischen, vitalistischen oder konsumistischen Aktionismus und einer mit den gleichen Mitteln, der Evokation ekstatischer Augenblicke, eingeleiteten kultur- und ideologiekritischen Analyse sein kann, führt Elfriede Jelinek in ihrem 1970 erschienenen Roman *wir sind lockvögel, baby!* vor. Im vorletzten Kapitel koppelt sie den auf Dauer gestellten Knalleffekt von Popkultur, Werbung und Massenmedien, begriffen als andauernd wiederholte Attraktion – »in diesem augenblick«, »in diesem Moment«, »jetzt« – oder auch als kulturellen Kairos, nahezu ununterscheidbar an katastrophische Szenarios von Gewalt, Krieg und Zerstörung: »IN JEDER ICECREAMPAKKUNG IN JEDEM FRUCHTSAFT IN JEDEM MASTURBIERENDEN PRÄSIDENTEN explodiert *in diesem augenblick* die BOMBE! [...] in jeder dreckigen alten zeitung in jeder frischen unterhose explodiert *in diesem moment* die bombe. [...] in jedem barhocker in jedem uniformierten in jedem gewehr explodiert *in diesem und in keinem*

---

56 Vgl. dazu Karl Heinz Bohrer: *Plötzlichkeit. Zum Augenblick des ästhetischen Scheins* [1981], Frankfurt/M. ³1998; ders.: *Die Ästhetik des Schreckens. Die pessimistische Romantik und Ernst Jüngers Frühwerk* [1978], Frankfurt/M. u. a. 1983.

andren augenblick die bombe. [...] in jedem mütterchen das
sein enkelkind umarmt in jedem vater der seine tochter geigt
in jeder guten tat explodiert *jetzt und sonst nie* die bombe (die
bombe). [...] in jeder guten stunde in jeder festen männer-
freundschaft in jedem glücklichen kinderlachen & überall
sonstwo explodiert *jetzt eben* die bombe. [...] DIE BOMBE
EXPLODIERT! DIE BOMBE EXPLODIERT!«[57]

*

Was die Explosion einer Bombe neben ihrer Zerstörungs-
kraft kennzeichnet, der Eindruck von Plötzlichkeit und dessen Flüchtigkeit, dessen instantanes Verschwinden, wird
auch in weniger katastrophischen Konstellationen unter den
Vorzeichen von Pop zu einem zentralen Moment von Kunst
und Literatur. Das »schnelle Altern der neuesten Literatur«,
das Jochen Hörisch und Hubert Winkels Mitte der 1980er
Jahre zum Ausgangspunkt einer Essaysammlung zur Gegenwartsliteratur machen, stellt sich aus der Perspektive von Pop
ebensowenig als ein Problem dar wie die Tatsache, daß eine
Literatur, die »als jeweils neueste Dichtung up to date sein«
will, unter den Bedingungen massenmedial bestimmter
Kommunikationsverhältnisse »schon im Augenblick ihrer
Geburt veraltet gewesen sein« wird.[58] Die in Punk-Fanzines
der 1970er Jahre entworfenen Schreibweisen, deren selbstge-
setzter Zeitindex im Titel der Anthologie *Wir waren Helden
für einen Tag* präzise benannt wird,[59] situieren sich in der

57 Elfriede Jelinek: *wir sind lockvögel baby!* [1970], Reinbek 1988, S. 253 ff.
[Kurs. E. S.]; im Kontext der Pop-Musik findet letztere Formulierung
mehr als dreißig Jahre später eine etwas anders gelagerte Fortsetzung:
»Die Bombe explodiert / Alles wird wie neu sein« (Mia: Alles neu, auf:
dies.: *Hieb & Stichfest*, CD, r.o.t. 2002).
58 Jochen Hörisch: Einleitung, in: Ders./Hubert Winkels (Hg.): *Das
schnelle Altern der neuesten Literatur*, Düsseldorf 1985, S. 19.
59 Vgl. Hubert Winkels: Einleitung, in: Ebd., S. 25; Paul Ott/Hollow Skai
(Hg.): *Wir waren Helden für einen Tag. Aus deutschsprachigen Punk-
Fanzines 1977–1981*, Reinbek 1983; der Titel der Anthologie verweist
nicht auf ein Punk-Fanzine, sondern auf eine Zeile aus David Bowies
1977 veröffentlichtem Song »Heroes«.

Konzentration auf das »flüchtige Vergängliche« ebenso »scharf an der Zeit« wie einige literarische Texte aus dem Umfeld von Punk und New Wave, die Peter Glaser Anfang der 1980er Jahre unter dem Titel *Rawums* zusammengestellt und einleitend unter dem Titel »Zur Lage der Detonation – Ein Explosé« zusammengefaßt hat.[60] Die programmatische, unter den Vorzeichen von Flüchtigkeit und Kurzlebigkeit oftmals aggressive Abwendung von einem Literaturbetrieb, der »zeitlosen Zuspruch« sucht und entsprechend als »Institution für kulturelle Zeitlupe« erscheint,[61] bestimmt aber ganz ähnlich auch schon die Pop-Emphase der 1960er Jahre.

So beschreibt Jost Hermand in seiner Bestandsaufnahme von Pop Art und Pop-Literatur der sechziger Jahre den Wunsch nach »spontaner Sinnlichkeit« und die ebenfalls mit Pop assoziierte »Aversion gegen alles Haltbare und Seriöse« als künstlerische Attacken gegen den etablierten Kunst- und Literaturbetrieb. An die Stelle der als obsolet erachteten »idealistischen Ewigkeitskonzepte« rückt dabei, wie Hermand konstatiert, eine »auffällige Vorliebe fürs Spontane, aus dem Augenblick Geborene und für den Augenblick Bestimmte«.[62] In genau diesem Sinn beschreibt Vagelis Tsakiridis 1969 die Anthologie *Super Garde*, die *Prosa der Beat- und Pop-Generation* versammelt, nicht nur als ein »zeitbedingtes Dokument«, er begrenzt ihre Reichweite zugleich auch auf die unmittelbare Gegenwart: »Dies heute. Von morgen wissen wir nichts.«[63] Als Angriff auf die herkömmlichen kultu-

---

60 Vgl. Peter Glaser: Zur Lage der Detonation. Ein Explosé, in: ders. (Hg.): *Rawums. Texte zum Thema*, Köln 1984, S. 16 u. 20; der Band versammelt Texte u. a. von Clara Drechsler, Diedrich Diederichsen, Rainald Goetz, Martin Kippenberger, Joachim Lottmann, Heike Melba-Fendel und padeluun.

61 Ebd., S. 16 u. 14. Die Widerstände, die der Literaturbetrieb dem Wunsch nach Flüchtigkeit und Vergänglichkeit entgegenstellt, zeigen sich auch im Blick auf Glasers Buch: eine Neuauflage des lange vergriffenen Bandes ist für 2003 geplant.

62 Hermand: *Pop International* (Anm. 10), S. 5, 26 u. 55.

63 Vagelis Tsakiridis: Vorwort, in: ders. (Hg.): *Super Garde* (Anm. 51),

rellen Wertmaßstäbe ließ sich dieses Verfahren besonders, wie Hermands skeptische Schilderung unterstreicht, über die »Konsumgebärde« einer »kommerzialisierten Pop-Bewegung« forcieren, die sich dem Propagieren einer »Instant-Kunst« verschreibt, »einer Kunst der geplanten Obsolenz, einer Party-Kunst oder Wegschmeißekunst, bei der rein das Modische im Vordergrund steht«.[64]

Im Blick auf die Seite der Kunstproduktion korrespondiert dieser Strategie Bazon Brocks Erklärung, er mache »nichts, was länger als drei Tage dauert«, die nicht nur, wie Brock 1969 nahelegt, Ausdruck einer spätkapitalistischen Verkümmerung, sondern zugleich die offensive Einlösung eines ästhetischen Programms ist: »Ich will nicht tun müssen, was ich immer schon gemacht habe.«[65] Der Abstand, der diese modernistische, durch die beständige Suche nach dem Neuen bestimmte Geste von der verwandten, aber eher durch Monotonie, Reproduktion und Serialisierung gekennzeichneten Gegenwartsfixierung Andy Warhols trennt, ist nicht beträchtlich, wird aber im Vergleich zu einem programmatischen Absatz aus *The Philosophy of Andy Warhol* dennoch erkennbar: »Ich habe kein Gedächtnis. Jeder Tag ist ein neuer Tag, weil ich mich an den Tag zuvor nicht mehr erinnern kann. Jede Minute ist wie die erste Minute meines Lebens. Ich versuche, mich zu erinnern, aber ich kann es nicht. Deshalb habe ich geheiratet. Mein Tonband.«[66] Auch hier erweist sich das, was zunächst wie eine geständnishafte Enthüllung einsetzt, als Beschreibung eines ästhetischen Programms, das sich in der Pop Art ebenso realisiert findet wie in Warhols Büchern.

S. 9 f.; der Band versammelt u. a. Texte von Uwe Brandner, Rolf Dieter Brinkmann, Peter O. Chotjewitz, Uwe Herms, Ulf Miehe, Helmut Salzinger, Wolf Wondratschek.

64 Hermand: *Pop International* (Anm. 10), S. 26 ff.

65 Bazon Brock: *Bazon Brock, was machen Sie jetzt so?*, Darmstadt 1969, o. S.

66 Andy Warhol: *Die Philosophie des Andy Warhol von A bis B und zurück* [1975], übers. v. Regine Reimers, München 1991, S. 197.

An die Stelle von Erinnerungsprozessen tritt eine durch das Vergessen induzierte Ausrichtung auf die Gegenwart, die in beständiger Wiederholung immer wieder neu das jeweilige Jetzt fokussiert; an die Stelle des Gedächtnisses tritt mit dem Tonband ein technisches Medium, das jeden vermeintlich verschwindenden Moment speichern und reproduzieren und damit jedes Jetzt sowohl in seiner Singularität als auch in seiner Wiederholbarkeit vorführen kann. In genau diesem Sinn wird das Tonband für Wahrhol zum Ausgangspunkt seiner literarischen Arbeit. Warhol schneidet Gespräche am Telefon oder in der Factory mit, läßt die Tonbänder mit allen Fehlern, Versprechern, Aussetzern und Störgeräuschen transkribieren und nutzt die nachträglich kaum bearbeiteten Transkripte als Material für seine Bücher.[67] Sein Roman *a* ist ebenso auf diese Weise entstanden wie der zusammen mit Pat Hackett verfaßte Pop-Klassiker *POPism*, in dem das Prinzip der Engführung von Spontaneität, Unmittelbarkeit, Mediatisierung und Reproduzierbarkeit, an das ein Autor wie Rainald Goetz heute mit anderen Mitteln anschließt, zugleich zitierfähig beschrieben wird: »trying to figure out what was happening – and taping it all.«[68]

*

Auch Thomas Meinecke beruft sich auf Andy Warhol, wenn er Pop als eine Form der Konzentration auf die Gegenwart bestimmt. Neben Henry Millers Äußerung, er sei »dem eigenen Tod immerzu dicht auf den Fersen«, »jede Sekunde sei wie die letzte seines Lebens«, verweist Meinecke auf Warhols

67 Zur Entstehung der Bücher über Gesprächsmitschnitte und fehlerhafte Transkriptionen vgl. Pat Hackett: Einführung, in: Andy Warhol: *Das Tagebuch*, übers. v. Judith Barkfelt u. a., München 1989, S. 11-24.
68 Andy Warhol/Pat Hackett: *POPism. The Warhol '60s*, San Diego/New York 1980, S. 291; Goetz zitiert die Zeilen als Motto in *1989. Material*, Frankfurt/M. 1993, I, S. 7; zu den Arbeitsverfahren von Warhol und Goetz vgl. auch Brigitte Weingart: Flüchtiges Lesen: TV-Transkripte (Goetz, Kempowski, Nettelbeck), in: Ludwig Jäger/Georg Stanitzek (Hg.): *Transkribieren. Medien/Lektüre*, München 2002, S. 91-114; mehr zu Goetz und Warhol in Teil III in diesem Band.

programmatische Erinnerungslosigkeit, um Beispiele für das »Jetzt« einer »Geschichte der Gegenwart« anzuführen, die »den Prozeß der Geschichtsschreibung reflektiert« und »sogleich ihr Verfallsdatum mit ausstellt«.[69] Wenn Meinecke Warhols Statements dabei als »völlig unironische Beschwörungen der Oberfläche« beschreibt, betont er zugleich eine weitere, durch die Fixierung auf die Gegenwart eingeleitete Verlagerung des Blickwinkels, die schon in den 1960er Jahren unter dem Schlagwort Pop vollzogen worden ist und heute in vielfachen Variationen fortgeführt wird. Der Konzentration auf die Flüchtigkeit und Vergänglichkeit des Jetzt korrespondiert in räumlicher Hinsicht eine erhöhte Aufmerksamkeit für die Oberfläche, der wiederum eine Vernachlässigung jener Dimension korrespondiert, die ein traditionell bürgerliches Kunstverständnis auch heute noch präferieren würde: der nicht selten mit gedanklichem Tiefgang identifizierten Suche nach einem unter der Oberfläche verborgenen, in der Tiefe vermuteten Sinn.

»*We'll slide down the surface of things*«, lautet das Motto, das Bret Easton Ellis' 1998 veröffentlichter Roman *Glamorama* refrainartig durchsetzt und die hyperrealistischen Detailinventarisierungen, die seine Schreibverfahren seitenweise entfalten, ebenso erfassen kann wie die stilistisch gleichermaßen charakteristischen, scheinbar endlosen Aufzählungen von Markennamen.[70] »Es gibt ja nichts anderes als die Oberfläche«, begründet Benjamin v. Stuckrad-Barre sein ähnlich verortetes ästhetisches Programm, das auch Christian Kracht verfolgt, wenn er betont, es ginge darum, die Oberfläche »auszuloten«.[71] Und auch in *Tristesse Royale*, ei-

69 Meinecke: Ich als Text (Anm. 4), S. 18.
70 Bret Easton Ellis: *Glamorama* [1998], übers. v. Joachim Kalka, Köln 1999, S. 209 ff.; Ellis zitiert den Satz aus einem Song der irischen Rockband U2: »Even Better Than The Real Thing«, auf: dies.: *Achtung Baby*, LP/CD, Island Records 1991; als Motto wird der Satz auch zitiert in Goetz: *Dekonspiratione* (Anm. 46), S. 49 u. 103.
71 Stuckrad-Barre und Kracht, zit. nach Philippi/Schmidt: »Wir tragen Größe 46« (Anm. 18).

nem 1999 publizierten, manifestartig aufgenommenen Text, in dem Stuckrad-Barre und Kracht zusammen mit Alexander v. Schönburg, Eckhart Nickel und Joachim Bessing als »popkulturelles Quintett« Statements und Beobachtungen zu Befindlichkeiten am Ende des zweiten Jahrtausends formulieren, geht es in genau diesem Sinn – und in direktem Anschluß an Ellis – um eine »Reflexion der Oberfläche«.[72] Zitate, Beobachtungen, Klischees und alltägliche Merkwürdigkeiten werden nicht ideologiekritisch oder tiefenhermeneutisch analysiert, sondern über Oberflächenbeschreibungen aufgenommen und in sachlich protokollierender oder gezielt manierierter Form reproduziert. Autoren wie Max Goldt oder Benjamin v. Stuckrad-Barre beherrschen dieses Verfahren nicht nur überaus routiniert,[73] sie haben es in den letzten Jahren auch derart etabliert, daß sich mittlerweile durchaus erste Abnutzungserscheinungen zeigen. Die Verweigerung gegenüber der Unterstellung eines tieferen Sinns und die Provokation des Vorwurfs der Oberflächlichkeit erscheinen im Kontext der Gegenwartsliteratur längst ebenso selbstverständlich wie die narrativen Muster, über die im Anschluß an Ellis gerade ein offensiv zur Schau gestellter Oberflächenfetischismus als moralisch unterfütterte Entlarvung gegenwärtiger Zustände begriffen werden kann. Die Suche nach verbindlichen Werten und unverstellter Authentizität, die in *Tristesse Royale* inszeniert wird, läßt sich in diesem Sinn als eine nicht nur ironische Reaktion auf jene Oberflächenbeschreibungen lesen, an deren Proliferation die im »popkulturellen Quintett« versammelten Autoren selbst maßgeblich beteiligt waren.[74]

72 Joachim Bessing (Hg.): *Tristesse Royale. Das popkulturelle Quintett mit Joachim Bessing, Christian Kracht, Eckhart Nickel, Alexander v. Schönburg und Benjamin v. Stuckrad-Barre*, Berlin 1999; das Zitat findet sich in Nikolaus Till Stemmer: Interview mit Joachim Bessing, unter: http://www.pro-qm.de/Veranstaltungen/tristesse/tristesse.html.

73 Vgl. dazu Baßler: *Der deutsche Pop-Roman* (Anm. 13), S. 15 ff. u. 94 ff.

74 Vgl. dazu auch Eckhard Schumacher: »Tristesse Royale«. Sinnsuche als

Aus umgekehrter Perspektive zeigt sich so einer der Einsatzpunkte für das Ende der 1960er Jahre aufkommende Interesse an der Beschreibung und Erfassung von Oberflächen, an einer, wie Torsten Teichert im Blick auf Hubert Fichte schreibt, »Phänomenologie der gesellschaftlichen, kulturellen Oberfläche«.[75] Wenn Renate Matthaei die in dem von ihr herausgegebenem Band *Trivialmythen* versammelten Texte als ein »Konzentrat der Oberfläche« beschreibt, verweist sie auf eine Programmatik, die, angeregt nicht zuletzt durch Verfahren der Pop Art, der »trivialen Künstlichkeit unseres Milieus« nicht mit dem Wunsch nach Authentizität und Tiefgründigkeit begegnet, sondern sie durch eine »zweite Künstlichkeit« zugleich verdoppelt und distanziert: »Ich stellte mir ein Buch vor als Produkt dieser Provokation, das den medialen Abfall, der sich am Rand unseres Bewußtseins, gewollt oder ungewollt, speichert, aufnimmt und einen neuen Umgang mit ihm probiert.«[76] In welchem Maße sich eine derartige Konzentration auf die »Oberfläche« der Fixierung auf die Gegenwart verdanken kann, unterstreicht Rolf Dieter Brinkmann, der an der Konzeption von *Trivialmythen* maßgeblich beteiligt war, wenn er auf die spezifische Empfindlichkeit des amerikanischen Schriftstellers Frank O'Hara hinweist, dessen Blick immer »wieder wie der erste« sei, weil er »nicht verleugnet, daß, was immer er sammelt, *Oberfläche* ist, jetzt und jetzt und jetzt und jetzt…«[77]

✳

Kitsch, in: Wolfgang Braungart (Hg.): *Kitsch. Faszination und Herausforderung des Banalen und Trivialen*, Tübingen 2002, S. 197-211.

75 Torsten Teichert: *»Herzschlag aussen.« Die poetische Konstruktion des Fremden und des Eigenen im Werk von Hubert Fichte*, Frankfurt/M. 1987, S. 261.

76 Renate Matthaei: Vorwort, in: dies. (Hg.): *Trivialmythen*, Frankfurt/M. 1970, S. 10 u. 7 f.

77 Rolf Dieter Brinkmann: *Der Film in Worten. Prosa, Erzählungen, Essays, Hörspiele, Fotos, Collagen 1965-1974*, Reinbek 1982, S. 210 f. u. 215; mehr dazu in Teil II in diesem Band.

35

Was Brinkmann als Modus einer literarischen Empfindlichkeit und Matthaei als produktives Verfahren im Umgang mit »medialem Abfall« beschreiben, hypostasiert Neil Postman 15 Jahre später zu einem Verfallssymptom einer durch die Unterhaltungsindustrie bestimmten Gesellschaft, wenn er den »Diskursmodus des ›Und jetzt...‹« und die darauf aufbauende »›Und jetzt...‹-Kultur« medien- und kulturkritisch anprangert: »Mit ›Und jetzt...‹ wird in den Nachrichtensendungen von Radio und Fernsehen im allgemeinen angezeigt, daß das, was man soeben gehört oder gesehen hat, keinerlei Relevanz für das besitzt, was man als nächstes hören oder sehen wird, und möglicherweise für alles, was man in Zukunft einmal hören oder sehen wird, auch nicht. Der Ausdruck ›Und jetzt...‹ umfaßt das Eingeständnis, daß die von den blitzschnellen elektronischen Medien entworfene Welt keine Ordnung und keine Bedeutung hat und nicht ernst genommen zu werden braucht.«[78] Postman aktualisiert eine in kulturkritischen Kreisen auch schon vor der Erfindung des Fernsehens vorgebrachte Klage über eine »Welt der Bruchstücke, in der jedes Ereignis, bar jeder Verbindung zur Vergangenheit, zur Zukunft oder zu anderen Ereignissen, für sich steht«.[79] Zur gleichen Zeit und mit ähnlichen Argumenten, aber ohne die Absehbarkeit der apokalyptischen Gesten von Postman, beschreibt Andy Warhol das gleiche Phänomen als ein ebenso verstörendes wie faszinierendes Moment einer massenmedial geprägten Umwelt: »But the real news, the big thing, whether it's in the magazines or the newspapers or on TV, is the Now: What they're doing right now, where they live right now, who they love right now. And as soon as their now gets summed up we move immediately on to another person... and another now.« Die Aktualität des je-

---

78 Neil Postman: *Wir amüsieren uns zu Tode. Urteilsbildung im Zeitalter der Unterhaltungsindustrie*, übers. v. Reinhard Kaiser, Frankfurt/M. 1985, S. 125, 129 u. 123 f.
79 Ebd., S. 136.

weils neuen »jetzt« wird, losgelöst von sinnstiftenden Zusammenhängen, zum bestimmenden, jede Erinnerung und jedes Verharren auslöschenden Modus der Zeitwahrnehmung: »We don't have time to remember the past, and we don't have the energy to imagine the future; we're so busy, we can only think: Now!«[80]

Auch wenn Postman und Warhol aus unterschiedlichen Positionen argumentieren, rücken sie beide eben jene kulturellen Praktiken der Vervielfältigung von Gegenwart in den Blick, die, wie Dirk Baecker schreibt, »mit den Verbreitungsmedien Zeitung und Fernsehen möglich geworden sind, nämlich Praktiken einer extremen Aktualisierung, die zu ihrem eigenen Verständnis weder auf Vergangenheit noch auf Zukunft, sondern auf weitere, im nächsten Moment bereits folgende Aktualisierungen verweisen«.[81] Aber nicht nur Zeitung und Fernsehen können in diesem Sinn zu Platzhaltern »für eine auf die Gegenwart fokussierte Aufmerksamkeit« werden,[82] auch viele der Schreibverfahren, die Ende der 1960er und Ende der 1990er Jahre unter dem Begriff Pop-Literatur diskutiert worden sind, verschreiben sich vergleichbaren Praktiken der permanenten Aktualisierung. Dem absehbaren Vorwurf einer geschichtslosen Oberflächlichkeit begegnen sie mit detailgenauen Phänomenologien gegenwärtiger Signifikations- und Kommunikationsprozesse, die in ihren zeitdiagnostischen und analytischen Qualitäten nicht selten um einiges präziser sind als die in diesem Zusammenhang gängigen kulturkritischen Einwände.

An die Stelle der Suche nach dem besonderen, repräsentativen, paradigmatischen Moment treten dabei Verfahren der Serialisierung des Jetzt, unabgeschlossene und unabschließbare syntagmatische Reihen, in der jedes Jetzt seine Ablösung durch ein weiteres Jetzt immer schon impliziert und

80 Andy Warhol: *America*, New York 1985, S. 27.
81 Dirk Baecker: *Wozu Kultur?*, Berlin ²2001, S. 178 f.
82 Ebd., S. 179.

voraussetzt: »jetzt, jetzt, jetzt, jetzt, jetzt, ad infinitum!«[83] Jedes Jetzt erscheint als ein Punkt der Attraktion, der einerseits die Aufmerksamkeit punktuell konzentriert und so mögliche Zusammenhänge unterbricht, andererseits aber immer auch auf seine eigene Vervielfältigung verweist, auf die Zerstreuung von Attraktion und Konzentration in den Wiederholungsschleifen der Serialisierung. Das jeweilige »Jetzt« wird nur unter der Bedingung hervorgehoben, daß diese Hervorhebung durch Verfahren der Reihung und Repetition zugleich auch wieder relativiert wird – um Raum für ein neues »Jetzt« freizusetzen. Das permanente »Verschwinden der Ereignisse« muß in dieser Hinsicht nicht notwendig als ein beklagenswertes Problem erscheinen, es kann auch zum Ausgangspunkt der Einsicht werden, daß die verschwindenden Ereignisse immer wieder erneut »eine Lücke schaffen, die ein Platz für unbestimmte und damit erst noch zu findende (›kreative‹) Anschlüsse ist«.[84]

*

Die Gegenwartsfixierung, die sich in den Texten von Warhol, Brinkmann oder Goetz abzeichnet, kann auf diese Weise relativ präzise beschrieben werden. Sie wird aber, verfolgt man die Diskussionen in den Feuilletons und in der Literaturwissenschaft, heute wie Ende der 1960er Jahre nur mit großen Vorbehalten als ein Verfahren akzeptiert, das unter dem Begriff Literatur firmieren kann. So wie Flüchtigkeit, Kurzlebigkeit und die Beschränkung auf Oberflächen ist auch das Prinzip einer permanent aktualisierten Aktualität eingespielten Konventionen zufolge gerade das, was Literatur nicht bedienen kann oder, auch das ein sich hartnäckig haltendes Vorurteil, nicht bedienen soll. Literatur, so ein im universitären Diskurs ebenso wie im Feuilleton und im Kulturfernsehen

83 Brinkmann: *Erkundungen* (Anm. 12), S. 240; vgl. dazu auch Teil II in diesem Band.
84 Baecker: *Wozu Kultur?* (Anm. 81), S. 179.

popularisiertes Argument, braucht Dauer, Distanz, den sogenannten langen Atem, läßt sich nicht auf tagesaktuelle Belanglosigkeiten ein, steht nicht für schnelles Konsumieren, sondern für Reflexion, für das Anhalten – und damit auch für eine längere Haltbarkeit. Entsprechend klingeln, sobald literarisches Schreiben sich nicht nur aus kritischer Distanz, sondern auch offensiv und affirmativ auf Medien wie das Fernsehen oder das World Wide Web einläßt, in verschiedenen Feuilletons nahezu automatisch die Alarmglocken. Rainald Goetz etwa wird unterstellt, sein Projekt einer »Literatur, die sich beim Entstehen zuguckt«, sei »letztlich nichts anderes als der Wunsch, schneller zu sein als Fernsehen«,[85] und sein Schreiben beschränke sich auf ein Kreisen um »die mediale Welt, eine Welt ohne die verbohrten Inhaltisten und sturen Inhaltäre, eine Welt im Werden, im Jetzt«.[86] So nachvollziehbar und treffend derartige Einschätzungen erscheinen mögen, so bemerkenswert ist der Ort, von dem aus sie – auch im Blick auf andere Autoren und Texte – formuliert werden. Die journalistische Medien- und Literaturkritik erwartet von der Gegenwartsliteratur nicht nur, daß sie sich von den neuen (und auch einigen schon etwas älteren) Medien unterscheidet, sie soll auch anders verfaßt sein als der Journalismus, als das durch Aktualitätsdruck und knappe Produktionsfristen bestimmte eigene Arbeitsfeld – dauerhafter, langfristiger, durchdachter.

Ein Hintergrund derartiger Erwartungshaltungen ist eine ebenso traditionelle wie verbreitete Unterscheidung, über die Literatur als zeitlose Kunst von der ephemeren Aktualität des Journalismus abgesetzt wird. Paradigmatisch zugespitzt findet sich diese Gegenüberstellung in George Steiners polemischem Essay *Von realer Gegenwart*. Gekennzeichnet

85 Andrea Köhler: Heimweh nach Gegenwart – Krieg in den Kulissen, in: *Merkur* 54 (2000), S. 722.
86 Eberhard Rathgeb: Panik vor dem Jetzt. Rainald Goetz schreibt Abfall für alle, in: *Frankfurter Allgemeine Zeitung* 18. 9. 1999.

durch eine »Zeitlichkeit gleichwertiger Augenblicklichkeit«, die als eine »Dialektik falscher Unmittelbarkeit« qualifiziert wird, erscheinen die »Methoden und Taktiken« des Journalismus für Steiner als eine »Antinomie zu ernstzunehmender Literatur und Kunst«, die an die Stelle der »trügerischen Zeitlichkeit«, der »momentanen Sensation« des Journalismus Dauerhaftigkeit, Originalität und das setzt, was Steiner als »reale Gegenwart« begreift.[87] Die literaturkritischen Diskussionen der letzten Jahre zeigen, in welchem Maß vergleichbare Grenzziehungen auch dann vorgenommen werden, wenn die »Gegenwart« der Literatur nicht, wie im Fall von Steiner, als Verweis auf die »Annahme einer Gegenwart Gottes« begriffen wird.[88] Die Abwertung des Journalismus, die nicht nur »mindestens so alt ist wie der Buchdruck«, sondern zudem, wie Erhard Schütz schreibt, »allermeist von solchen kam, die mit dem eigenen Journalismus abspaltend haderten«, formiert sich dabei zumeist über »Distinktions- und Differenzkämpfe«, die immer dann besonders heftig ausgetragen werden, wenn die Grenzen zwischen den vermeintlichen Fronten unsicher werden.[89] Genau das aber passiert auffallend häufig in den verschiedenen Annäherungsprozessen zwischen Popkultur und Literatur: Ende der 1960er Jahre knüpfen viele der Autoren, die mit dem Label Pop-Literatur versehen werden, an journalistische Formen an, vor allem an Schreibweisen aus dem *new journalism*,[90] und auch Ende der 1990er Jahre wird die zunehmende Ununterscheidbarkeit von Journalismus und Literatur zu einem Ausgangs-

87 George Steiner: *Von realer Gegenwart. Hat unser Sprechen Inhalt?*, übers. v. Jörg Trobitius, München/Wien 1990, S. 43 ff.

88 Ebd., S. 13.

89 Erhard Schütz: Journailliteraten. Autoren zwischen Journalismus und Belletristik, in: Andreas Erb (Hg.): *Baustelle Gegenwartsliteratur. Die neunziger Jahre*, Opladen/Wiesbaden 1998, S. 97 f.

90 Vgl. etwa Seymour Krim: Die Tageszeitung als Literatur, in: R. D. Brinkmann/R. R. Rygulla (Hg.): *Acid. Neue amerikanische Szene* [1969], Berlin/Schlechtenwegen 1981, S. 322-335.

punkt der kritischen Auseinandersetzungen mit dem Phänomen der Pop-Literatur.

So verschwimmen die Differenzen zwischen dem, was Ulrich Greiner im Feuilleton der Wochenzeitung *Die Zeit* Anfang der 1990er Jahre noch als »seriöses Feuilleton« von »*lifestyle*-Magazinen«, »Szene-Blättern« und anderen »parasitären Medien«, die »vom Boom der Kultur und der Ausdehnung des Kulturbetriebs profitieren«, unterscheiden wollte,[91] seit einigen Jahren nahezu vollkommen. In den Redaktionen der *Frankfurter Allgemeinen Zeitung* oder der *Süddeutschen Zeitung* sitzen (bzw. saßen) nicht nur Autorinnen und Autoren, die sich durch Veröffentlichungen in den vermeintlich parasitären Medien für das in dieser Hinsicht seit einigen Jahren gar nicht mehr so seriöse Feuilleton empfohlen haben, viele von ihnen produzieren neben ihrer journalistischen Arbeit auch genau jene Pop-Literatur, vor der andere Schreiber in den gleichen Zeitungen warnen.[92] Benjamin v. Stuckrad-Barre, Rebecca Casati, Florian Illies, Christian Kracht oder Moritz von Uslar haben in den letzten Jahren jene Praxis »multipler Autorschaft« perfektioniert, die, wie Schütz schreibt, »zwischen Buch und Presse, Reportage und Roman, Glosse und Gedicht nur mehr funktionale Unterscheidungen trifft – nach Produktionssituationen, Hono-

91 Ulrich Greiner: Wer hat Angst vorm Feuilleton? Anmerkungen zu einem diffusen Mißmut, in: *Die Zeit* 28. 2. 1992.
92 Die Erleichterung über das vermeintliche Ende des Popjournalismus, die nach der Einstellung der *Berliner Seiten* der *FAZ* und des *jetzt*-Magazins der *Süddeutschen Zeitung* in diversen Abgesängen geäußert wurde, war zumeist ähnlich halt- und gedankenlos wie viele der Deklarationen zum Tod der Pop-Literatur; vergleichsweise präzise und zugleich objektiv komisch waren in diesem Zusammenhang die Hinweise auf »fünf Feuilletonisten«, die nach Maßgabe der *FAZ* als Vorläufer der heute inkriminierten Pop-Literaten und Pop-Journalisten begriffen werden sollten: Joseph Roth, Heinrich von Kleist, Hermann von Wedderkop, Siegfried Kracauer, Stefan George; vgl.: Ein paar Kapitel von der Oberfläche. Wo Popjournalismus ist, wächst das Rettende auch: Fünf Feuilletonisten, an die man sich halten kann, in: *Frankfurter Allgemeine Zeitung* 28. 9. 2002.

rarquanten, Publikumsreichweiten und Distinktionsspannen«.[93] Wenn man es für bedenklich hält, daß auf diese Weise auch Bücher als Literatur aufgenommen und popularisiert werden, die, wie Wiglaf Droste anmerkt, »genausogut in *Amica* oder *Allegra* als Geschichte stehen könnten«,[94] kann man derartige Entwicklungen ohne große Umstände als kulturelle Verfallserscheinungen brandmarken. Häufig beschränken sich vergleichbare Vorwürfe aber auf die Beobachtung, daß sich medienversierte Autorinnen und Autoren auf aktuelle, modische oder sonstwie kurzlebige Gegenstände einlassen und auf diese Weise Texte produzieren, deren literarischer Wert ebensowenig gesichert erscheint wie ihre intellektuelle Haltbarkeit. Aus der Perspektive einer Kritik, die ihre Argumente auf der Grundlage eines immer schon als feststehend vorausgesetzten Wissens über Möglichkeiten und Grenzen der Literatur aufbaut, lassen sich die entsprechenden Urteile schnell fällen. Vergleichsweise haltlos erscheinen derartige Einwände aber etwa gegenüber einem Buch wie *Deutsches Theater* von Benjamin v. Stuckrad-Barre, das die Grenzen zwischen journalistischem und literarischem Schreiben in seiner Kopplung von Gegenwartsfixierung und scheinbar zeitloser Aktualität nicht nur verblüffend, sondern auch überzeugend unterminiert, indem der Autor beide Seiten bedient, nutzt und verbindet. Ohne die Möglichkeit, einen Großteil der Texte in ähnlicher Form zunächst in *Die Woche*, *FAZ*, *jetzt*, *Stern* oder *Welt am Sonntag* zu veröffentlichen, wäre die Idee des Buches – die Darstellung der Inszenierung des öffentlichen und privaten Lebens über eine Vielzahl unterschiedlichster Momentaufnahmen in Form von Reportagen, Essays, Erlebnisberichten, Homestories, Erzählungen, Protokollen, Interviews, Theaterstücken und, nicht zuletzt, Fotos – weder ökonomisch noch äs-

93 Schütz: Journailliteraten (Anm. 89), S. 105.
94 Wiglaf Droste, zit. nach Ullmaier: *Von Acid nach Adlon* (Anm. 17), S. 25.

thetisch realisierbar gewesen.[95] Im Buch wirken die Texte jedoch nicht nur wie eine Aneinanderreihung von Zeitungstexten, sie lassen sich auch als eine umformatierte Wiederaufnahme eines Projektes lesen, das mit anderen Mitteln und in einem anderen historischen Kontext dreißig Jahre zuvor der Band *Trivialmythen* verfolgt hat. Ähnlich wie Renate Matthaei geht es auch Stuckrad-Barre, der diesen Bezug allerdings nicht herstellt, um die Verdopplung und Distanzierung der »Künstlichkeit unseres Milieus«, um die »Rückkopplung zwischen dem ›fiktionalisierten‹ Environment und der Literatur«, um ein »Konzentrat der Oberfläche«, um ein Buch, »das den medialen Abfall, der sich am Rand unseres Bewußtseins, gewollt oder ungewollt, speichert, aufnimmt und einen neuen Umgang mit ihm probiert«.[96]

*

Die Skepsis, mit der Schreibweisen begegnet wird, die sich, situiert zwischen Literatur und Journalismus, nicht prinzipiell von Tagesaktualität und Kurzfristigkeit distanzieren, sondern sie als produktive, textgenerative Momente für die eigenen Verfahren aufnehmen, findet man in potenzierter Form in den Auseinandersetzungen mit den 1999 initiierten Internet-Literatur-Projekten *Null* und *pool*.[97] »Vor dem Netz ist nach dem Netz, und im Netz ist alles, denn Netz-Zeit ist Jetzt-Zeit«, beschreibt Iris Radisch eines der Probleme, das ihr die in *Null* und *pool* ausbuchstabierte Aktualitätsemphase und das nicht mehr ganz neue Medium bereiten. Das Urteil, verdichtet in einem griffigen Aphorismus: »Wer im gemach-

95 Benjamin v. Stuckrad-Barre: *Deutsches Theater*, Köln 2001; zu Konzept, Entstehungsbedingungen und Realisierung des Projekts vgl. S. 1.
96 Vgl. Matthaei: Vorwort (Anm. 76), S. 7f.
97 Beide Projekte sind auch nach ihrem Abschluß noch im Netz aufrufbar: http://www.dumontverlag.de/null und http://www.ampool.de; vgl. auch Thomas Hettche/Jana Hensel (Hg.): *Null. Literatur im Netz*, Köln 2000; Sven Lager/Elke Naters (Hg.): *the Buch. leben am pool*, Köln 2001.

ten Netz sitzt, ist für die Literatur verloren.«[98] Ganz ähnlich argumentiert Ingo Arend, wenn er die »Jetzt-ist-Jetzt-Absonderungen« in *pool* als »wenig anspruchsvolles Lesefutter« qualifiziert.[99] »Mit Literatur hat das nichts zu tun«, konstatiert auch Jörg Magenau und erläutert seine Einschätzung mit dem Hinweis, »die Kommunikation via Internet« stehe »in ihrer Flüchtigkeit dem gesprochenen Wort und dem Telefon als Medium rascher Verständigung« näher als der Literatur und sei »nur noch scheinbar Schriftsprache«.[100]

Konfrontiert man die programmatischen Selbstbeschreibungen der an *pool* beteiligten Autorinnen und Autoren mit derartigen Einwänden, zeigt sich zunächst eine verblüffend ähnliche Charakterisierung des eigenen Projektes. »Aktualität ist die Netzqualität schlechthin«, schreibt Elke Naters, zusammen mit Sven Lager Initiatorin von *pool*, und versucht damit den Abstand zu markieren, der das Internet-Projekt von ihrer Konzeption von Literatur trennt. Auch wenn Magenaus Einwände von den *pool*-Autoren keineswegs freundlich diskutiert worden sind, schließt sich Sven Lager dessen Diagnose durchaus an: »Das ist nicht Literatur.«[101] Bei aller Polemik ist man sich im Prinzip einig. Die Kriterien sind nahezu identisch, und was Literatur ist, scheint schon im voraus festzustehen. Carmen von Samsons Antwort auf Magenau, ebenfalls in den *Berliner Seiten* der *FAZ* veröffentlicht, bleibt trotz der augenzwinkernden Ironie letztlich nur im Rahmen der eingeführten Unterscheidungen: »Alles viel zu

98 Iris Radisch: Einsam sein ist scheiße. Der neue www.gesamtautor.de tritt als Gruppe auf, in: *Die Zeit* 11/2000.

99 Ingo Arend: Zwischen Chat'ma und Dogma. Literatur und Internet beim Berliner Schriftstellertreffen »Tunnel über der Spree«, in: *Freitag* 17. 9. 1999.

100 Jörg Magenau: Home, sweet Homepage. In Berlin beginnt heute die Funkausstellung der Literatur, in: *Frankfurter Allgemeine Zeitung* 10. 9. 1999 (Berliner Seiten).

101 Elke Naters/Sven Lager: Statement im Literarischen Colloquium Berlin, 20. 9. 1999, in: *Null*, unter: http://www.dumontverlag.de/null/naters/text1.htm.

schnell, zu undurchdacht. Wo bleibt da die Literatur? [...]
Die wahre Literatur ist nämlich: langsam. Erhaben. Mit dem
Blick auf die Ewigkeit geschrieben.«[102] Der Unterschied liegt
allein in der Wertung, die vorausgesetzten Dichotomien werden nicht angegriffen oder aufgehoben, sondern einfach umgekehrt. Schnelligkeit, Flüchtigkeit, Unmittelbarkeit und
Annäherung an Formen der Mündlichkeit sind im *pool* die
Ideale, die gegen gängige Formen von Literatur ausgespielt
werden. So fordert Naters für *pool* genau das, was dort nach
der Logik der medienkritischen Skeptiker sowieso schon
produziert wird: »Texte mit Verfallsdatum. Und nicht:
HALTBAR. Sondern: LESBAR.«[103] Entsprechend konsequent erscheint es, wenn Eckhart Nickel *pool* in *pool* mit dem
Medium vergleicht, das diese Kriterien traditionell erfüllt:
»Ampool.de ist meine liebste Tageszeitung. Man blättert
durch, was ist geschehen [...], Klatsch.«[104]

Rückblickend beschreibt Lager die Textproduktion in
pool als »ein journalistisches Arbeiten mit den Mitteln der
Kunst«.[105] Man könnte die Perspektive aber ebenso auch um-
kehren und die Einträge als literarische Texte qualifizieren,
die mit Mitteln entstanden sind, die üblicherweise dem Journalismus zugerechnet werden. Daß dabei bemerkenswerte
und weniger bemerkenswerte Texte entstanden sind, ist
ebenso absehbar wie die Einsicht, daß bei einer unredigierten
und unmoderierten Textproduktion von knapp zwanzig Autorinnen und Autoren einiges anfällt, das außerhalb der
Grenzen von *pool* wenig lesenswert erscheint. Die verschiedentlich befürchteten »negativen Auswirkungen des Internet

102 Carmen von Samson: Zimmer ohne Aufsicht. Literatur im Internet.
Eine Erwiderung, in: *Frankfurter Allgemeine Zeitung* 14. 9. 1999 (Berliner Seiten).
103 Elke Naters: *pool* 13, 3. 9. 1999, unter: http://www.ampool.de/archiv/
archivsept.1.htm.
104 Eckhart Nickel: *pool* 14, 14. 9. 1999, unter: http://www.ampool.de/
archiv/archivsept2.htm.
105 Sven Lager, unter: http://www.ampool.de/index2.htm.

auf das Niveau der Literatur«[106] sind aber bis heute nur schwer zu entdecken – nicht nur, weil experimentelle Projekte wie *Null* oder *pool* längst wieder eingestellt sind.[107] Es ging darum, beschreibt Lager nachträglich die Idee von *pool*, eine »neue Öffentlichkeit zu entdecken und nutzbar zu machen für einen offenen Austausch ohne herkömmliche Hierarchien«.[108] Ganz ähnlich situiert Heiner Link im Rahmen eines schriftlichen Dialogs mit Norbert Niemann im Herbst 1999 auf seiner Website sein Interesse am Internet, indem er die in diesem Rahmen mögliche Auflösung der Unterscheidung von Literatur und Journalismus hervorhebt: »Fakt (Fact) ist für mich auf alle Fälle, daß mit dem Internet literarisch etwas möglich geworden ist, das bisher dem Journalismus vorbehalten war, nämlich zeitnah aufs Zeitgeschehen einzugehen. Da könnte schon ein literarisches Potential drinstecken.«[109]

✳

Ein Text, der auch in diesem Sinn von den Möglichkeiten und Grenzen der Internetkommunikation geprägt ist, ist Andreas Neumeisters Buch *Angela Davis löscht ihre Website*.[110] Entstanden im Anschluß an seine Beiträge zu *pool*,[111] radikalisiert Neumeister hier Schreibverfahren, mit denen er auch schon in früheren Texten gearbeitet hat. Abkürzungen, Markennamen, Nachrichtenfragmente, Sentenzen und Zitate aus öffentlichen und privaten Diskursen werden über Wort- und

---

106 Vgl. Magenau: Home, sweet Homepage (Anm. 100).
107 Hinweise auf Diskussionen zu den genannten und weiteren Netz-Projekten finden sich in Christiane Heibach: Schreiben im World Wide Web – eine neue literarische Praxis?, in: Stefan Münker/Alexander Roesler (Hg.): *Praxis Internet*, Frankfurt/M. 2002, S. 182-207.
108 Sven Lager, unter: http://www.ampool.de/index2.htm.
109 Heiner Link: *Neue Zeiten*, 19.9.1999, unter: http://www.heinerlink. de/nonie.de.
110 Andreas Neumeister: *Angela Davis löscht ihre Website*, Frankfurt/M. 2002.
111 Vgl. etwa die Einträge unter: http://www.ampool.de/archiv/juni3. htm.

Satzmodulationen in Serie geschaltet, in repetitive Fragen- und Begriffskataloge transformiert, in rhythmisierte Reihen überführt, die den sequenzierten Stil von Nachrichtenticker-meldungen an die Stelle von narrativ entfalteten Handlungs-zusammenhängen setzen: »die Versicherung der Versiche-rung / war als Rückversicherung bekannt / die Vergeltung der Vergeltung / war als Vergeltung der Vergeltung gedacht / [...] fiction, non-fiction? / neue Schaulustige treffen ein / noch mehr Schaulustige treffen ein / immer mehr Schau-lustige treffen ein / noch mehr Schaulustige treten dazu«.[112] Die formelhaften Formulierungen lösen sich von der Aktua-lität ihrer jeweiligen Bezugspunkte, unterstreichen aber zu-gleich, wie der Eindruck von Aktualität und Gegenwärtig-keit massenmedial produziert wird: »schon jetzt wird das heute Nachmittag unterzeichnete / Abkommen als histo-risch bezeichnet«, »wir unterbrechen die Unterbrechung für die sofortige Ausstrahlung einer noch aktuelleren Meldung«, »zwei Bilder in Echtzeit / drei Bilder in Falschzeit«.[113] Der Text kann in dieser Hinsicht als Entwurf einer literarischen Medienkritik gelesen werden, der sich von vielen anderen Ansätzen dadurch unterscheidet, daß er die Vergänglichkeit der medial produzierten Kommunikationsereignisse und den Zeitindex der verarbeiteten Verfahren nicht anprangert, sondern zur Voraussetzung des eigenen Schreibens macht: »the end of the world as we know it / ist der Beginn einer Welt, die wir nicht kennen / als ob das rasende Fortschreiten der Zeit / etwas Bedauernswertes wäre«.[114]

Aktualitätsproduktion und Vergänglichkeit der Gegen-wart erscheinen nicht als Anlässe zum reflektierenden Inne-halten, sondern als Herausforderungen für Schreibverfahren, die sich insofern als Zeitmitschrift verstehen, als sie immer auch dem zuarbeiten, was man als »Geschichte der Gegen-

112 Neumeister: *Angela Davis* (Anm. 110), S. 43.
113 Ebd., S. 14, 28 u. 37.
114 Ebd., S. 121.

wart« beschreiben kann. Die Aktualität der Gegenwart bleibt dabei nie nur auf das Phantasma eines geschichtslosen, nur momentan gültigen Hier und Jetzt beschränkt, sondern wird gleichermaßen im Blick auf ihre Vergänglichkeit und ihre Vergangenheit perspektiviert. Auch die Gegenwartsfixierung im Kontext von Pop und Pop-Literatur läßt sich in diesem Sinn als ein historisches Datum begreifen. Als ein Datum, das zitiert und wiederholt werden kann, das jedem Jetzt, auch dem vermeintlich aktuellsten, jeweils letzten, eine Geschichte unterlegt, die, wie Neumeister im Rückgriff auf Rolf Dieter Brinkmann nahelegt, mitgelesen und mitgeschrieben wird – oder werden sollte: »wieviel Gegenwart verträgt die Gegenwartsliteratur? / wieviel Pop verträgt die Popliteratur, ich meine / die Gegenwartsfrage von 1969 würde sich heute anders stellen, ich meine / eine Gegenfrage müsste man heute grundlegend anders formulieren«.[115]

»Mit vermeintlicher Selbstverständlichkeit passiert all das eben: jetzt«, markiert Neumeister auf den ersten Seiten von *Gut laut* den zeitlichen Rahmen, der 1998 für den Roman sowohl zum Gegenstand der Beschreibung als auch zum Zeitindex des Schreibens wird – unter der Voraussetzung, daß es an fast jeder Stelle des Textes zugleich um den Zugriff auf die Vergangenheit geht.[116] Vom Standpunkt der Gegenwart aus wird Vergangenheit bei Neumeister nicht in handlungsangereicherten Narrationen vergegenwärtigt, sondern in monologisierenden Reflexionen, die über die stakkatohafte Aneinanderreihung von stereotypisierten Fragen und Formeln, über parataktische Loops, über Wiederholungsfiguren mit minimalen Verschiebungen im Prozeß der Vergegenwärtigung von Vergangenem die Konzentration immer wieder auf die Konstituierung eines Textes lenken, der die Gegenwärtigkeit, die er beschreibt und beschwört, allererst

115 Andreas Neumeister: *Könnte Köln Sein (Buy! Buy More!)*, Ms., u. a. vorgetragen in Köln, Subway/Literaturhaus, Dezember 2002.
116 Neumeister: *Gut laut* (Anm. 6), S. 13.

selbst produziert, im Text, als Text. Dem »rasenden ›Musik-besessenheitszeitalter‹« und seinem »elektronischen Rhythmus des ›Ebenjetzt‹«[117] korrespondiert eine rhythmisierte Aufreihung von Erinnerungsfragmenten, die an die Stelle einer sinnvoll geschlossenen Geschichte eine Folge von Momentaufnahmen rückt, die sich, auch wenn wiederholt der gegenteilige Eindruck entsteht, elegischen, sentimentalen oder nostalgischen Stimmungslagen letztlich widersetzt. Stolpernd »durch einen immer wieder anderen Augenblick«,[118] schiebt der monologisierende Erzähler die siebziger, achtziger und neunziger Jahre des 20. Jahrhunderts so ineinander, daß aus der Perspektive von Pop, begriffen als »überfällige Unterminierung« des »schlimmsten Katastrophenjahrhunderts aller Katastrophenjahrhunderte«,[119] jeder Moment nicht nur historisch gesättigt, sondern in seiner Schemenhaftigkeit zugleich auch geschichtslos gegenwärtig erscheint. In *Gut laut* geht es entsprechend nicht allein, wie Hubert Winkels schreibt, um »eine Gegenwart, die vom Rhythmus der Musik und der Partys strukturiert ist«, sondern immer auch um den Rhythmus und Sound eines Textes, um das »Stakkato in der Aufzählung«, den »monotonen Beat« der »isolierten Informationseinheiten«.[120] Die Frage nach historischen Zusammenhängen und Entwicklungen wird auf diese Weise nicht beantwortet, sie wird, in diesem wie in anderen Texten, im Modus einer Geschichte der Gegenwart, die sich und ihre Vorstellung von Zeit permanent selbst überholt, sentenzhaft und apodiktisch, über Zitate und Wiederholungsstrukturen, auf Dauer gestellt: »Zeitverkürzende Mittel, zeitbeschleunigende Mittel, zeitvernichtende

117 Ebd., Klappentext.
118 Sibylle Cramer: Das Leben zu einer einzigen Abschweifung machen. »Gut laut« schreibt Andreas Neumeister von den fidelen Tropen Bayerns, in: *Frankfurter Rundschau* 7. 10. 1998.
119 Neumeister: *Gut laut* (Anm. 6), S. 166.
120 Hubert Winkels: Zur deutschen Literatur 1998, in: Volker Hage u. a. (Hg.): *Deutsche Literatur 1998. Jahresüberblick*, Stuttgart 1999, S. 25 f.

Mittel. Als ob das rasende Fortschreiten der Zeit irgendwas Bedauernswertes wäre. Als ob das rasende Fortschreiten der Zeit irgendwie aufzuhalten wäre. Gegenwart als Alles. Gegenwart als Alles und als Nichts. (Die Gegenwart dauert nur den Bruchteil einer Sekunde.)«[121]

*

Weder bei Neumeister noch bei Meinecke oder Goetz zielt das Projekt einer »Geschichte der Gegenwart« auf die nachträgliche Nobilitierung der Gegenwart ab – sei es durch Gesten der Historisierung oder der Kanonisierung vergangener Momente. Im Akt des Schreibens, der immer auch ein Akt der Konstruktion von Gegenwart ist, wird die historische Bestimmbarkeit spezifischer Momente vielmehr systematisch unterminiert. Die Annahme, daß es »das absolute Jetzt im Text« nicht gibt,[122] ist in dieser Hinsicht ebenso eine Voraussetzung fast aller hier angeführten Texte wie die auf verschiedenen Kanälen prozessierte, vor allem aber durch Niklas Luhmann zitierfähig vermittelte Einsicht, daß »in der operativ aktuellen Gegenwart die Welt, wie sie ist, und die Welt, wie sie beobachtet wird, nicht unterschieden werden können«.[123] So eröffnen sich Formen der Darstellung, die nicht nur den Effekt von Aktualität und Gegenwärtigkeit produzieren, sondern zugleich die Möglichkeit der Vergegenwärtigung der Gegenwart, der Repräsentation – oder auch der Präsentation – eines »Jetzt« im Text in Frage stellen. Aus dieser Perspektive bezeichnet Gegenwart weder ein präsenzmetaphysisches Phantasma noch einen eindeutig bestimmbaren, im Text abbildbaren Zeitpunkt, sondern vor allem, wie Georg Stanitzek schreibt, »ein Problem der Schreib-

121 Andreas Neumeister: Pop als Wille und Vorstellung, in: Jochen Bonz (Hg.): *Sound Signatures. Pop-Splitter*, Frankfurt/M. 2001, S. 22.
122 Meinecke: Ich als Text (Anm. 4), S. 17.
123 Niklas Luhmann: *Die Realität der Massenmedien*, Opladen ²1996, S. 27.

weise, der Organisation einer Pluralität aktueller Momente im Text«.[124]

Die naheliegendsten, häufig aber auch verblüffendsten Effekte entstehen in dieser Hinsicht durch die Verwendung und Vervielfältigung von deiktischen Temporalitätsmarkern wie »gerade«, »eben« und »jetzt«. Wie unterschiedlich diese Effekte auch bei einer vermeintlich gemeinsamen Bezugsgröße ausfallen können, kann ein Vergleich der ersten Seiten von Rainald Goetz' Erzählung *Rave* mit den ersten Seiten von Kathrin Rögglas zwei Jahre später erschienenem Buch *Irres Wetter* verdeutlichen. In beiden Fällen lassen sich die Anfangsseiten als literarische Auseinandersetzungen mit Techno lesen, beide Texte zielen auf die Erfassung von Momenten und Augenblicken ab, beide Texte sind von zeitstrukturierenden Adjektiven und Adverbien, von indexikalischen Ausdrücken wie »gleich«, »plötzlich«, »gerade«, »eben« und, vor allem, »jetzt« gleichsam durchsetzt.

»*Jetzt* ist der Führerschein weg, *jetzt* schreibe ich schnell das Buch«, bestimmt Goetz am Anfang von *Rave* einen Ausgangspunkt des Textes, der in der Fokussierung auf den Akt des Schreibens schon zu Beginn des Textes eine Differenz zu der Form von Gegenwärtigkeit erkennbar werden läßt, der sich der Text auf den folgenden Seiten verschreibt – dem »Jetzt« des Nachtlebens, des Techno-Raves, einerseits nachträglich distanziert kommentiert, andererseits aus einer scheinbar rein gegenwärtigen Innenperspektive evoziert. »Sehr geile Musik *jetzt*«, wird man auf der ersten Seite in die Position des Erzählers versetzt, etwas später heißt es: »Hinter ihm, über ihm, um ihn: da waren *jetzt* ganz groß die Sound-Gewalten aufgestanden.« »Er war *jetzt* selber die Musik«, setzt sich die Beschreibung innerer Zustände fort, die die Verbindung »zwischen Gehör und Körper«, »auf der Tanzflä-

---

124 Georg Stanitzek: *Kritische Schreibweisen. Zur Hermeneutik des Gegenwartsessays*, Habilitationsschrift, Universität zu Köln, Ms. 1996, S. 119.

che«, »im Moment« ebenso zu erfassen versucht wie den »Moment der Gleichzeitigkeit« von Gedanken und Musik, der das Zeitempfinden, wie der Text mehrfach herausstellt, nicht nur verstärkt, sondern zugleich auch diffundieren läßt. Erinnerung und Vergangenheit werden einerseits in der Gegenwärtigkeit der Musik ausgelöscht: »Immer ohne damals, jeder neue Baß«. Andererseits – »jetzt wieder« – erscheint der Baß aber als ein potentieller Speicher, als Katalysator für Erinnerungsprozesse: »In jedem Baßbumm hörte Wirr *jetzt wieder* alle je gehörten Bässe seines bis hierher gelebten Lebens«, verfolgt der Erzähler diese Form einer Vergegenwärtigung der Vergangenheit – bis, noch im gleichen Satz, auf der Tanzfläche, in der nachträglichen Erzählung, »Partypanik« ausbricht, ein Break das Geschehen, den Gedankengang unterbricht: »Der Baß war *plötzlich* weg. / Kein Baß. / Der Baß ist weg.« Das »Aussetzen« von Baß und Beat erweist sich aber wenige Sätze später als eine nur temporäre Unterbrechung, als ein dramaturgischer Trick, als entscheidender Kick: »Und als der Baß im Beat zurückkam, erhob sich *jetzt* vieltausendkehlig ein Geschrei. / Die Menschen schrien: ›Wunderbar!‹ / Der Baß ist wieder da.«[125]

Auch im ersten Text von Kathrin Rögglas Buch *Irres Wetter*, das im weiteren Verlauf eher wenig Parallelen zu *Rave* aufweist, vollzieht sich thematisch und sprachlich eine Annäherung an jene Vorstellung von Gegenwärtigkeit, die Goetz Techno-Bässen und anderen Soundgewalten zuschreibt. Im Unterschied zu den Szenarios aus *Rave* wird bei Röggla allerdings auf verschiedenen Ebenen das Mißlingen dieser Annäherung demonstriert. Eine Reisegruppe ist, wie es im ersten Abschnitt heißt, der »love-parade dicht auf der spur«, aber die Bahn ist voll und verstopft, das Erreichen des Ziels, das Zentrum der Party, erscheint kaum möglich: Die Protagonisten stehen nicht mitten in der Musik, sondern in einer

125 Goetz: *Rave* (Anm. 6), S. 17 ff. [Kursivierung von mir, E. S.]

überfüllten U-Bahn. Die Erzählperspektive konterkariert diese Verschiebung im Vergleich zu *Rave* allerdings: An die Stelle der Innenperspektive, die Goetz aus distanzierter Position beschreibt, tritt in Rögglas Text die Schilderung einer weitgehend gescheiterten Annäherung von außen, die jedoch ohne Gesten der Distanzierung in Form eines inneren Monologs, der Züge eines Live-Berichts trägt, präsentiert wird. Wie Goetz arbeitet auch Röggla dabei mit einer auffallenden Häufung von deiktischen Ausdrücken, die nicht nur das erzählte Geschehen, sondern auch die Lektüre in einen Zustand reiner Gegenwärtigkeit zu versetzen scheinen. Der »entscheidende moment« zielt bei Röggla jedoch nicht auf den potentiellen Höhepunkt eines Raves oder der Love Parade ab. Die Love Parade als ein Ereignis, das die Vorstellung eines »richtigen moments« massenhaft und in Serie produziert, ist hier nur ein Klischee, eine zitierfähige, aber leere Formel – der »richtige moment« ist von Beginn an verpaßt, die Love Parade ist von Anfang an vorbei: »keine bässe, kein rhythmus, nichts von alledem«.

Das Vokabular, das bei Goetz Partybeschreibungen und Berichte von Tanzflächenerlebnissen durchsetzt, »augenblick«, »moment«, »plötzlich«, »hier«, »gerade«, »eben«, »jetzt«, strukturiert bei Röggla einen ebenso monologisierenden wie delirierenden Erlebnisbericht, der nicht Präsens und Präsenz der Sound-Gewalten, sondern mißlingende Kommunikationsprozesse zwischen unfreiwillig zusammengeführten Kommunikationspartnern vorführt. So leitet die Frage: »what's happening *now*?« nicht zum nächsten Glücksmoment eines Gemeinschaftserlebnisses über, sondern zur Konstatierung des Gegenteils: »uns trennen welten, das ist, was hier *jetzt* noch geschieht.« Und auch der weitere Weg – »*jetzt* aber wollten wir wirklich dahin, wo was los sei« – führt nicht ins Zentrum der Love Parade, sondern nur zu Ahnungen über potentielle Anbahnungen halblegaler Geschäfte: »und dachte ich mir noch *eben*, *jetzt* bietet er uns sicher nen deal an. *jetzt* macht er uns irgendein angebot, das man nicht ausschlagen kann, *jetzt* kommen die wetten dran, die schlauen geschäfte, so weiß ich *plötzlich*: der spricht rein gar nichts an.« Als eine Seite später klar wird, daß auch der gesuchte Baß endgültig ausbleibt, verlagert das Scheitern der Kommunikation den Fokus der Aufmerksamkeit und eröffnet als Ausweg, konzentriert auf eine kaum näher qualifizierte Plastiktüte des fremden Gegenübers, eine unerwartete Gelegenheit für eine ähnlich unerwartete Aktion: »das ist der entscheidende moment, denke ich *plötzlich*, der richtige moment, dachte ich *eben noch*, und habe ihm schon die plastiktüte aus der hand gerissen, laufe *jetzt* fort.« Am Ende der kurzen Erzählung steht nicht das für Momente monumentale Glück auf der Tanzfläche, sondern nur noch, aus der Perspektive kritischer Einlassungen auf die Love Parade und die Kommerzialisierung der Techno-Szene nicht sehr überraschend, die »realität« ökonomisch bestimmter Verhältnisse: »die welt als taubenschlag von angebot und nachfrage«.[126]

Röggla ironisiert und persifliert auf diese Weise stereotypisierte Beschreibungsmuster der Gegenwartsemphase im Kontext von Tanzflächenglück und Technobegeisterung. Aber sie läßt sie dennoch nicht als obsolet erscheinen, die Konzentration auf das Hier und Jetzt der aktuellen Situation verliert weder an Relevanz noch an Signifikanz. Auch Rögglas Text verdankt seinen Drive einer Konstruktion von Effekten der Gegenwärtigkeit, die sich von Goetz' Schreibverfahren gar nicht so grundlegend unterscheidet. Sie verschiebt aber deren Fokus, deren potentiellen Gegenstandsbereich, und schafft auf diese Weise – »gerade«, »eben«, »jetzt« – Raum für anders gelagerte Signifikationsprozesse, die zwar auf vergleichbare Weise Signifikanz produzieren, aber die

---

126 Kathrin Röggla: *Irres Wetter* [2000], Frankfurt/M. 2002, S. 5-12 [Kursivierung von mir, E. S.].

vermeintliche Eindeutigkeit der Unmittelbarkeitsmarker zugleich unterlaufen und für neue Lesarten öffnen.

*

Die Attraktivität, die Gegenwartsliteratur ebenso wie Pop ausstrahlen kann, verdankt sich zu nicht geringen Teilen einer Gegenwartsfixierung, die ihre Suggestivkraft, gezielt oder unfreiwillig, aus einer derartigen Kopplung von dezidierter Bestimmtheit und einer diffundierenden Auflösung vorgegebener Bedeutungsmuster gewinnt. Der Protagonist in Benjamin v. Stuckrad-Barres *Soloalbum* bringt diese Konstellation anläßlich des Titels der dritten Oasis-LP sehr präzise auf einen Punkt, der nicht nur für den Kontext der Pop-Musik relevant ist. Er markiert zugleich auch die Möglichkeiten und Grenzen einer gegenwartsfixierten Gegenwartsliteratur, deren Thema und Gegenstand nie nur, aber immer auch das performative Potential von Sprache ist: »›Be Here Now‹ – das kann ja alles heißen! ›Be Here Now‹ kann nicht nur, sondern will auch unbedingt – alles heißen.«[127]

---

127 Stuckrad-Barre: *Soloalbum* (Anm. 7), S. 245; vgl. Oasis: *Be Here Now*, LP/CD, Hes/Sony 1997.

II

»… jetzt, jetzt, jetzt, ad infinitum!«
Rolf Dieter Brinkmanns Poetologie

»Und wofür sind die Gedichte? Wie ich es heute sehe, für mehr Gegenwart, viel vollere Gegenwart, mit den bei Seite geschobenen Wörtern, Ausdrücken, für Gegenwart und Sinnlichkeit und Lust, und dann: Krach! haut was rein, von außen usw.«[1] Der Begriff der Gegenwart, den Rolf Dieter Brinkmann hier, in einem Brief an Hartmut Schnell aus dem Sommer 1974, in eine Reihe mit »Sinnlichkeit und Lust« stellt, scheint nicht auf Fragen der Zeitlichkeit oder der Aktualität abzuzielen. Er verweist vielmehr, vermeintlich eindeutig, auf Vorstellungen von Unmittelbarkeit und Präsenz, die wiederum auf das performative Potential von Gedichten verweisen, auf den Moment der Unterbrechung, den ein Gedicht ermöglicht und dem es zugleich, unweigerlich, immer auch ausgesetzt ist. Wenige Zeilen zuvor jedoch stellt sich im Zuge einer Problematisierung der Möglichkeit eindeutiger Feststellungen die Frage nach der Gegenwart auch aus anderer Perspektive: »Was passiert denn in einem noch so scheinbar winzigsten Augenblick? Wie sind da die Vorgänge?«[2] Immer wieder, nicht nur in Briefen und nicht nur im Blick auf Gedichte, überlagert sich für Brinkmann die Frage nach der Produktion von Präsenz mit Reflexionen über die Zeitlichkeit des Augenblicks, immer wieder konfrontiert er den Akt des Schreibens mit der Aktualität eines Präsens, dessen Zeitstruktur nicht nur in den Briefen an den Freund in Austin, Texas, alles andere als gesichert erscheint: »Was macht Ihr heute abend? Genau, jetzt, im gleichen Moment, dh. vor sieben Stunden? Was habt Ihr heute abend gemacht?«[3] Wiederholt evoziert Brinkmann Konstellationen, in denen sich Vorstellungen zeitlicher und räumlicher Gegenwart verschrän-

---

1 Rolf Dieter Brinkmann: *Briefe an Hartmut. 1974-1975*, Reinbek 1999, S. 74.
2 Ebd.
3 Ebd., S. 225.

ken, in denen sich Präsens und Präsenz im Begriff der Gegenwart überlagern – und dabei zugleich die Frage nach dem Verhältnis von Gegenwart und Vergangenheit aufwerfen: »Wie ist die Gegenwart? Welche Struktur hat sie? Eine Vergangenheitsstruktur?«[4]

Es gibt wenig Fragen, die Brinkmann von seiner frühen Lyrik und Prosa[5] über die Pop-Euphorie Ende der 1960er Jahre[6] und die postum publizierten »Material«-Bände aus den frühen 1970er Jahren[7] bis zu den 1975 erschienenen *Westwärts*-Gedichten[8] so beharrlich verfolgt hat wie die »Frage, was [...] überhaupt Gegenwart« sei.[9] Eine eindeutige Antwort, sei es im Sinne einer Definition oder auch nur einer definitiven Feststellung, findet sich in den Texten nicht. An ihre Stelle tritt vielmehr eine über Variationen und Verschiebungen immer wieder neu fortgesetzte – und im folgenden ansatzweise entfaltete – Reihe von Fragen, die Brinkmanns Texte auf eine eigentümlich präzise, aber gleichwohl niemals eindeutig fixierbare Art zu dem machen, was er ihnen, eher beiläufig, Anfang der 1970er Jahre zuschreibt: zu einer »in der Gegenwart« betriebenen »Grundlagenforschung der Gegenwart«.[10]

4 Ebd., S. 194.
5 Prosatexte aus den Jahren 1962-1966 finden sich in Rolf Dieter Brinkmann: *Erzählungen*, Reinbek 1985; Lyrik aus den 1960er Jahren, in: ders.: *Standphotos. Gedichte 1962-1970*, Reinbek 1980.
6 Vgl. dazu die in *Standphotos* (Anm. 5) wiederabgedruckten Gedichtbände *Godzilla* und *Die Piloten*, den Roman *Keiner weiß mehr* [1968], Reinbek 1970, und die ebenfalls Ende der 1960er Jahre entstandenen poetologischen Essays: Rolf Dieter Brinkmann: *Der Film in Worten. Prosa, Erzählungen, Essays, Hörspiele, Fotos, Collagen 1965-1974*, Reinbek 1982.
7 Rolf Dieter Brinkmann: *Rom, Blicke*, Reinbek 1979; ders: *Erkundungen für die Präzisierung des Gefühls für einen Aufstand*, Reinbek 1987; ders.: *Schnitte*, Reinbek 1988.
8 Rolf Dieter Brinkmann: *Westwärts 1 & 2. Gedichte*. Mit Fotos des Autors, Reinbek 1975.
9 Brinkmann: *Briefe an Hartmut* (Anm. 1), S. 203.
10 Brinkmann: *Erkundungen* (Anm. 7), S. 129.

Am Anfang, häufig aber auch im Zentrum vieler Arbeiten zu
Rolf Dieter Brinkmann steht nicht die Literatur, sondern der
Tod: »Diese Arbeit beschäftigt sich mit Gedichten und Texten zur Poetik von Rolf Dieter Brinkmann, der 1975 fünf-
unddreißigjährig in London bei einem Unfall ums Leben
kam.«[11] »Rolf Dieter Brinkmann wurde am 23. April 1975,
im Alter von 35 Jahren, von einem Auto überfahren.«[12] »Am
23. April 1975 traf ihn in London der tödliche Schlag eines
Autos.«[13] »Als er in London nachts / eine Straße überqueren
wollte, / [...] wurde er von einem Auto umgesäbelt, / augenblicklich sei er tot gewesen.«[14] »Ein Auto fuhr ihn an. Rolf
Dieter Brinkmann war sofort tot. Der Fahrer flüchtete. War
es einfach nur einer der Unfälle in einer Weltstadt? Nur ein
weiterer Eintrag in der großen Verkehrsopferstatistik?«[15]

Der Unfalltod ist, das zeigen schon diese wenigen Zitate,
nicht nur als biographisches Datum ein entscheidendes
Thema für Auseinandersetzungen mit Brinkmann. Seit den
ersten Reaktionen auf den Unfall läßt sich immer wieder der
Versuch beobachten, über Beschreibungen des Todes auch
dem Leben und Schreiben Brinkmanns näherzukommen.
Um Überlegungen zu Brinkmanns Texten nicht nur argumentativ zu entwickeln, sondern auch in einem anschau-
lichen Bild zu verdichten, wird dem Tod symbolische Bedeu-

11 Burglind Urbe: *Lyrik, Fotografie und Massenkultur bei Rolf Dieter
Brinkmann*, Frankfurt/M. 1985, S. 7.
12 Gerhard W. Lampe: *Ohne Subjektivität. Interpretationen zur Lyrik
Rolf Dieter Brinkmanns vor dem Hintergrund der Studentenbewegung*,
Tübingen 1983, S. 1.
13 Heinrich Vormweg: »Ich bin ein Dichter.« Erinnerung an Rolf Dieter
Brinkmann, in: Gunter Geduldig/Marco Sagurna (Hg.): *too much. Das
lange Leben des Rolf Dieter Brinkmann*, Aachen 1994, S. 143.
14 Günter Herburger: Des Dichters Brinkmann Tod, in: *Die Zeit* 13. 6.
1975.
15 Heinrich Vormweg: Die strahlende Finsternis unserer Städte. Ein Por-
trät, in: Maleen Brinkmann (Hg.): *Rolf Dieter Brinkmann* [= *Literaturmagazin* 36], Reinbek 1995, S. 14.

tung zugeschrieben, werden die Begleitumstände des Unfalls, häufig präsentiert im Gestus des Augenzeugenberichts, als signifikante Zeichen inszeniert: »bei künstlichem Licht vor einem ›Shakespeare‹-Pub«,[16] »da er auf der anderen Seite / eine strahlende Herberge sah, die heißt / Shakespeare's Day and Night«,[17] »angelockt von einem Restaurant mit der Leuchtschrift ›Shakespeare's: Open day and night‹«.[18] Mit anderen Worten, aus anderer Perspektive: »Brinkmann erlitt einen fast exemplarischen Tod (auf dem Weg zum Pub – Überfahren in London – Sterben an der Zivilisation in einer kleinbürgerlichen, etwas verdreckten Umgebung).«[19] Aufgeladen mit metaphorisch zuweilen merkwürdig funkelnden Formulierungen, erscheint der Unfalltod als konsequente Fortsetzung des Lebens: »Plötzlich und unerwartet starb er. Dieser Tod paßte zu einem Leben, in dem er auch immer das Plötzliche so sehr liebte.«[20] Bei einem Autor, der sein Leben derart nachdrücklich zum Thema seines Schreibens gemacht hat, muß, so scheint es, auch der Tod Rückschlüsse auf die Literatur zulassen: »Auf keinen deutschen Schriftsteller seiner Generation hätte dieser gewaltsame Tod des Fünfunddreißigjährigen mehr gepaßt.«[21] Der Zusammenhang erscheint zwingend, beinahe vorbestimmt: »das ›Muster aus Autounfällen‹ (ein auffälliges Motiv im Werk Brinkmanns) suggeriert eine merkwürdige Vorahnung des eigenen Unfalltodes im nächtlichen London.«[22] Über den Unfalltod rückt Brink-

16 Genia Schulz: Nachwort, in: Rolf Dieter Brinkmann: *Künstliches Licht. Lyrik und Prosa*, hg. v. Genia Schulz, Stuttgart 1994, S. 154.

17 Herburger: Des Dichters Brinkmann Tod (Anm. 14), S. 36.

18 Hans Christoph Buch: *Das Hervortreten des Ichs aus den Wörtern. Aufsätze zur Literatur*, München 1978, S. 151.

19 Elisabeth Endres: Nicht mehr als ein Gedicht, in: *Merkur* 32 (1978), S. 58.

20 Andreas Reikowski: Rolf Dieter Brinkmann, unter: http://www.click fish.de/clickfish/guidearea/kulturgesellschaft/ls/literatur/archiv2001/160401.html.

21 Wolfgang Rothe: Keine Hymne mehr, in: *Frankfurter Allgemeine Zeitung* 1.7.1978.

22 Schulz: Nachwort (Anm. 16), S. 154.

mann nicht nur »in die Reihe jener Frühgestorbenen gerade aus der Popmusik, die er so bewunderte«,[23] es ergeben sich auch literaturgeschichtlich signifikante Parallelen: »So war auch, ein knappes Jahrzehnt vor ihm, Frank O'Hara ums Leben gekommen, den Rolf Dieter Brinkmann von allen amerikanischen Lyrikern am meisten bewundert [...] hat.«[24] Und aus heutiger Perspektive eröffnet Brinkmanns Tod zudem auch eine neue Reihe, die dem Label »Pop-Literatur« im historischen Rückblick eine selten bemerkte Brisanz unterlegt: »Im deutschen Sprachraum leben sich zu sehr auf Popideen einlassende Autoren statistisch gefährlich. Meistens werden sie überfahren. Fauser: Lkw; BAADER Holst: Straßenbahn; Brinkmann: Pkw.«[25]

Für die Banalität eines Verkehrsunfalls bleibt bei einer derart dichten Überlagerung von Referentialisierungsangeboten kaum Raum. Der Tod liefert Stoff für literaturgeschichtliche Pointen, eröffnet die Möglichkeit, Topoi und Zeichen der Popkultur – London, Leuchtschrift, frühe Tode – auf Brinkmann zu beziehen, und erscheint auch anschließbar an andere Schlagworte, die sich im Zusammenhang mit Brinkmann seit Jahren fast automatisch einstellen: Gewalt, Intensität, Plötzlichkeit. Zudem scheint der auch in diesem Sinn »fast exemplarische Tod« zu versprechen, die gerade im Zusammenhang der Auseinandersetzungen um Formen von Pop-Ästhetik seit den 1960er Jahren so ausdauernd wie ausweglos geführten Debatten um die Möglichkeit der Aufhebung der Differenz von Kunst und Leben auf einen Punkt zu bringen, der sich ohne großen Aufwand in ein symbolträchtiges Sinnbild umfunktionieren läßt. An die Stelle des immer wieder neu aufgelegten Konflikts kann so ein signifikantes

23 Olaf Selg: Rolf Dieter Brinkmann zum 60., unter: http://www.titel-magazin.de/brinkman.htm.
24 Harald Weinrich: Gedichte, wie eine Tür aufzumachen, in: *Die Zeit* 9. 5. 1975.
25 Andreas Neumeister: »... richtig zum Ekeln!« Neue Blicke auf den Pop-Affront des Rolf Dieter Brinkmann, in: *Die Zeit* 22. 3. 1996.

Datum treten, das nicht nur den Zusammenhang von Literatur und Leben, sondern auch die ästhetischen Qualitäten von Brinkmanns Texten in ein schweres, aber gerade deshalb leicht zitierbares Zeichen transformieren soll – »augenblicklich«, »plötzlich«, mit einem »Schlag«.

Aber nicht erst die literaturkritische Aufbereitung seines Todes zeigt, wie groß im Fall von Brinkmann der Bedarf für Ereignisse ist, in denen das, was seinem Leben und seinen Texten zugeschrieben wird, verdichtet werden kann. Schon mit seinem Auftritt bei der Veranstaltung »Autoren diskutieren mit ihren Kritikern« im November 1968 in Berlin, der die Möglichkeit eines gewaltsamen Todes auf einer symbolischen Ebene evozierte, hat Brinkmann Debatten provoziert, die im Blick auf die Komplikationen des Verhältnisses von Kunst und Leben ähnlich aufschlußreich sind. Wiederholt wird der Auftritt als »Charakteristikum dieses Dichters und seine ›Visitenkarte‹« begriffen,[26] und auch Marcel Reich-Ranicki, als Beteiligter unmittelbar betroffen, beginnt seinen Nachruf mit einer Erinnerung an die vielzitierte Veranstaltung: »Der Autor Rolf Dieter Brinkmann saß zwar auf dem Podium, doch wollte er nicht diskutieren, sondern den Anwesenden um jeden Preis einen Schreck einjagen. Da seine Gesprächspartner gelassen blieben, brüllte er sie schließlich an: Er sollte überhaupt nicht mit ihnen reden, sondern ein Maschinengewehr haben und sie über den Haufen schießen.«[27] Reich-Ranicki, der Brinkmanns Auftritt »gemein und widerlich, doch zugleich auch, leider, symptomatisch« nennt, findet eine Reihe von Erklärungen für diesen Ausfall. Es handelt sich allerdings, und auch das könnte man symptomatisch nennen, ausnahmslos um psychologisierende Erklärungen, mit denen der »verwirrte Rebell«, der »unzurech-

---

26 Urbe: *Lyrik, Fotografie und Massenkultur* (Anm. 11), S. 12.
27 Marcel Reich-Ranicki: ... aber ein Poet war er doch. Zum Tod des Rolf Dieter Brinkmann, in: *Frankfurter Allgemeine Zeitung* 28. 4. 1975.

nungsfähige Poet« an die »Grenze des Pathologischen« manövriert wird.[28]

Ohne einfach die andere, apologetische Seite zu beziehen, trennt dagegen Karl Heinz Bohrer, von Brinkmann zunächst als Diskussionspartner gewünscht,[29] dessen Äußerungen nicht von seinen anderen Gesten der Provokation, sondern rückt die verbale Attacke als Form der Überbietung in die Reihe der literarischen Angriffe ein: »Vor allem Brinkmann übertraf dabei seine bisherigen Leistungen, indem er bedauerte, kein Maschinengewehr zur Hand zu haben, um Reich-Ranicki Bescheid zu geben.«[30] Bohrer psychologisiert den Vorfall nicht, sondern weist die Kritiker auf Zusammenhänge hin, die sie zumindest nachträglich hätten sehen können: »etwa die Erinnerung an die Surrealisten, an deren Wort-Exzesse, an Bretons Schrei nach dem Revolver, um in die Menge zu schießen.«[31] Dabei geht es nicht allein um eine historisierende Relativierung des Vorfalls, Bohrer verweist vielmehr auf ein strukturelles Defizit auf seiten der überforderten Kritiker, wenn er ihnen vorhält, sie hätten übersehen, »daß hier auf eine gewiß nicht originelle, weil tradierte Weise (und das hätte ihnen die Sache leichter machen müssen) ein Konflikt, ein Dilemma handgreiflich dargestellt wurde«.[32]

Die Erinnerung an den Surrealismus ist allerdings nur eine der »Lage-Voraussetzungen«, die hier den Kritikern vorgehalten wird. Noch bevor er auf Breton verweist, konterkariert Bohrer die kritische Empörung mit einem Zitat aus

---

28 Ebd.

29 Vgl. dazu Eckhard Schumacher: »Was war denn '68?« Ein Gespräch mit Karl Heinz Bohrer, in: *Bielefelder StadtBlatt* 47/1997, auch unter: http://www.lili.uni-bielefeld.de/~braungar/pkw/Artikel/bohrer.htm.

30 Karl Heinz Bohrer: *Die gefährdete Phantasie, oder Surrealismus und Terror*, München 1970, S. 10.

31 Ebd., S. 11 f. »Die einfachste surrealistische Handlung besteht darin, mit Revolvern in den Fäusten auf die Straße zu gehen und blindlings soviel wie möglich in die Menge zu schießen.« (André Breton: *Die Manifeste des Surrealismus*, übers. v. Ruth Henry, Reinbek 1986, S. 56.)

32 Bohrer: *Surrealismus und Terror* (Anm. 30), S. 12.

Brinkmanns wenige Monate vor der Berliner Diskussion erschienenem Gedichtband *Die Piloten*, in dem er den »feinziselierten Hokuspokus« der »berufsmäßigen Ästheten und Dichterprofis« attackiert: »Die Toten bewundern die Toten. Gibt es etwas, das gespenstiger wäre als dieser deutsche Kulturbetrieb mit dem fortwährenden Ruf nach Stil etc.? Wo bleibt Ihr Stil, wo bleibt Ihr Stil? Haben Sie denn keine guten Manieren?«[33] Nicht Brinkmanns verbale Attacke, die alles andere als unvorbereitet war, sondern die empörten Reaktionen auf den Berliner Auftritt wirken aus dieser Perspektive verblüffend. Der Ruf nach dem Maschinengewehr war nicht viel mehr als eine zwar drastische, zugleich aber auch absehbare Wiederholung von etwas, das längst im Raum stand. Wenige Tage vor der Berliner Diskussion erschien in der Wochenzeitung *Christ und Welt* Brinkmanns Beitrag zur Debatte um Leslie Fiedlers programmatische Streitschrift für eine neue, an den Maßstäben der Pop-Kultur ausgerichtete Literatur und Literaturkritik.[34] Im Anschluß an Fiedlers polemische Abkehr von der »Todesagonie der Moderne« – »diese Literatur ist tot, das heißt, sie gehört der Geschichte und nicht mehr der Gegenwart an«[35] – formuliert Brinkmann, übertragen auf die deutsche Situation, nicht nur ein »grundsätzliches Mißtrauen gegen jede Freundlichkeit« der »häßlichen, zynischen alten Männer des Kulturbetriebs«, er

---

33 Brinkmann: *Standphotos* (Anm. 5), S. 186; vgl. Bohrer: *Surrealismus und Terror* (Anm. 30), S. 11.

34 Fiedlers Text ist nach einem Vortrag in Freiburg zuerst in deutscher Übersetzung unter dem Titel »Das Zeitalter der neuen Literatur« in zwei Ausgaben von *Christ und Welt* erschienen (13. 9. u. 20. 9. 1968); die anschließende Debatte mit Beiträgen u. a. von Jürgen Becker, Reinhard Baumgart und Martin Walser und eine spätere Fassung von Fiedlers Essay, nunmehr unter dem Titel »Überquert die Grenze, schließt den Graben!«, sind dokumentiert in: Uwe Wittstock (Hg.): *Roman oder Leben. Postmoderne in der deutschen Literatur*, Leipzig 1994; vgl. dazu auch Jörgen Schäfer: *Pop-Literatur. Rolf Dieter Brinkmann und das Verhältnis zur Populärkultur in der Literatur der sechziger Jahre*, Stuttgart 1998, S. 29-47.

35 Fiedler: Das Zeitalter der neuen Literatur (Anm. 34).

attackiert diese auch auf eine Weise, die den Ton und den Gestus des Berliner Auftritts ebenso andeutet wie seine Distanz gegenüber dem Literaturbetrieb: »Sollte ich mich in diese traurige und nur noch langweilige Litanei einreihen? Ich schreibe das hier, während auf meinem Dual-Plattenspieler HS 11 eine Platte der DOORS abläuft, [...] und sollte ich nicht lieber die Musik um ein paar Phonstärken erhöhen und mich ihr ganz überlassen anstatt weiterzutippen...«[36] Brinkmann überführt seine Attacken gegen Literatur und Kritik nicht in eine argumentativ entwickelte Gegenposition, er konfrontiert sie vielmehr mit konkurrierenden Szenen: So wie er in der Fiedler-Debatte Pop-Musik als eine mit Aktualität und einer potentiell aggressiven Vitalität konnotierte Alternative zur Erstarrtheit der Literaturszene präsentiert, verweist er in der Vorbemerkung zu *Die Piloten* die »berufsmäßigen Ästheten und Dichterprofis« auf die performativen Qualitäten von Gangsterfilmen – und nimmt so seinem Berliner Auftritt schon im voraus den Charakter einer realen Bedrohung: »Wie sagte Warren Beatty zu den deutschen Kinobesitzern beim Start von Bonnie und Clyde: ›Bei der Schlußszene mit dem Maschinengewehrfeuer müßt ihr den Ton ganz aufdrehen!‹«[37]

Die Möglichkeit, mit Plattenspieler, Schallplatten und Verstärker oder mit dem Sound des Maschinengewehrs in einem sprachlosen Akt den normativen Ruf nach Stil und andere Langweiligkeiten der Literaturkritik zu überwinden, wird von Brinkmann wiederholt in Aussicht gestellt, aber, und das ist entscheidend, letztlich nicht realisiert. Er setzt vielmehr in

36 Rolf Dieter Brinkmann: Angriff aufs Monopol. Ich hasse alte Dichter, in: Wittstock (Hg.): *Roman oder Leben* (Anm. 34), S. 70 u. 65 f. [zuerst in: *Christ und Welt* 15. 11. 1968].
37 Brinkmann: *Standphotos* (Anm. 5), S. 186; vgl. auch das Gedicht »Ra-ta-ta-ta- für Bonnie & Clyde etc.«: »... und wir hören noch, wie der Ton / bei der Schlußszene mit dem Maschinen- / gewehrfeuer voll aufgedreht wird zur Freude / von Bonnie und Clyde, den Platzanweiser- / innen und der ganzen Marmeladenindustrie« (ebd., S. 244).

immer neuen Wendungen an, die Erhöhung der Phonstärke, die der Medien- und Szenenwechsel verspricht, über verbale Attacken, Wutausbrüche und Haßtiraden in die Form der Schrift zu übertragen. Brinkmann hört nicht auf weiterzutippen, sondern trägt den Konflikt, der die Literatur in seiner Lesart vom Leben trennt, sprachlich aus, in dem Medium, in dem er ihn als Konflikt formuliert hat. Erst die Unmöglichkeit, in einem Buch tatsächlich den Ton aufzudrehen, gibt diesem Versuch seine Brisanz und Relevanz. Und auch der konjunktivische Ruf nach dem Maschinengewehr lebt davon, daß er etwas sprachlich evoziert, das real nicht ausgeführt werden konnte: »Er hatte ja nur ein Buch in der Hand.«[38]

Brinkmanns Vereinnahmung von Leben, Lautstärke und Lärm ist nie nur eine vitalistische Geste, die an die Stelle der literarischen Arbeit tritt, sondern immer auch ein Moment des Schreibens, das gerade dadurch, daß die Möglichkeiten und Grenzen seiner performativen Kraft im Kontrast zu den Präsenzeffekten anderer Medien und Darstellungsformen markiert werden, immer wieder neu herausgefordert wird. Brinkmann versteht sich in einem durchaus emphatischen Sinn als Schriftsteller, als Dichter. Als ein Schriftsteller allerdings, der sich durch sein Auftreten im Literaturbetrieb und mit seinen Texten gegen jene »Schlagwörter« wendet, die für ihn die deutsche Sprache und den deutschen Kulturbetrieb bestimmen: »Zuerst kommt immer Literatur, Kultur, Kunst usw. und dann erst Leben, Lebendigkeit. Ich für mich kann das nicht akzeptieren.«[39]

Diese Verweigerungshaltung motiviert nicht nur die verbale Attacke gegen Reich-Ranicki, sie läßt in der Fixierung auf Leben und Lebendigkeit auch den Abstand erkennbar werden, der Brinkmann von der Reihe jener Autoren trennt, die Ende der 1960er Jahre die Literatur aus politischen Grün-

---

38 Dieter Wellershoff in: Geduldig/Sagurna (Hg.): *too much* (Anm. 13), S. 72.
39 Brinkmann: *Briefe an Hartmut* (Anm. 1), S. 141.

den für tot erklären. Der »Tod der Literatur«, vom *Kursbuch* in der Reaktion auf den Mai 1968 etwa zeitgleich mit Brinkmanns Auftritt in Berlin beschworen, kann für diesen nicht auf die Verpflichtung zu politischem Engagement, verstanden als »Bezug zu einer möglichen Praxis«,[40] abzielen. »Ist durchschaut worden, *daß ausdrückliche politische Demonstration von dem Zustand programmiert wird, gegen den sie sich wendet?*«,[41] fragt Brinkmann und rückt in genau diesem Sinn auch von den Forderungen nach einer »engagierten« Literatur ab. Gerade dort, »wo man sich betont politisch engagiert gibt«, schreibt Brinkmann, stellt »das Gedicht nur ein Vehikel dar für einen außerhalb des betreffenden Gedichts gemeinten Gedanken, *ist* also auf keinen Fall selber ein Politikum«.[42] Literatur muß sich und das, was traditionell Literatur genannt wird, aus Brinkmanns Perspektive vielmehr selbst erledigen, im Akt des Schreibens, literarisch: »der ›Tod‹ der Literatur kann bloß durch Literatur selber erfolgen, indem Geschriebenes sich nicht mehr dem zuordnet. Also: aufhören über ›Literatur‹ zu reden ... Literatur, Literatur ... als ob es noch darum ginge.«[43] Auch wenn Brinkmann schreibt, die Literatur müsse »verschwinden, damit sie um ein Stückchen realer für jeden einzelnen von uns wird«,[44] geht es nicht um eine grundsätzliche Abkehr von der Literatur. Mit diesen nur scheinbar paradoxen Gesten, die nicht zuletzt auch Argumentationsmuster der klassischen Avantgarden reproduzieren, soll vielmehr der Blick auf eine »neue, alte, erweiterte Art der Literatur«[45] eröffnet werden, die sich nicht mehr an den Maßstäben einer längst domestizierten

---

40 Karl Markus Michel: Ein Kranz für die Literatur. Fünf Variationen über eine These, in: *Kursbuch* 15 (November 1968), S. 177.

41 Brinkmann: *Der Film in Worten* (Anm. 6), S. 253.

42 Rolf Dieter Brinkmann: Über Lyrik und Sexualität, in: *Streit-Zeit-Schrift* 1 (1969), S. 66.

43 Brinkmann: *Der Film in Worten* (Anm. 6), S. 236f.

44 Rolf Dieter Brinkmann: Einübung einer neuen Sensibilität, in: Brinkmann (Hg.): *Rolf Dieter Brinkmann* (Anm. 15), S. 147.

45 Ebd., S. 152.

literarischen Moderne orientiert, sondern in der Ausrichtung auf »Leben« und »Lebendigkeit« vorgegebene Zusammenhänge auflöst. Im Zentrum steht dabei eine Vorstellung von »*Gegenwart, die auf den, der schreibt, bezogen ist*, nicht aber die Erfüllung allgemeiner Forderungen ist, die immer Forderungen des Bestehenden sind«.[46] Brinkmann folgt auch in dieser Hinsicht der Programmatik Fiedlers, derzufolge die Gegenstände einer zukünftigen Literaturkritik nicht mehr nur »Wörter auf dem Papier« sein sollen, »sondern Wörter im Leben, oder besser, Wörter im Kopf, in der intimen Verknüpfung von tausend Zusammenhängen – sozialen, psychologischen, historischen, biographischen, geographischen – im Bewußtsein des Lesers (für einen Augenblick, aber *nur* für einen Augenblick durch die *ekstasis* des Lesens aus all jenen Zusammenhängen gelöst)«.[47]

Nicht die vermeintliche Verantwortung des Schriftstellers, sondern gerade die Verantwortungslosigkeit gegenüber Normen, Institutionen und vorgegebenen Zusammenhängen läßt Literatur aus dieser Perspektive relevant erscheinen. »Daß Verantwortungslosigkeit, das heißt Gleichgültigkeit gegenüber den – von wem auch immer – aufgestellten Spielregeln eine entscheidende Qualität des Schriftstellers sein könnte, das ist eben von der ›formalen‹ wie der ›engagierten‹ Kritik bis heute durchweg ausgeklammert worden«, kommentiert Bohrer Ende der 1960er Jahre den Konflikt, den Brinkmann in Berlin provoziert hat.[48] Die Diskussion mit Reich-Ranicki wird nicht sachbezogen, kritisch oder ironisch geführt, sondern verweigert. Brinkmann begegnet den Vermittlungsinstanzen, die den Literaturbetrieb bestimmen, nicht argumentativ, er konfrontiert sie vielmehr mit der Radikalisierung einer literarischen Praxis, die nicht auf Literatur beschränkt bleibt, sondern, und sei es im Akt der Verwei-

46 Brinkmann: *Der Film in Worten* (Anm. 6), S. 249.
47 Fiedler: Überquert die Grenze (Anm. 34), S. 16.
48 Bohrer: *Surrealismus und Terror* (Anm. 30), S. 12.

gerung, auch das Reden über Literatur affiziert. So wie, nach Benjamin, »Dichtung von innen gesprengt« werden kann, wenn man wie die Surrealisten »›Dichterisches Leben‹ bis an die äußersten Grenzen des Möglichen« treibt,[49] kann umgekehrt für Brinkmann Leben mehr oder minder restlos in Literatur aufgehen: »Mich interessiert nicht mehr, ob die Literatur tot ist, mag sie sterben wie alles andere, ich arbeite darin. [...] Was ist sonst Leben wert?«[50] Entscheidend für sein Verständnis von Literatur ist allerdings, daß die Verbindung von Kunst und Leben im Akt des Schreibens, der Subjektivität konstituiert, immer wieder neu realisiert werden muß: »Alles ereignet sich nur *jetzt, in einem Augenblick*, und in diesem einen Augenblick ist die Person, die schreibt, anwesend. Sie schreibt nicht, um ›Literatur‹ weiterzuentwikkeln [...], sie realisiert *sich* jetzt in dem einen Gedicht.«[51] Brinkmanns Auftritt auf der Berliner Diskussionsveranstaltung erscheint in dieser Hinsicht als eine Aktion, die eine derartige Fixierung auf den Augenblick pointieren kann. Aus der Perspektive des Schreibens bleibt sie jedoch letztlich eine eher sekundäre Begleiterscheinung. Es geht Brinkmann, anders als dem kritischen Diskurs, nicht um ein signifikantes Datum, einen drastisch herausgehobenen Moment,[52] wichtig ist vielmehr, daß sich die »blitzartige Erkenntnis, daß hier nicht einfach ›Dichtung‹ und da nicht einfach ›Leben‹ ist«,[53] auch beinahe zufällig in einem Gedicht materialisieren kann:

49 Walter Benjamin: Der Sürrealismus. Die letzte Momentaufnahme der europäischen Intelligenz, in: Ders.: *Gesammelte Schriften*, Band II, Frankfurt/M. 1977, S. 296.

50 Rolf Dieter Brinkmann: *Rom, Blicke*, Reinbek 1979, S. 185.

51 Brinkmann: *Der Film in Worten* (Anm. 6), S. 249.

52 »Es geschah am 17. November in der Akademie der Künste in Berlin. Ich will nicht dramatisieren, aber dieser Tag ist eine Zäsur«, zitiert Brinkmann in seinem Gedicht »Vanille« Horst Bienek und fährt fort: »Liebe Zäsur, das ist sehr nett von dir! Hallo, Marleen, komm rein und lächle. Linda, was sagst du dazu?« (Rolf Dieter Brinkmann: Vanille [1969], in: Jörg Schröder (Hg.): *Mammut. März Texte 1 & 2. 1969-1984*, Herbstein ²1984, S. 129.)

53 Bohrer: *Surrealismus und Terror* (Anm. 30), S. 43.

»Der Aufwischneger bringt Bierdosen / & dann fing ich noch einmal mit der Zeile an, / Auf einmal, da war ich, an dieser Stelle, / in meinem Leben.«[54]

SINNLICH, ABSTRAKT

»Ich hätte gern viele Gedichte einfach geschrieben wie Songs. Leider kann ich nicht Gitarre spielen, ich kann nur Schreibmaschine schreiben, dazu nur stotternd, mit zwei Fingern«, schreibt Brinkmann 1974 in der *Vorbemerkung* zu seinem Gedichtband *Westwärts 1 & 2*.[55] Die Leichtigkeit und Einfachheit, die Brinkmann im Schreiben zu erreichen versucht, erscheinen aus der Perspektive der Selbstbeschreibung als ein nur schwer zu realisierender Wunsch. Das Schreiben wird als ein Notbehelf inszeniert, dessen Schwerfälligkeit Brinkmann nicht allein auf die mangelnde Beherrschung der Schreibmaschine zurückführt, sondern auch als Konsequenz einer Restriktion auf und durch das Medium der Sprache beschreibt. Wie der Sound auf der Schallplatte oder der Tonspur des Films erscheinen auch auf der Gitarre gespielte Songs als potentielle Alternativen zur Literatur, die dieser aus Brinkmanns Perspektive, geht es um den medial induzierten Effekt von Unmittelbarkeit und Präsenz, überlegen sind. Gleichwohl beschreibt er, zurückhaltend, aber durchaus bestimmt, die *Westwärts*-Gedichte als den Versuch einer Annäherung an das vorausgesetzte Ideal: »Vielleicht ist mir aber manchmal gelungen, die Gedichte einfach genug zu machen, wie Songs, wie eine Tür aufzumachen, aus der Sprache und den Festlegungen raus.«[56]

Dem Wunsch nach einer auf den Schreibenden im Augenblick des Schreibens bezogenen Gegenwart korrespondiert

54 Brinkmann: *Westwärts 1 & 2* (Anm. 8), S. 44.
55 Ebd., S. 7.
56 Ebd.

die Suche nach einer Form von Literatur, die an die Stelle der »vorgegebenen Sinnmuster« und des »Rückkopplungssystems der Wörter, das in gewohnten grammatikalischen Ordnungen wirksam ist«, Verwendungsweisen von Sprache setzt, die auf die »tagtäglich zu machende sinnliche Erfahrung« reagieren und abzielen.[57] Mögliche Vorbilder findet Brinkmann in dieser Hinsicht im Kino und in der Pop-Musik, wiederholt verweist er jedoch auch auf literarische Bezugspunkte, auf Gottfried Benn und William Carlos Williams, vor allem aber auf Lyrik, Prosa und Essays aus der »Neuen Amerikanischen Szene«, auf Autoren wie Ted Berrigan, William S. Burroughs, Harold Norse, Frank O'Hara, Tom Veitch, Anne Waldman und Andy Warhol, die er Ende der 1960er Jahre in einer Reihe von Anthologien übersetzt und kommentiert.[58]

»Das auffälligste Merkmal der O'Haraschen Gedichte ist ihre unmittelbare Präsenz. Jedes Gedicht ist sofort ganz da«, schreibt Brinkmann im Nachwort zu seinen Übersetzungen von Gedichten Frank O'Haras.[59] Und auch in den *Notizen* zu der Anthologie *Silverscreen* erscheint bereits im ersten Abschnitt genau das als Kennzeichen der »Neuen Amerikanischen Lyrik«, was Brinkmann auch einige Jahre später noch als Ziel seiner eigenen Texte beschreibt: »Das *Überraschende* der neuen amerikanischen Gedichte ist, *daß sie zunächst einfach nur da sind.*«[60] Überraschend wirken die schnelle Erfaßbarkeit (»sofort ganz da«) und unvermittelte Präsenz (»einfach nur da«) der Gedichte, weil für Brinkmann sowohl vergleichbare Formen von Lyrik als auch derartige Kriterien im deutschsprachigen und europäischen Kontext

57 Brinkmann: *Der Film in Worten* (Anm. 6), S. 223.
58 Rolf Dieter Brinkmann/Ralf-Rainer Rygulla (Hg.): *Acid. Neue amerikanische Szene*, Berlin 1969; Rolf Dieter Brinkmann (Hg.): *Silverscreen. Neue amerikanische Lyrik*, Köln 1969; Frank O'Hara: *Lunch Poems und andere Gedichte*, übers. v. Rolf Dieter Brinkmann, Köln 1969.
59 Brinkmann: *Der Film in Worten* (Anm. 6), S. 215.
60 Ebd., S. 248.

von einer wirkungsmächtigen Tradition verdrängt werden, in deren Zentrum er die Tendenz zur theoretischen Abstraktion sieht. Aus der Perspektive der »Neuen Amerikanischen Szene« erscheint also nicht Sprache schlechthin, sondern der konventionelle Umgang mit Sprache und Literatur als Problem: »Daß ein Gedicht einfach nur *da* ist, stellt heute für das abendländische Bewußtsein von Gedichten sowohl für den Produzenten wie auch für den Leser den schwierigsten Ausgangspunkt dar. Denn besetzt von dem verschwommenen Wissen von einer sogenannten ›Modernen Lyrik‹ und deren abstrakt-theoretischen Implikationen, ist die Sensibilität der Aufnahme von Gedichten abgestumpft.«[61]

Die Unterscheidung von Abstraktion und Sensibilität, die sich in dieser Polemik abzeichnet, findet sich nicht allein in Brinkmanns Auseinandersetzungen mit der amerikanischen Lyrik. Sie bestimmt auch seine eigenen Texte, ist ein entscheidender Ausgangspunkt für Brinkmanns Attacken gegen den deutschen Literaturbetrieb und prägt auch seine Ende der 1960er zunächst neugierige, Anfang der 1970er Jahre aber zunehmend skeptische Haltung gegenüber der Entwicklung der Studentenbewegung. Immer wieder polemisiert Brinkmann gegen die »Konvention des abstrakten Denkens«, immer wieder geht es darum, »die eigene Sensibilität gegenüber dem verordneten Ausdruck durchzusetzen«,[62] immer wieder fordert Brinkmann das, was er 1968 im Anschluß an Fiedler mit der »Bezeichnung ›POP‹« assoziiert: eine »Sensibilität, die den schöpferischen Produkten jeder Kunstart – Schreiben, Malen, Filmen, Musikmachen – die billigen gedanklichen Alternativen verweigert«.[63]

Ein entscheidendes Verfahren für die Durchsetzung einer neuen, gegen die Verabsolutierung von Abstraktion und Theorie gewendeten Sensibilität ist die radikale Gegenwarts-

61 Ebd.
62 Ebd., S. 249 u. 262.
63 Brinkmann: Angriff aufs Monopol (Anm. 36), S. 71.

fixierung. Wenn Brinkmann schreibt, in den Gedichten, die
»einfach nur da« sind, sei »*Gegenwart* enthalten«, geht es dabei nicht nur um »Verweise auf aktuelle Gegenstände«,[64]
sondern immer auch um jene Präsenzeffekte, die Brinkmann
der neuen amerikanischen Literatur zuschreibt. Die Begeisterung für Pop-Musik und Gangsterfilme findet in dieser
doppelten Perspektive ebenso ihren Grund wie Brinkmanns
Interesse an »Themen, Vorstellungen, Arbeitsmethoden«,
die »auf die elektrifizierte, durch Elektronik veränderte
Großzivilisation« verweisen.[65] Unablässig wiederholt er sein
Plädoyer für eine Sensibilität, die »auf gegenwärtige Reizmuster zu reagieren versteht«, für eine Literatur, die »völlig
selbstverständlich Erfahrungen aus dem Umgang mit technischen Geräten integriert hat«, die sich an »zeitgenössischem
Material« orientiert und »keine alteingenisteten, verinner-
lichten Muster, keine heimeligen, liebgewordenen Vorurteile
zu verlieren [hat], wenn sie sich auf Gegenwart einläßt«.[66]

Auf die Gefahr hin, sich dem Vorwurf eines geschichtslosen Momentanismus auszusetzen,[67] polemisiert Brinkmann
gegen jeden Versuch einer abstrahierenden Verortung der
Gegenwart. An die Stelle von historischen Verweisen und
utopischen Entwürfen rückt eine offensive Beschränkung
auf die Gegenwart, deren Relevanz nicht durch perspektivie-
rende Positionierungen zwischen Vergangenheit und Zukunft bestimmt wird, sondern durch die Fixierung auf eine
Form von Aktualität, die sich im Akt des Schreibens und im
Akt des Lesens immer wieder neu realisieren muß und erst so

---

64 Brinkmann: *Der Film in Worten* (Anm. 6), S. 249 u. 229.
65 Ebd., S. 225; in dieser Hinsicht verweist Brinkmann, wiederum im An-
    schluß an Fiedler, wiederholt auf Marshall McLuhan, vgl. ebd., S. 216f.,
    244, 265.
66 Ebd., S. 213 u. 224.
67 So warnt etwa Jost Hermand, daß das Preisen von Sensibilität und Spon-
    taneität im Fall von Brinkmann »nach ›rechts‹ umkippt«, vgl. Jost Her-
    mand: *Pop International. Eine kritische Analyse*, Frankfurt/M. 1971,
    S. 105.

das produzieren kann, was Brinkmann im Blick auf seine Vorstellung von sinnlicher Präsenz »Attraktivität« nennt.[68]

Der »*anti-theoretische Zug*«,[69] den Brinkmann auch in dieser Hinsicht an der neuen amerikanischen Literatur hervorhebt, wird von ihm allerdings nicht nur übernommen, sondern zugleich auch zu einem Ausgangspunkt einer neuen Ästhetik transformiert. Wenn Brinkmann die Opposition von Abstraktion und Sensibilität zum Ansatzpunkt programmatischer Überlegungen macht, die unter einem Titel wie *Einübung einer neuen Sensibilität* auch auf theoretische Überlegungen von Herbert Marcuse oder Susan Sontag verweisen,[70] scheint er seine eigenen Prämissen, die Voraussetzung einer voraussetzungslosen Gegenwart, ebenso zu unterlaufen wie in den Essays, in denen er die überraschende Präsenz der amerikanischen Lyrik nicht nur beschreibt, sondern auch zu einem modellhaften Stilideal macht. »Aber all das ist schon viel zu abstrakt«, schreibt Brinkmann entsprechend skeptisch am Ende der *Notizen*, die er der Anthologie *Silverscreen* voranstellt und aus deren programmatischer Perspektive die Gedichte tatsächlich alles andere als »einfach nur da« sind.[71] Aber auch wenn Brinkmanns Präsentation der amerikanischen Literatur in poetologische Abstraktionen, in Ansätze einer Theoretisierung umschlägt, widersetzen sich die Essays gezielt einer systematisch geschlossenen Form von Theorie. Um nicht genau dem Prozeß der Abstraktion zu verfallen, den er angreift, unterbricht Brink-

---

68 Brinkmann: *Der Film in Worten* (Anm. 6), S. 227.
69 Ebd., S 254.
70 Vgl. Brinkmann: Einübung einer neuen Sensibilität (Anm. 44). In den *Notizen* zu *Silverscreen* zitiert Brinkmann Marcuse, ohne sich allerdings explizit auf dessen Konzeption einer »Neuen Sensibilität« zu beziehen; vgl. Brinkmann: *Der Film in Worten* (Anm. 6), S. 266 u. Herbert Marcuse: Die neue Sensibilität, in: ders.: *Versuch über die Befreiung*, Frankfurt/M. 1969, S. 43 ff.; zu Parallelen zwischen Brinkmanns und Sontags Konzeptionen von »Neuer Sensibilität« vgl. Schäfer: *Pop-Literatur* (Anm. 34), S. 129 ff.
71 Brinkmann: *Der Film in Worten* (Anm. 6), S. 269.

mann seine programmatischen Äußerungen immer wieder durch Einfälle, Zitate, Assoziationen und Abschweifungen, die nicht selten das gerade Gesagte aufheben, angreifen oder unvermittelt in einen anderen, nicht notwendig der Logik des Arguments folgenden Zusammenhang katapultieren. Die poetologischen Texte entfalten nicht das Programm einer durchgearbeiteten Ästhetik, sie führen vielmehr genau das vor, was Bohrer ein Jahr zuvor im Rahmen seiner skeptischen Kritik an Brinkmanns Versuchen, Pop-Phänomene nach amerikanischem Vorbild in Gedichte zu übersetzen, als eine »noch zu entwickelnde Form des Essays« beschreibt: Essays, bei denen sich »Analyse des Phänomens und spontane literarische Einbildungskraft die Waage« halten.[72] So thematisiert Brinkmann im Nachwort zu *Acid* genau das, was er zugleich praktiziert, wenn er als »zeit-adäquate Form« des »Essays« eine sich »erst vereinzelt andeutende« Form beschreibt, »die heterogenstes Material zu einem Thema sammeln und miteinander verbinden kann, [...] – collagenhaft, mit erzählerischen Einschüben, voller Erfindungen, Bild – also Oberflächenbeschreibungen, unlinear, diskontinuierlich... ein Raum, in dem herumzuspazieren einfach wieder Spaß macht und das gedankliche Arrangement von der gleichen Einfallsfülle ist wie der Gegenstand der Reflexion, ein zärtliches Treiben von winzigen Lichtpunkten auf einer Schalttafel«.[73]

Das Projekt, gegen die Festlegungen der Sprache in und mit der Sprache »neue sinnliche Ausdrucksmuster zu schaffen«,[74] ist nicht grundsätzlich gegen Abstraktionsbewegungen gerichtet. Brinkmann wendet sich mit seinen Texten vielmehr gegen eine Form von Abstraktion, die nur einen Beleg für den Begriff schafft, »nicht aber ein attraktives Objekt sel-

72 Karl Heinz Bohrer: Dem Teufel folgt Beelzebub. Rolf Dieter Brinkmann, seine neuen Gedichte »Die Piloten« und amerikanischer Romantizismen, in: *Frankfurter Allgemeine Zeitung* 15. 10. 1968.
73 Brinkmann: *Der Film in Worten* (Anm. 6), S. 233.
74 Ebd., S. 235.

ber, aus dem sich der Begriff ergeben würde und das zugleich (im selben Augenblick) über ihn hinausführte«.[75] Genau diese doppelte Bewegung, die Abstraktion und Attraktivität wechselseitig aufeinander bezieht, versucht er in Gang zu setzen, indem er abstrahierende Überlegungen mit der sinnlichen Präsenz von Musik, Filmen und Bildern konfrontiert, indem er Medien und Darstellungsformen, über die aus seiner Perspektive die Vorstellung eines »attraktiven Objekts« leichter zu realisieren ist, nicht nur thematisiert, sondern ihre performativen Qualitäten in die literarischen Schreibverfahren zu übersetzen versucht.

»Vermischungen finden statt – Bilder, mit Wörtern durchsetzt, Sätze, neu arrangiert zu Bildern und Bild-(Vorstellungs-)zusammenhängen«, beschreibt Brinkmann ein in dieser Hinsicht zentrales Verfahren, das die in *Acid* versammelten amerikanischen Texte und ihre Präsentation im Sammelband ebenso bestimmt wie viele seiner eigenen Texte.[76] So verweist der Titel des programmatischen Essays zu *Acid*, *Der Film in Worten* auch auf den Versuch, die »Neue Sensibilität« nicht nur abstrakt zu proklamieren, sondern auch im Text zu demonstrieren. Brinkmann löst syntaktische Strukturen auf, präsentiert Zitate, Satzfragmente, heterogenes Material, aneinandergefügt durch Montagetechniken, Schnitte und andere auf die Form der Schrift übertragene »filmische« Verfahren: »›Das Buch in Drehbuchform ist der Film in Worten‹ (Kerouac)... ein Film, also Bilder – also Vorstellungen, nicht die Reproduktion abstrakter, bilderloser syntaktischer Muster... Bilder, flickernd und voller Sprünge, Aufnahmen auf hochempfindlichen Filmstreifen Oberflächen verhafteter Sensibilität.«[77]

75 Rolf Dieter Brinkmann: Anmerkungen zu meinem Gedicht »Vanille« [1969], in: Schröder (Hg.): *Mammut* (Anm. 52), S. 143.
76 Brinkmann: *Der Film in Worten* (Anm. 6), S. 228.
77 Ebd., S. 223; Brinkmann zitiert mit seinem Titel ein 1959 im *Evergreen Review* veröffentlichtes Statement von Jack Kerouac, vgl. ebd., S. 229 u. Jack Kerouac: *Unterwegs*, Reinbek 1968, S. 285.

Während Brinkmann in *Der Film in Worten* allein mit sprachlichen Mitteln versucht, »die bisher übliche Addition von Wörtern hinter sich zu lassen«,[78] sind die Texte in *Acid* und *Silverscreen* mit Fotografien, Comics und Zeitungsausschnitten durchsetzt, mit Text-Bild-Montagen, deren Kompositionsprinzipien Brinkmann wiederholt auch für seine eigenen Texte übernimmt. Neben die Frage, ob und wie Vorstellungen in der Sprache performativ produziert, wie Bilder durch Wörter repräsentiert oder beide wechselseitig aufeinander bezogen werden können, rückt dabei immer wieder auch der Wunsch, Bilder an die Stelle von Wörtern treten zu lassen, Texte ohne Worte zu produzieren. Die *Westwärts*-Gedichte werden eingerahmt durch Fotoserien, Brinkmann veröffentlicht Texte, die allein aus Fotos zusammengesetzt sind,[79] und zitiert, durchaus programmatisch, William S. Burroughs' Äußerung: »Wenn Sie anfangen, in Bildern zu denken ohne Wörter, befinden Sie sich auf dem Weg!«[80]

Ein weiterer Weg der Verschränkung von Abstraktionsprozessen und Effekten sinnlicher Präsenz ist die Konzentration auf Sexualität und Pornographie, die die formalen Experimente auf thematischer Ebene supplementiert. Auch in dieser Hinsicht weist Brinkmann Ende der 1960er Jahre die »Bewegung, die auf erweiterte Sinnlichkeit drängt«, als eine aus, »die ganz selbstverständlich auch das Denken, die Reflexionsfähigkeit in sich aufgenommen« und die »bekannte Unsinnlichkeit des Denkens abendländischer Intellektueller« hinter sich gelassen hat: »Es ist tatsächlich nicht einzusehen, warum nicht ein Gedanke die Attraktivität von Titten einer 19jährigen haben sollte, an die man gerne faßt.«[81] Entsprechend koppelt Brinkmann die sinnliche Präsenz, die der Ab-

78 Brinkmann: *Der Film in Worten* (Anm. 6), S. 223.
79 Vgl. »Chicago« und »Wie ich lebe und warum. 1970/1974« in: ebd., S. 297 ff. u. 143 ff.
80 Vgl. Brinkmann: *Der Film in Worten* (Anm. 6), S. 205.
81 Ebd., S. 227.

straktion nicht mehr nur entgegengesetzt, sondern zugleich auch unterstellt werden soll, in *Acid* an Bilder, die Körperlichkeit und Sexualität oder auch, analog zur Programmatik Leslie Fiedlers, Obszönität und Pornographie vorführen und thematisieren.[82] Auch in seinen eigenen Texten, etwa in dem 1968 veröffentlichten Gedichtband *Godzilla*, aber auch in den späteren »Materialbänden«,[83] übernimmt Brinkmann das Verfahren, seine Texte so mit Comics, Zeitungsausschnitten und Pin-ups zu koppeln, daß sich Kontrasteffekte aufbauen, die an die Stelle von diskursiven Kommentaren treten, aber deren Funktion übernehmen können, da sie performativ produzieren, was argumentativ nicht ausgeführt wird.[84] Die »Vermischungen« von Text und Bild, die wechselseitigen Verschränkungen von Abstraktionsprozessen und sinnlicher Präsenz, werden in den Texten über intermediale Konstellationen auf diese Weise einerseits offensiv vorangetrieben, mit vergleichbaren Effekten andererseits aber immer wieder auch, wie in zwei Zeilen des Gedichtbandes *Eiswasser an der Guadelupe Str.*, in der Restriktion auf Sprache abrupt unterbrochen: »:Hier kommen Titten! / :Nein, nur das Wort.«[85]

82 Neben Western und Science-fiction bestimmt Fiedler Pornographie als »die eigentliche Form der Pop-Art«, vgl. Fiedler: Überquert die Grenze (Anm. 34), S. 28; bereits Anfang der 1970er Jahre schreibt Brinkmann allerdings: »ich kann das Wort ›ficken‹ nicht mehr ertragen wie jeden dieser öden modischen Slang-Wörter, die so aus allen rauskommen wie die immergleiche Musik. / Die Sinne werden lahm geschlagen.« (Brinkmann: *Erkundungen* (Anm. 7), S. 361.)

83 In *Godzilla* sind die Texte so in Ausschnitte aus Bikini-Bildern montiert wie bei den in *Acid* abgedruckten Gedichten von Tom Clark und Sherry Barba, vgl. Brinkmann: *Standphotos* (Anm. 5), S. 159-182; ders. / Rygulla (Hg.): *Acid* (Anm. 58), S. 111 u. 228.

84 Auf diese Weise setzt sich Brinkmann auch dem Vorwurf aus, Sexismus nicht nur vorzuführen, sondern auch selbst zu reproduzieren, vgl. dazu etwa die Aufsätze im Kapitel »Die Körperteile einzeln. Frauenbilder und Sexualität«, in: Gudrun Schulz / Martin Kagel (Hg.): *Rolf Dieter Brinkmann: Blicke ostwärts – westwärts*, Vechta 2001, S. 111-171.

85 Rolf Dieter Brinkmann: *Eiswasser an der Guadelupe Str.* [1974], Reinbek 1985, o. S.

Wiederholt verweist Brinkmann in seinen Texten auf Vorstellungen und Bilder, die aus seiner Perspektive der Sprache in ihrer sinnlichen Präsenz überlegen sind. Aber auch wenn er sie gegen die Sprache ausspielt, geschieht das aus der Position des Schriftstellers, dessen »einzige Lebensäußerung«, wie Maleen Brinkmann betont, immer Sprache gewesen ist, der sich »gezwungen hat, jeden Moment immer in Sprache auszudrücken«.[86] Brinkmanns Texte zeigen, daß dieser selbstauferlegte Zwang nicht als eine kontraproduktive Einschränkung zu verstehen ist. Sie gewinnen ihren Drive vielmehr gerade dadurch, daß sie an Modellen ausgerichtet werden, die den Wunsch nach Unmittelbarkeit und sinnlicher Präsenz vermeintlich leichter erfüllen können als sprachliche Abstraktionen. Die performativen Effekte von Musik, Filmen, Bildern und dem, was Brinkmann »attraktive Objekte« nennt, bilden in diesem Sinn sowohl eine Voraussetzung als auch ein Ziel für das Schreiben, sie werden Teil einer auf die Gegenwart ausgerichteten Subjektivität, die, »manisch fixiert auf Stift und Papier«,[87] ihre Darstellungskraft in der Auseinandersetzung mit Abstraktionsbewegungen entwickelt, die den Konflikt zwischen Sinnlichkeit und Abstraktion im Schreiben austrägt: »der Ausgangspunkt des Schreibens ist das Subjekt, Kopf und Körper zusammen, – eine nach innen und nach außen schwingende Tür... Wahngebilde, Halluzinationen, verquere Sprache – Starre, die in Bewegung gerät.«[88]

---

86 Maleen Brinkmann in Ludwig Brundiers: *Als ich ohne Wörter im Kopf war, begann ich tastend zu sehen. Zur Aktualität Rolf Dieter Brinkmanns*, WDR Fernsehen 1987.
87 Vormweg: Die strahlende Finsternis unserer Städte (Anm. 15), S. 14.
88 Brinkmann: *Der Film in Worten* (Anm. 6), S. 235.

»Es kam ihm nicht auf bestimmte Stile an, nicht auf formale Aspekte, sondern auf Bewegung, nicht auf das bloße Feststellen, auf akademisches Einordnen, sondern auf flexible Bezüge, eine offene Szene«, schreibt Brinkmann über Frank O'Hara.[89] Wie an vielen anderen Stellen ist Brinkmanns Kommentar zur amerikanischen Lyrik auch in diesem Fall nicht zuletzt der Versuch einer Selbstbeschreibung. Der Wunsch, eine Offenheit herzustellen, die flexible Bezüge ermöglicht, zielt dabei sowohl auf den Umgang mit Literatur und Literaturgeschichte als auch auf die spezifische Form der Texte ab. Formale Aspekte, verstanden als Feststellungen, werden dafür jedoch ebensowenig ausgeblendet wie eingeführte Stilmuster, die offenen Szenen konstituieren sich vielmehr erst über die Konfrontation von Feststellung und Bewegung, über das Oszillieren zwischen Formausprägungen und Auflösungsprozessen. Der Übergang von Starre in Bewegung wird dabei nicht nur zu einem Gegenstand der Beschreibung, sondern bestimmt als rhythmisierendes Moment auch die Sprache, wird zu einem textgenerativen Moment, das nicht zuletzt auch den von Brinkmann wiederholt hervorgehobenen Eindruck unmittelbarer Präsenz erzeugt.

In besonderem Maße signifikant erscheint in diesem Zusammenhang die Inszenierung von Blicken, von Blicken und Blickwechseln, die in den Texten beschrieben werden, aber auch von Blicken, die durch den Text in der Lektüre eröffnet oder verschlossen werden. Der Blick durch ein Fenster, der immer auch als eine aus dem Text hinausführende Perspektive verstanden werden kann,[90] ist ebenso ein wiederkehrendes Bild, das den Rahmen für die Beobachtung von Bewegung markiert, wie das Bild der Tür, mit dem Brinkmann

89 Ebd., S. 212.
90 ». . . in einer Strophe nach draußen zu blicken, so wie jemand am Fenster steht und nach draußen blickt« (ebd., S. 248).

seine Texte geradezu leitmotivisch durchsetzt: Eine »nach innen und nach außen schwingende Tür« illustriert den Ausgangspunkt, der Wunsch, Gedichte einfach zu machen »wie Songs, wie eine Tür aufzumachen«, benennt ein mögliches Ziel des Schreibens. Dabei geht es nie allein um Starre, die in Bewegung gerät, sondern zugleich immer auch um die korrespondierende Umkehrfigur, um die sprachliche Fixierung dieser Bewegung. Ebenso wie die Blicke, die sich auf Bewegungen richten, werden – »wenn ich das Fenster jetzt öffne«, »jetzt, da das Fenster geöffnet ist«[91] – auch die Rahmungen, die die Perspektivierung der Blicke ermöglichen und begrenzen, in Bewegung versetzt, mit anderen Bewegungen konfrontiert, von anderen Blicken und Rahmungen konterkariert – im Sprechen über Gedichte, aber auch in den Gedichten selbst: »Die Türen gehen alle wieder / richtig auf und zu / und manchmal blickt / aus einem Fenster eine Frau / wartet, und verschwindet / wieder in der Tiefe // eines Fensters.«[92]

In einem Brief an Hartmut Schnell schreibt Brinkmann, seine Gedichte seien »Kurzzeitgedächtnisszenen – – – ›epiphanien‹ manchmal, wie das dann bei Joyce heißt – – – kurze, rasche Einblicke, so zwischen Tür und Angel, in einer dauernd rein und rausschwingenden Pendeltür«.[93] Nicht nur hier wird eine auf Dauer gestellte Bewegung als Voraussetzung eines Schreibens erkennbar, das die beschriebene Bewegung nicht nur fortsetzt, sondern in Momentaufnahmen zugleich so fixiert, daß die Zeitstruktur der »kurzen, raschen Einblicke« auch die schriftlich verfaßten »Kurzzeitgedächtnisszenen« bestimmt. In der wechselseitigen Abhängigkeit von Stillstand und Bewegung rückt auf diese Weise genau das ins Zentrum der Aufmerksamkeit, was sich gewöhnlich dem Blick entzieht: der Augenblick. »Ich denke«, schreibt Brink-

91 Brinkmann: *Westwärts 1 & 2* (Anm. 8), S. 34 u. 33.
92 Brinkmann: *Standphotos* (Anm. 5), S. 150.
93 Brinkmann: *Briefe an Hartmut* (Anm. 1), S. 75.

mann in der *Notiz* zu *Die Piloten*, »daß das Gedicht die geeignetste Form ist, spontan erfaßte Vorgänge und Bewegungen, eine nur in einem Augenblick sich deutlich zeigende Empfindlichkeit konkret als snap-shot festzuhalten. Jeder kennt das, wenn zwischen Tür und Angel, wie man so sagt, das, was man in dem Augenblick zufällig vor sich hat, zu einem sehr präzisen, festen, zugleich aber auch sehr durchsichtigen Bild wird, hinter dem nichts steht [als] scheinbar isolierte Schnittpunkte.«[94]

Die Formulierung »zwischen Tür und Angel«, mit der Brinkmann diese Form der Fixierung auch im zitierten Brief veranschaulicht, verdichtet entscheidende Charakteristika jener Verfahren, die ein Gedicht zum »snap-shot« machen. Nimmt man die Wendung beim Wort, wird die räumliche Perspektive, die den Rahmen für den Blick vorgibt, auf einen Punkt zusammengezogen, der – als Verbindungspunkt »zwischen Tür und Angel« – Bewegung ermöglicht, selbst aber in der Bewegung nahezu stillsteht. Das räumliche Bild schlägt jedoch aufgrund seiner konventionellen Lesart unweigerlich auch in Dimensionen der Zeitlichkeit um. Der Punkt »zwischen Tür und Angel« wird zum Ausgangspunkt einer Temporalisierung des Blicks, der, verkürzt auf einen Augenblick, immer nur punktuell fixierte Ausschnitte erfassen kann, diese Perspektivierung in den Wiederholungsschleifen einer oszillierenden Bewegung – »in einer dauernd rein und rausschwingenden Pendeltür« – aber strukturell auf Dauer stellt. Als gängige Floskel verweist die Formulierung »zwischen Tür und Angel« zugleich auch auf die Beiläufigkeit dessen, »was man in dem Augenblick zufällig vor sich hat«. Die »kurzen, raschen Einblicke« lassen den Augenblick »zwischen Tür und Angel« nicht als besonders qualifizierten, außergewöhnlichen Moment erscheinen, sondern als eine zufällige Sistierung, die ihre Signifikanz, wie Brinkmann im

94 Brinkmann: *Standphotos* (Anm. 5), S. 185.

Blick auf sein Gedicht *Bild* schreibt, nicht durch die Aufladung mit Bedeutung, sondern durch ihre Konzentration auf die Gegenwart erhält: »Bild: 1 Schnappschuß, Momentaufnahme, ohne Bedeutung, Gegenwart, nichts anderes.«[95]

Neben Gedichte, die in diesem Sinn darauf abzielen, »nichts anderes« als »Gegenwart« zu präsentieren, setzt Brinkmann allerdings auch solche, die in reflexiven Gegenbewegungen explizit zeigen, daß die »snap-shots« als Momentaufnahmen immer auch etwas anderes vor Augen führen als das Phantasma unmittelbarer Gegenwart. »Eine Tür weht / zufällig zu und / ist eine Tür. // Ich komme hinterher / und sage dasselbe«,[96] markiert Brinkmann in dem Gedicht »Bestimmte Orte« die Position des Schreibenden, die das Verfahren der »snap-shots« auch dann steuert, wenn sie im Text unbestimmt bleibt. Was sich als lapidare Feststellung einer wiederholenden Verdopplung ausgibt, verweist auf ein zentrales Moment der Gedichte, das Brinkmann ebensohäufig betont wie den Wunsch nach unmittelbarer Präsenz – die in vielfachen Variationen formulierte Einsicht, daß der Augenblick, den ein Gedicht präsentiert, in dieser Form nicht ohne die schriftliche Fixierung zu denken ist. Auch wenn er sich im Schreiben gerade gegen diese Voraussetzung wendet, sieht Brinkmann sehr genau, daß der Moment »zwischen Tür und Angel« der schriftlichen Darstellung bedarf, nicht nur um nachträglich erinnert werden zu können und Dauer verliehen zu bekommen, sondern um überhaupt als Moment deutlich zu werden. »Die Stadt war für ihn eine wahllose Anhäufung von Gebäuden und Straßen, […] die nur augenblicklich da waren, deutlich, wenn er ihr darüber schrieb«,[97] betont Brinkmann in seinem Roman *Keiner weiß mehr* entsprechend die konstitutive Rolle des Schreibens, dessen per-

---

95 Brinkmann: *Briefe an Hartmut* (Anm. 1), S. 134; vgl. ders.: *Standphotos* (Anm. 5), S. 317.
96 Ebd., S. 272.
97 Brinkmann: *Keiner weiß mehr* (Anm. 6), S. 117.

formative Kraft den Augenblick erst als Augenblick verdeutlichen kann.

In dem Gedicht »Einen jener klassischen«, ein mittlerweile nahezu klassisches Beispiel für Brinkmanns gegenwartsfixierte Ästhetik, inszeniert er das Hören eines »schwarzen Tangos in Köln« aus »der offenen Tür einer / dunklen Wirtschaft« als einen signifikanten Augenblick, den das Gedicht vergegenwärtigt, indem es seine Effekte in einer Wiederholungsschleife beschreibt und auf diese Weise zugleich evoziert: »beinahe / ein Wunder: für einen Moment eine / Überraschung, für einen Moment / Aufatmen, für einen Moment / eine Pause in dieser Straße.«[98] Am Ende des Gedichts zeigt Brinkmann allerdings wiederum, daß die Unterbrechung, die den Moment als Moment markiert, im Text nicht nur nachträglich beschrieben, sondern erst durch die schriftliche Fixierung, erst durch den Akt des Schreibens kommunizierbar wird: »Ich / schrieb das schnell auf, bevor / der Moment in der verfluchten // dunstigen Abgestorbenheit Kölns / wieder erlosch.«[99] Der Wechsel vom Präsens zum Präteritum unterstreicht allerdings auch, daß das Aufschreiben den Moment nie nur als präsentischen Augenblick hervorheben kann, sondern zugleich auch auf seine Vergangenheit verweist. In einer Anmerkung zu seinen O'Hara-Übersetzungen pointiert und verallgemeinert Brinkmann dieses Problem, wenn er schreibt, Literatur mache die »Gegenwart, in der es sich scheinbar noch so heftig bewegt, einmal darauf eingelassen, unaufhaltsam zur endgültigen Vergangenheit«.[100]

Das Projekt einer Poetologie, die sich, ausgerichtet auf eine als offen und unabgeschlossen gedachte Gegenwart, gegen die Festlegungen der Sprache richten soll, verwickelt sich

98 Brinkmann: *Westwärts 1 & 2* (Anm. 8), S. 25.
99 Ebd.
100 Rolf Dieter Brinkmann: Anmerkungen zu den Gedichten, in: O'Hara: *Lunch Poems* (Anm. 58), S. 76.

angesichts derartiger Verfahren der schriftlichen Gegen-
warts*fixierung* unweigerlich in paradoxe Konstellationen.
Aus der Perspektive von Brinkmanns Beharren auf der
Wahrnehmung von Augenblicken »jenseits der Sprach-
ebene« erscheinen Sprache und Schrift als Einschränkungen,
die geradezu systematisch verhindern, daß »die starre Fixierung in den Abstraktionen der Gegenwart zerreißt«.[101]
Brinkmann wendet sich aber auch in dieser Hinsicht nicht
von der Sprache ab, sondern baut gerade über diese Paradoxien das Spannungsmoment auf, dem seine Texte den Effekt
von Unmittelbarkeit und Gegenwärtigkeit verdanken. Er
präsentiert nicht nur Augenblicke, sondern macht, ohne sich
in selbstreferentiellen Erläuterungen zu verlieren, auch die
Präsentation der Augenblicke zu einem Gegenstand der
Texte. Der Effekt der Gegenwärtigkeit, den die Texte evozieren, verdankt sich dabei nicht zuletzt der Konzentration auf
den Akt des Schreibens, dessen Aktualität die Performanz
der Texte auch dann noch bestimmt, wenn sie ihre vermeintliche Nachträglichkeit konstatieren. Die Reflexion auf Verfahren der Verzeitlichung, die Brinkmann auch in seinen Gedichten wiederholt vollzieht, wirkt nicht notwendig als ein
relativierender Gegenpol, sondern kann den erwünschten
Effekt der Präsenz noch verstärken – wie etwa in dem Gedicht »Ein Tag an der Grenze«, das seine eigene Zeitstruktur
in einer reflexiven Schleife benennt und auf diese Weise zugleich performativ produziert: »Plötzlich, wie das Wort
plötzlich«.[102]

Es ist eine Konsequenz einer derartigen Fokussierung auf
die gegenwärtige Situation, daß sich Brinkmann im Blick auf
die Form der Momentaufnahmen kaum auf literaturge-

101 Brinkmann: *Der Film in Worten* (Anm. 6), S. 280.
102 Brinkmann: *Westwärts 1 & 2* (Anm. 8), S. 22; vgl. dazu den Abschnitt
»Das Wort ›Plötzlich‹« in: Karl Heinz Bohrer: *Der Lauf des Freitag.*
Die lädierte Utopie und die Dichter. Eine Analyse, München 1973,
S. 44ff. Ausführlicher dann: ders.: *Plötzlichkeit. Zum Augenblick des*
ästhetischen Scheins, Frankfurt/M. 1981.

schichtlich tradierte Muster stützt, sondern sich, sieht man von den Nachahmungen der aktuellen amerikanischen Vorbilder ab, von diesen vielmehr offensiv abwendet. Dies gilt im besonderen für die literarisch und philosophisch vielfach überdeterminierte Metapher des Augenblicks.[103] Die Augenblicke, die die Gedichte über das Verfahren des »snap-shots« vergegenwärtigen, werden von Brinkmann weder mystisch verklärt noch symbolisch verdichtet, sie dienen fast nie als Ausgangspunkt für Erinnerungsprozesse oder andere Formen narrativer Entfaltung, der in »Einen jener klassischen« beobachtbare Versuch, einen spezifischen Augenblick als Glücksmoment hervorzuheben, findet sich auch eher selten, und selbst der im Brief an Hartmut Schnell nachgetragene Hinweis auf den Begriff der Epiphanie bei James Joyce kann leicht eine falsche Fährte legen. Brinkmann schließt in seiner Verweigerung des symbolisch aufgeladenen Augenblicks zwar an Verfahren an, die auch viele Texte der klassischen Moderne bestimmen, im Zentrum seiner Aufmerksamkeit stehen letztlich jedoch weder der »emphatische Augenblick«, den Bohrer im Blick auf Proust, Joyce, Musil und Woolf als ein »Kennzeichen der modernen Literatur« herausgearbeitet hat, noch die »profane Erleuchtung«, die Benjamin als Charakteristikum des Surrealismus beschrieben hat.[104]

Auch wenn sich in den Gedichten wiederholt Türen öffnen, läßt Brinkmanns Augenblicksfixierung nur Spuren eines säkularisierten Konzepts von Epiphanie, eines Glücksversprechens oder eines utopischen Kerns erkennbar werden, Spuren, die eher auf die Abwesenheit derartiger Vorstellun-

---

103 Überblicksdarstellungen zu Konzeptionen des »Augenblicks« finden sich in Susanne Ledanff: *Die Augenblicksmetapher. Über Bildlichkeit und Spontaneität in der Lyrik*, München 1981; Christian W. Thomsen/Hans Holländer (Hg.): *Augenblick und Zeitpunkt. Studien zur Zeitstruktur und Zeitmetaphorik in Kunst und Wissenschaften*, Darmstadt 1984.

104 Vgl. Bohrer: *Plötzlichkeit* (Anm. 102), S. 63 ff. u. 180 ff.

gen verweisen, auf »die Illusion / erleuchteter Augenblicke, / und daß sie Türen sind, / durch die du eintrittst«.[105] Mit der beiläufigen Ambivalenz, die viele seiner Texte auszeichnet, stellt Brinkmann jedoch gleichwohl noch in der Geste der Verweigerung Bezüge zu jenen literarischen Traditionen her, von denen er sich distanziert. So läßt sich die Negation der Verbindung von Türmotiv, Augenblick und Erleuchtung in den zitierten Zeilen durchaus als Verweis auf Walter Benjamins Erläuterung der »profanen Erleuchtung« in der surrealistischen Literatur lesen: »Im übrigen ist Bretons Buch wohl geschaffen, einige Grundzüge dieser ›profanen Erleuchtung‹ daran zu erläutern. Er nennt ›Nadja‹ ein ›livre à porte battante‹, ein ›Buch, wo die Tür klappt‹.«[106] Es gibt bei Brinkmann allerdings keine Hinweise auf diesen möglichen Bezugstext. Er zielt hier wie an anderen Stellen nicht auf Anspielungen oder versteckte Zitationen ab, sondern bildet vielmehr ein Verhältnis zu potentiellen Präfigurationen aus, das dem seiner amerikanischen Vorbilder entspricht. Diese haben, schreibt Brinkmann, nicht nur »die Verpflichtung zur Tradition ›Gedicht‹ durchbrochen, sondern sie haben zugleich auch die Teile in sich aufgenommen, die aufgehoben zu werden verdienten, und zwar ohne sie als *bedeutsam* zu zitieren – Anklänge an die französische Lyrik des Surrealismus sind nicht selten«.[107]

Brinkmann widersetzt sich nicht prinzipiell eingeführten literarischen Mustern, sondern wendet sich von der historischen Patina und dem Bedeutsamkeitsbonus ab, die literaturgeschichtlich kanonisierte Formen aus seiner Perspektive eher belasten denn nobilitieren. Auch wenn er in einigen Punkten an jene Verfahren anschließt, die Bohrer mit dem Begriff des »emphatischen Augenblicks« belegt, geschieht dies nicht in Form einer Vergewisserung gegenüber den ent-

105 Brinkmann: *Westwärts 1 & 2* (Anm. 8), S. 115.
106 Benjamin: Der Sürrealimus (Anm. 49), S. 298.
107 Brinkmann: *Der Film in Worten* (Anm. 6), S. 262.

sprechenden literarischen Traditionen. Diese erscheinen, wenn überhaupt, nur als Ausgangspunkte von Abgrenzungsbewegungen. So werden seine Verweise auf den Surrealismus ebenso von einer radikalen Gegenwartsfixierung bestimmt wie seine Forderung, »Material« in die »literarischen Produkte einzulassen, das weitaus bestimmender ist als ein Blatt, das man durch die Luft schaukeln sieht«.[108] Das durch die Luft schaukelnde Blatt, ein Topos der Naturlyrik, dient Brinkmann nur noch als ein negativ konnotierter Bezugspunkt, als ein Bild »von gestern«, das über den Gestus der Abgrenzung die Perspektivierung auf die Gegenwart deutlicher fokussieren soll: »das Bewußtsein ist mit Bildern von gestern verstopft, obwohl wir heute *da* sind, für einen Augenblick, und dann wieder für einen Augenblick, und wieder für einen Augenblick.«[109]

Weder die kurzen Gedichte, die als aneinandergereihte »snap-shots« eine Serie von Einzelbildern präsentieren, noch die späteren Langgedichte in *Westwärts 1 & 2*, in denen disparate Momentaufnahmen durch die typographische Anordnung so nebeneinandergestellt werden, daß die Vorstellung kontinuierlich ablaufender Zeit durch die Überlagerung simultan präsentierter Zeitfenster aufgesprengt wird, zielen auf die Präsentation eines mit Bedeutsamkeit aufgeladenen, emphatisch herausgehobenen Augenblicks ab. »Alle Momente sind gleichwertig, und ohne weiteres kann man sagen: banal, oberflächlich«, schreibt Brinkmann im Blick auf O'Haras Gedichte,[110] und auch in seinen eigenen Texten rückt an die Stelle des besonderen Augenblicks die Banalität zufällig anfallender, alltäglicher Situationen, die durch ihre strukturelle Wiederholbarkeit, potenziert durch Verfahren der Serialisierung, noch verstärkt wird. Jedes »Jetzt«, das Brinkmann präsentiert, erscheint als Teil einer potentiell ver-

---

108 Brinkmann: Einübung einer neuen Sensibilität (Anm. 44), S. 153.
109 Ebd.
110 Brinkmann: *Der Film in Worten* (Anm. 6), S. 210.

längerbaren Serie, die Vorstellungen von Singularität zwar in Aussicht stellt, aber zugleich immer schon mit den Möglichkeiten der unabschließbaren Vervielfältigung konfrontiert: »jetzt, jetzt, jetzt, jetzt, jetzt, ad infinitum!«[111] Selbst wenn er im Sinne Fiedlers auf ekstatisch hervorgehobene Momente verweist, zielt Brinkmann nicht auf die Datierbarkeit und Bedeutsamkeit des Jetzt ab, sondern löst in der offensiven Beschränkung auf die gegenwärtige Situation, die auch als Radikalisierung dessen gelesen werden könnte, was Heidegger als »vulgäre Zeitauslegung« beschreibt,[112] gerade diese Bezüge gezielt auf. Mit durchaus existentieller Wucht, die seine Texte von vergleichbar gegenwartsfixierten Jetzttexten aus dem Kontext der konkreten Lyrik und visuellen Poesie unterscheidet,[113] nimmt Brinkmann dem Augenblick auch jene Reste metaphysischer Patina, die sich noch in James Joyce' Konzept der »Epiphanie« und Virginia Woolfs »moments of being« abgelagert haben.[114] Fast manisch weist Brinkmann über die akkumulierende Präsentation von Augenblicken – »jetzt und jetzt und jetzt« – die literarische Tradition, deren kanonisierte Formen und ihre potentielle Bedeutsamkeit als vergangen ab und konterkariert sie durch die Suche nach aktuellem, scheinbar rein gegenwärtigem Material: »Literatur, die sich von dem Zwang befreit hat, ›Literatur‹ darzustellen, kann sich auf diese Augenblicke und die riesige Materialfülle dieser Augenblicke einlassen.«[115] An die

---

111 Brinkmann: *Erkundungen* (Anm. 7), S. 240.
112 Vgl. dazu Bohrer: *Plötzlichkeit* (Anm. 102), S. 52 f.
113 Vgl. etwa die Jetzt-Textbilder in Gerhard Rühm: *Gesammelte Gedichte und visuelle Texte*, Reinbek 1970, S. 264 f.
114 Vgl. dazu, im Rückgriff auf Maurice Blanchot, Bohrer: *Plötzlichkeit* (Anm. 102), S. 63; nicht zuletzt der anti-literarische Affekt, der Brinkmanns Serialisierung des Jetzt mitbestimmt, unterscheidet seine Texte dabei trotz einiger Berührungspunkte von jener »Umkehrung des emphatischen Augenblicks«, die Bohrer im Blick auf Giacomo Leopardi und Franz Kafka als »ästhetische Negativität« herausgearbeitet hat, vgl. Karl Heinz Bohrer: *Ästhetische Negativität*, München/Wien 2002, hier: S. 9.
115 Brinkmann: Einübung einer neuen Sensibilität (Anm. 44), S. 154.

Stelle eines emphatischen Literaturbegriffs rückt so eine nicht minder emphatische Konzentration auf alltäglich anfallendes Material, ein beweglicher Blick, der »die momentan sich anbietenden Dinge und Szenen wie zum ersten Mal aufnimmt«, der, selbst wenn er gezielt angesteuert und programmatisch wiederholt wird, »wieder wie der erste ist, weil er nicht verleugnet, daß, was immer er sammelt, *Oberfläche* ist, jetzt und jetzt und jetzt und jetzt...«[116]

ABFALL, EINFALL

Wenn Brinkmann im Anschluß an Frank O'Hara betont, daß »für Literatur die einzig reale Zeit die Gegenwart ist«, sind die Paradoxien der Zeitlichkeit, die er in der Konzentration auf den Augenblick zu pointieren versucht, nur ein Aspekt der gegenwartsfixierten Ästhetik. Der Begriff der Gegenwart verweist für Brinkmann nie nur auf jene spezifische Form der Zeitdarstellung, die er über das Verfahren des »snap-shots« realisiert, sondern qualifiziert zugleich auch das »Material«, das auf diese Weise in den Blick genommen wird, als »zeitgenössisch«. Entsprechend korrespondieren der Zeitlichkeit der Augenblicksästhetik Vorstellungen von historischer Aktualität und räumlicher Gegenwart, die sich in der Konzentration auf »alltägliche Details« ebenso verdichten wie in den programmatischen Begriffen der »Oberfläche« und des »Abfalls«.[117]

»Die Beschränkung auf die Oberfläche führt zum Ge-

---

116 Brinkmann: *Der Film in Worten* (Anm. 6), S. 215.
117 Ebd., S. 211 ff.; vgl. dazu auch die Unterscheidung von »ästhetischer« und »geschichtlicher« Gegenwart in Martin Grzimek: »Bild« und »Gegenwart« im Werk Rolf Dieter Brinkmanns, in: *Text und Kritik. Zeitschrift für Literatur* 71 (Juli 1981), S. 28; zur »räumlichen Gegenwart« vgl. Thomas Groß: *Alltagserkundungen. Empirisches Schreiben in der Ästhetik und in den späten Materialbänden Rolf Dieter Brinkmanns*, Stuttgart/Weimar 1993, S. 42 ff.

brauch der Oberfläche und zu einer Ästhetik, die alltäglich wird«, beschreibt Brinkmann in *Der Film in Worten* mögliche Konsequenzen dieser Form der Gegenwartsfixierung.[118] Durch die gezielte Einschränkung der Perspektive auf die »Oberfläche«, die auch als literarische Annäherung an Verfahren der Pop Art begriffen werden kann,[119] werden Vorstellungen von Gründlichkeit und Tiefe ebenso ausgeblendet wie der im literarischen Diskurs nicht minder ausgeprägte Wunsch nach Originalität und Exklusivität: »Nicht im ausgetüftelt Exquisiten zeigt sich Subjektivität, sondern im Gebrauch eines Materials, das für viele teilbar ist.«[120] So wie er an die Stelle der »ehemals ›Großen Empfindungen‹« die »kleine augenblickliche Erregung« treten läßt, weigert sich Brinkmann auch, »die ›großen Dinge‹ zu verarbeiten, zu bearbeiten, zu erklären, umzuinterpretieren etc.«, und setzt dagegen auf populäre, alltägliche Gegenstände: »*heute sind die großen Ideen billig zu haben*! Und eine gute Kopfschmerztablette ist besser.«[121] Wiederholt plädiert Brinkmann für die »Hereinnahme populären Materials, das von vornherein zwar ›ausgezehrt‹ ist, jedoch noch nicht mit einer hohen ›kulturellen‹ Bedeutung aufgefüllt«,[122] für eine Ästhetik der Oberfläche, in deren Zentrum nicht die Produktion von Werten, sondern, wie er in der *Notiz* zu *Die Piloten* nahelegt, die Verwertung von Abfall steht: »Ich bin keineswegs der gängigen Ansicht, daß das Gedicht heute nur noch ein Abfallprodukt sein kann, wenn es auch meiner Ansicht nach nur das an Material aufnehmen kann, was wirklich alltäglich abfällt.«[123]

118 Brinkmann: *Der Film in Worten* (Anm. 6), S. 233.
119 Vgl. dazu Gerd Gemünden: The Depth of the Surface, or, What Rolf Dieter Brinkmann Learned form Andy Warhol, in: *The German Quarterly* 68 (1995), S. 235-250.
120 Brinkmann: *Der Film in Worten* (Anm. 6), S. 268.
121 Ebd., S. 246, 256 u. 263.
122 Ebd., S. 236.
123 Brinkmann: *Standphotos* (Anm. 5), S. 185.

Noch in der Geste der Abwendung nimmt Brinkmann die Ende der 1960er Jahre »gängige Ansicht« auf, die sich aus Adornos Diktum ableitet: »Alle Kultur nach Auschwitz, samt der dringlichen Kritik daran, ist Müll.«[124] In der Fixierung auf das, »was wirklich alltäglich abfällt«, setzt er neben die zivilisationskritisch aufgeladene Lesart von Müll eine aus dem angloamerikanischen Kontext übersetzte Pop-Poetologie: »Die letzte Zeile in Andy Warhols Buch ›a‹ lautet: *›from the garbage into the book!‹* – Die englische Pop-Musik-Gruppe ›the Deviants‹ gab ihrer zweiten LP das Motto: *If you can't trip on garbage then you can't trip on nothing! . . .* Jetzt ein anderer Einfall.«[125] Für eine Kunst, die wenig Wert auf ihren Status als Kunst legt, erscheint Abfall nicht als Ausschußware oder Verfallsprodukt, sondern als zufälliger, aber gerade deshalb signifikanter Ausgangspunkt für mögliche neue Einfälle. Den von Mary Beach in *Acid* formulierten Vorschlag, »einfach im Gerümpel« herumzustochern, um »eine Antwort« zu finden,[126] nimmt Brinkmann nicht nur auf, er transformiert ihn zugleich in ein literarisches Programm, das den Mitte der sechziger Jahre neu entdeckten Maßstäben von Pop und Trash Art ebensoviel verdankt wie der nicht nur aus dem Antiquitätenhandel bekannten kulturellen Dynamik der Wertzuschreibung, in der Abfall genau jene Schaltstelle markiert, über die das, was als vergänglich und wertlos kodiert ist, mit der Aura des Wertvollen neu aufgeladen werden kann.[127] Brinkmann geht es allerdings weder um eine einfache Umkehrung vorgegebener Wertmaßstäbe noch um die Etablierung von neuen, dauerhaften Werten.

124 Theodor W. Adorno: *Negative Dialektik* [1966], Frankfurt/M. 1973, S. 359.
125 Brinkmann: Anmerkungen zu meinem Gedicht »Vanille« (Anm. 75), S. 144.
126 Mary Beach: Die elektrische Banane, in: Brinkmann/Rygulla (Hg.): *Acid* (Anm. 58), S. 232.
127 Zum Verhältnis von Abfall und Wertzuschreibungen vgl. Michael Thompson: *Die Theorie des Abfalls. Über die Schaffung und Vernichtung von Werten*, übers. von Klaus Schomburg, Stuttgart 1981.

Abfall wird weder als wertloser noch als besonders wertvoller Rest begriffen, sondern als Material, das, gerade weil es aus konventioneller Perspektive fehlerhaft, mißlungen oder verbraucht erscheint, unvorhersehbare Dynamiken entfalten kann: »Es ist die Energie des Abfalls, die mich antreibt! Ich / bin irritiert, ich bin entzückt.«[128] Nicht zuletzt die im Schreiben vollzogene Transformation von Gegenwart in literarisch fixierte Vergangenheit liefert in diesem Sinn ständig neues Material, indem sie Literatur als einen »sanft schlummernden Müllschlucker« erscheinen läßt, »der sich selbst antreibt, fasziniert von dem Abfall«.[129] Faszinierend und entzückend wirken dabei nicht handwerkliche Präzision oder dauerhafte Schönheit, für die Weiterverarbeitung interessant erscheinen gerade »die offensichtlichen Fehler und das nach tradierten Maßstäben Mißlungene«[130] – oder eben das, »was wirklich alltäglich abfällt«, was »allen zugänglich ist und womit jeder alltäglich umgeht, was man aufnimmt, wenn man aus dem Fenster guckt, auf der Straße steht, an einem Schaufenster vorbeigeht, Knöpfe, Knöpfe, was man gebraucht, woran man denkt und sich erinnert, alles ganz gewöhnlich, Filmbilder, Reklamebilder, Sätze aus irgendeiner Lektüre oder aus zurückliegenden Gesprächen, Meinungen, Gefasel, Gefasel, Ketchup, eine Schlagermelodie«.[131]

Brinkmanns Betonung der Alltäglichkeit der Gegenstände überdeckt in ihrer Plakativität, die sich auch in Zuschreibungen wie »Neuer Realismus« oder »Neue Sensibilität« fortsetzt,[132] leicht jene Dimensionen der Stilisierung und Trans-

---

128 Brinkmann: Vanille (Anm. 52), S. 121.
129 Brinkmann: Anmerkungen zu den Gedichten, in: O'Hara: *Lunch Poems* (Anm. 58), S. 76.
130 Brinkmann: *Der Film in Worten* (Anm. 6), S. 238.
131 Brinkmann: *Standphotos* (Anm. 5), S. 186; Rainald Goetz' Projekt *Abfall für alle* knüpft nicht zuletzt in dieser Hinsicht auch an Vorgaben Brinkmanns an, vgl. dazu auch Teil III in diesem Band.
132 Vgl. dazu Jörg Drews: Selbsterfahrung und Neue Subjektivität in der Lyrik, in: *Akzente* 24 (1977), S. 93; ders.: Antwort auf Jürgen Theobaldy, in: ebd., S. 381.

formation, die im Akt des Schreibens vollzogen werden. So geht es Brinkmann nicht um den Versuch einer originalgetreuen Abbildung, die alltäglich anfallenden Dinge werden erst dadurch interessant, daß sie durch die literarische Bearbeitung, durch das Verfahren des »snap-shots« »bestimmte Eindrücke neu in einem entstehen« lassen: »Ein Bild entsteht oder ein Vorgang, den es so nie gegeben hat.«[133] Entsprechend deutlich formuliert Brinkmann seine Distanz gegenüber jenen Konzeptionen von Realismus und Dokumentarismus, die kein Interesse mehr an den Effekten erkennbar werden lassen, die die sprachliche Verarbeitung des vorgefundenen Materials produziert: »Sofern über den Begriff Wirklichkeit nicht hinausgelangt wird, sollte man gar nicht erst versuchen zu schreiben.«[134] Auch in diesem Sinn fordert Brinkmann eine Sensibilität, »die auf gegenwärtige Reizmuster zu reagieren versteht, [...] ohne sich dabei dennoch soweit darin zu verlieren, daß es zu einer puren Verdopplung kommt«.[135]

Gerade weil das Material »Dutzendware« ist, kommt es darauf an, »wie es gebraucht wird«.[136] Schreiben unter den Vorzeichen einer gegenwartsfixierten Ästhetik konstituiert sich, wie Brinkmann immer wieder betont, über den »Gebrauch« von vorgefundenem Material, das aufgenommen und inventarisiert, aber zugleich auch wiederverwendet und weiterprozessiert wird. Dieser Gebrauch ist gegenüber dem Material nicht neutral, der Bearbeitungsprozeß – »beobachten, auseinandernehmen, neu zusammensetzen«[137] – zielt vielmehr darauf ab, »mit Vorhandenem etwas anderes als das Intendierte zu machen... sich auszubreiten, zu verstreuen – vorhandene Assoziationsmuster zu durchbrechen«.[138] Es

133 Brinkmann: *Standphotos* (Anm. 5), S. 185 f.
134 Brinkmann: *Erkundungen* (Anm. 7), S. 53.
135 Brinkmann: *Der Film in Worten* (Anm. 6), S. 213.
136 Ebd., S. 263.
137 Brinkmann: *Rom, Blicke* (Anm. 7), S. 162.
138 Brinkmann: *Der Film in Worten* (Anm. 6), S. 231.

geht Brinkmann um das, was im Kontext von Pop als Umfunktionierung von bestehenden Strukturen begriffen wird,[139] es geht ihm, wie auch einer Reihe von Schriftstellern und Theoretikern aus ganz anderen Kontexten, um die Unterminierung der »vorgegebenen Bezugs- und Interpretationssysteme«, um den »*Abbau der kulturellen Definition* ›Autor‹ und ›Leser‹«, um die »Auflösung des strengen *Werk-*Begriffs« und die »Auflösung eines einheitlichen Stils«.[140]

Wiederum ist die Konzentration auf die Gegenwart, auf die konkrete Situation des Schreibens und das, »was wirklich alltäglich abfällt«, ein entscheidendes Moment jener Verfahren, die Brinkmann im Blick auf die Auflösungsbewegungen in Anschlag bringt. Sowohl die Cut-up-Techniken, mit denen Brinkmann im Anschluß an Burroughs experimentiert,[141] als auch die Verfahren der Montage, die sich durch eine »Kombination aus profanisierten Stilisierungen und der Hereinnahme eines Materials, das zu der verwendeten Stilisierung nicht paßt«, auszeichnen, werden von dem bestimmt, was er ins Zentrum seiner gegenwartsfixierten Poetologie rückt: »Zufälligkeiten, Kombinationen aus dem Augenblick, Abfall, Gelegenheiten«.[142] Und wiederum koppelt Brinkmann die Konzentration auf den einzelnen Augenblick mit Verfahren der Serialisierung, schaltet das Prinzip des Schnitts so in Reihe, wie er es in einem Hörspiel beschreibt und buchstäblich präsentiert: »Immer wieder Schnitte, Schnitte, Schnitte,

---

139 Zur »Pop-Taktik der subversiven Umfunktionierung« vgl. Schäfer: *Pop-Literatur* (Anm. 34), S. 189 ff.

140 Brinkmann: *Der Film in Worten* (Anm. 6), S. 253, 255 u. 257; zur Problematisierung von Autor, Werk und Leser Ende der 1960er Jahre vgl. »Der Tod des Autors« von Roland Barthes und »Was ist ein Autor?« von Michel Foucault, beide in: Fotis Jannidis u. a. (Hg.): *Texte zur Theorie der Autorschaft*, Stuttgart 2000, S. 185-193 u. 198-229.

141 Zum Verfahren des »cut up« vgl. William S. Burroughs: Die unsichtbare Generation, in: Brinkmann/Rygulla (Hg.): *Acid* (Anm. 58), S. 166 ff.; Carl Weissner (Hg.): *Cut Up. Der sezierte Bildschirm der Worte*, Darmstadt 1969.

142 Brinkmann: *Der Film in Worten* (Anm. 6), S. 238.

immer wieder Schnitte, Schnitte, Schnitte, Schnitte, Schnitte... Schnitt, noch ein Schnitt, und noch ein Schnitt...«[143] Wenn Brinkmann schreibt, das »überraschende Moment« der sich auf diese Weise konstituierenden Texte liege »in der ungewohnten Zusammenstellung der Details, die trotzdem nicht jeden Bezug zur Realität verloren haben«, unterstreicht er seine Abgrenzung von der »Konvention des Avantgardistischen« ebenso deutlich wie seinen Abstand zu einem mechanisch registrierenden Dokumentarismus und einer privatistisch begrenzten, nur noch in »muffige Innerlichkeit« ausgleitenden Introspektion.[144]

Gerichtet nicht zuletzt gegen jenen Innerlichkeitsdrang, der den literarischen Diskurs Ende der 1960er Jahre ähnlich prägt wie die Pop-Euphorie, setzt Brinkmann neben Schnitt- und Montagetechniken eine Potenzierung der Äußerlichkeit der Oberfläche, die sich besonders in seinen Plädoyers für Plagiat und Kopie materialisiert. Auch hier geht es jedoch nicht um originalgetreue Reproduktionen, Brinkmann begreift das »Zeitalter der Ablichtungen (Xerox)« vielmehr als Zeitalter einer »unbegrenzten Vervielfältigungsmöglichkeit, die den abgelichteten Gegenstand qualitativ verändert«. Aufgrund des Verfahrens der abweichenden, den Gegenstand verändernden Wiederholung kann die »Möglichkeit des eigenen Ausdrucks« gerade in der Arbeit mit vorgefundenem Material liegen, im »Arrangement der Fertigteile«. So kann sich über das Verfahren, »aus mehreren vorhandenen, ausgeschriebenen Texten (Gedichten) einen zu machen«, das »eigene Gedicht [...] überraschend aus dem Zusammenführen mehrerer fremder Texte« ergeben.[145] Das Programm, das Brinkmann hier im Anschluß an Ted Berrigans Losung »Mach's neu und setze deinen Namen darunter« formuliert,

143 Rolf Dieter Brinkmann: *Die Wörter sind böse. Autorenalltag 1973*, WDR 1974.
144 Brinkmann: *Der Film in Worten* (Anm. 6), S. 215.
145 Ebd., S. 265.

wird auch heute noch mit dem Begriff »Pop« belegt – ein Arbeiten mit vorgefertigtem Material, das vorgegebene Bedeutungsstrukturen auflöst, indem es sie wiederholt, in der Wiederholung aber zugleich auch verschiebt, verändert, resignifiziert.[146]

Die »Vermischung verschiedener Gebiete und Gattungen«, die auf diese Weise eingeleitet wird, ist für Brinkmann auch in anderen Hinsichten ein entscheidendes Moment im Prozeß der Unterminierung vorgegebener Strukturen.[147] So koppelt er die »Auflösung bislang geltender starrer Gattungseinteilungen« mit der »Auflösung starren sexuellen Rollenverhaltens« und fordert, die Strukturen bestehender Gattungen – verstanden als Oberbegriff für *gender* und *genre* – müßten so »zerlegt und neu arrangiert werden«, daß »der Gesamttext zu dem Ineinandergerinnen von Stimmen wird, die sich nicht in ihrer Geschlechtszugehörigkeit eindeutig herausheben lassen«. Dem »Klischee sexuellen Rollenverhaltens« wäre auf diese Weise, argumentiert Brinkmann, ebenso der Boden entzogen wie den gängigen literaturkritischen Verfahren der Bedeutungszuweisung – denn »genau das, der Grad des Zerlegens und Arrangierens, verändert auch die alte, hübsche Frage nach dem ›Sinn‹ eines Gedichts, Romans etc.«[148]

Orientiert an der durch Pop-Phänomene und Studentenbewegung ausdifferenzierten »globalen Empfindsamkeit«, ist für Brinkmann auch »die strenge Aufteilung, in nationaler Dichtung zu denken und sich darin zu verstehen«, eines jener Interpretationssysteme, gegen die er sich wendet.[149] Die

146 Vgl. dazu Eckhard Schumacher: »Re-make / Re-model« – Zitat und Performativität im Pop-Diskurs, in: Andrea Gutenberg/Ralph J. Poole (Hg.): *Zitier-Fähigkeit. Findungen und Erfindungen des Anderen*, Berlin 2001, S. 271-291.
147 Brinkmann: *Der Film in Worten* (Anm. 6), S. 232.
148 Ebd., S. 241 ff.
149 Ebd., S. 250.

»Mehrsprachigkeit«, über die sich seine Texte der »sprachlichen Festlegung« entziehen,[150] ließe sich in diesem Sinn ebenso als Versuch der Auflösung nationalsprachlicher Begrenzungen verstehen wie seine verschiedenen Experimente mit Übersetzungen, bei denen er gezielt mit den Verfremdungseffekten von Anglizismen, interlinear übertragenen idiomatischen Ausdrücken und Formen der Sprachmischung arbeitet. Die Mißverständnisse und Ambivalenzen, die auf diese Weise freigesetzt werden, bestimmen als produktive Momente besonders das Verfahren der »Oberflächenübersetzung«, mit dem Brinkmann in seinen eigenen Texten und in Kollaborationen mit Ralf Rainer Rygulla experimentiert hat. So stellt etwa das Gedicht *Der joviale Russe*, eine Übersetzung von Apollinaires *La jolie russe*, den Versuch dar, »ohne Kenntnis der Fremdsprache (in diesem Fall des Französischen) ein Gedicht zu übertragen nach dem im Augenblick des Lesens sich einstellenden *Oberflächenverständnis*«.[151] Dieses Verständnis zielt nicht auf sinngemäße Übersetzungen ab, sondern orientiert sich an klanglichen Assoziationen, an Kalauern und zufälligen Übereinstimmungen zwischen den Sprachen, die nicht zuletzt unterstreichen, daß in der Wendung gegen vorgegebene Sinnstrukturen und Ordnungsmuster auch rückhaltloser Spaß und das Zelebrieren von Banalitäten – »plein de sens« wird nicht nur zufällig in der Übersetzung zu »plan wie eine Sense«[152] – entscheidende Momente jener Auflösungsprozesse sein können, die Brinkmanns Abfallverwertung einleiten soll. Das »Schreiben als Spaß aufzufassen«, schreibt er entsprechend in *Einübung einer neuen Sensibilität*, besage »nichts anderes, als

150 Vgl. Hans-Thies Lehmann: SCHRIFT / BILD / SCHNITT. Graphismus und die Erkundung der Sprachgrenzen bei Rolf Dieter Brinkmann, in: Brinkmann (Hg.): *Rolf Dieter Brinkmann* (Anm. 15), S. 196.
151 Anmerkung zu: Ralf Rainer Rygulla & Rolf Dieter Brinkmann: Der joviale Russe, in: Schröder (Hg.): *Mammut* (Anm. 52), S. 304.
152 Ebd., S. 70.

daß die kulturelle Definition ›Autor‹« aufgehoben ist und damit die Definition ›Leser‹«.[153]

Das utopische und emanzipatorische Moment der Forderungen nach Umfunktionierung und Unterminierung der »vorgegebenen Bezugs- und Interpretationssysteme«, die auch in ihrem Momentanismus deutlich im Kontext der Aufbruchsstimmung um 1968 stehen, ist in dieser optimistischen Form in den Texten aus den 1970er Jahren nicht mehr zu finden. Spaß und Banalität erscheinen für Brinkmann durch Normalisierungs- und Abstumpfungsprozesse ebenso schnell abgenutzt wie das revolutionäre Moment von Pop.[154] An dem Potential für Differenz und Dissidenz, das er der Vermischung, Vervielfältigung und anderen Formen der Verwertung von alltäglich vorgefundenem Material zuschreibt, orientiert er sich aber auch in den späteren Texten noch. So gilt der in der Auseinandersetzung mit der »Neuen Amerikanischen Szene« formulierte Wunsch, durch neue Formen und Arbeitsverfahren die eingeführten kulturellen Konventionen obsolet erscheinen zu lassen und im Sinne der skizzierten Abfallverwertung zu entsorgen, als Zielvorgabe auch noch für seine Texte aus den 1970er Jahren: »die neuen Produkte lassen sich nicht mehr ohne weiteres dem Bestehenden zuschlagen, indem sie willig eine Alibifunktion erfüllen – sie haben die bestehenden Verständniskategorien hinter sich gelassen, die Zettelkästen sind durcheinandergeraten und nicht mehr zu gebrauchen.«[155]

153 Brinkmann: Einübung einer neuen Sensibilität (Anm. 44), S. 152.
154 Vgl. dazu etwa Brinkmann: *Rom, Blicke* (Anm. 7), S. 385 f.; ders.: *Erkundungen* (Anm. 7), S. 219.
155 Brinkmann: *Der Film in Worten* (Anm. 7), S. 228.

»Ob freilich die Pop Art eine leicht verständliche, populäre Kunst ist, muß fraglich bleiben«, schreibt 1968 der Kunsthistoriker Max Imdahl und stellt damit die auch heute noch verbreitete Annahme in Frage, eine Kunst, die »mit Populärem zu tun« habe, müsse auch selbst so verständlich und zugänglich sein wie ihre Gegenstände und die mit ihnen assoziierten Diskurse.[156] Auch wenn Brinkmann vehement für eine alltägliche Ästhetik plädiert, trifft sich seine These, die literarische Verarbeitung von populärem Material könne die »bestehenden Verständniskategorien hinter sich« lassen, mit Imdahls Problematisierung einer zu einfachen Verrechnung von Gegenstand und künstlerischem Verfahren. Weder Brinkmanns Konzentration auf alltägliche Dinge noch seine unablässige Betonung von Unmittelbarkeit und Einfachheit legen notwendig nahe, daß auch seine Texte nach konventionellen Maßstäben einfach zu verstehen sind. Schon in der *Notiz* zu *Die Piloten* zeigt Brinkmann, welche Kurzschlüsse entstehen können, wenn die eingeführten Konventionen des Verstehens nicht mehr greifen: »Häufig höre ich von Leuten, denen ich meine Sachen zeige, daß dies nun eigentlich keine Gedichte mehr seien, und sie glauben, damit das entscheidende Urteil ausgesprochen zu haben. Sie sagen, das hier sei ja alles einfach, man könne es ja verstehen, und das wiederum macht ihnen meine Gedichte unverständlich.«[157] Brinkmann widerspricht derartigen Lektüreeindrücken nicht, nimmt sie als potentielle Mißverständnisse durchaus in Kauf. Auch wenn er sich polemisch gegen die in den 1950er und 60er Jahren kanonisierte Gleichsetzung von Lyrik und Dunkelheit wendet,[158] rückt Brinkmann nicht einfach auf die vermeint-

---

156 Max Imdahl: Probleme der Pop Art [1968], in: ders.: *Reflexion, Theorie, Methode* [= Gesammelte Schriften 3], Frankfurt/M. 1996, S. 233.
157 Brinkmann: *Standphotos* (Anm. 5), S. 186.
158 Hintergründe dazu in Eckhard Schumacher: *Die Ironie der Unverständlichkeit*, Frankfurt/M. 2000, S. 57-81.

lich andere Seite und propagiert Zugänglichkeit und Verständlichkeit als selbstverständlich voraussetzbare Parameter der Literatur. Unter den Vorzeichen der Popularität betreibt er in seinen Texten vielmehr auch im Blick auf das Problem des Verstehens eine Form der »Grundlagenforschung«, die es darauf anlegt, konventionelle Muster aufzunehmen, aber nicht notwendig auch in der eingeführten Weise zu benutzen.

»Das Gedicht hier / steht einfach nur hier. Es enthält keine Schlüssel / zum Aufschließen von Türen«,[159] widersetzt sich Brinkmann in dem Gedicht »Ein Gedicht« scheinbar selbstverständlichen Vorstellungen von verschlüsselter Sprache und den entsprechenden Techniken des interpretativen Entschlüsselns. Diese Variation der Maxime, Gedichte zu produzieren, die »einfach nur da« sind, verweist nicht nur auf die amerikanischen Vorbilder, sie scheint auch eine weitere Anschlußmöglichkeit an den Surrealismus zu liefern, an eine Lektüremaxime André Bretons: »Ich [...] bleibe dabei, mich nur für Bücher zu interessieren, die offen sind wie Schwingtüren und deren Schlüssel man nicht zu suchen braucht.«[160] Eine wichtige Differenz zwischen Brinkmann und Breton ist allerdings nicht zu übersehen. Während Breton sich von der Vorstellung einer verschlüsselten Sprache abwendet, indem er sie im Rahmen der vorgegebenen Metaphorik umkehrt und in eine Forderung nach offenen Schwingtüren überführt, wirkt aus Brinkmanns Perspektive auch ein derartiger Vorzeichenwechsel noch unangemessen: »Es enthält keine Schlüssel / zum Aufschließen von Türen. Es gibt keine Türen / in diesem Gedicht«.[161] Brinkmanns Wunsch nach Zugänglichkeit bleibt nicht bei einem Plädoyer für eine immer schon entschlüsselte Sprache stehen, er greift zugleich auch jene

159 Brinkmann: *Westwärts 1 & 2* (Anm. 8), S. 15.
160 André Breton: *Nadja*, übers. v. Bernd Schwibs, mit einem Nachwort von Karl Heinz Bohrer, Frankfurt/M. 2002, S. 15.
161 Brinkmann: *Westwärts 1 & 2* (Anm. 8), S. 15.

Metaphern an, die in diesem Zusammenhang das Verstehen bestimmen.

Auf diese Weise setzt in Brinkmanns Texten auch und gerade im Blick auf das Verstehen jene »Entselbstverständlichung des Selbstverständlichen« ein, die Imdahl als potentiell unpopuläres Charakteristikum der Pop Art beschreibt: »Aber vielleicht ist an der Pop Art unpopulär, daß die selbstverständlichen Phänomene, die zur Thematik der Pop Art gehören, durch die Pop Art sozusagen gegen ihre Selbstverständlichkeit thematisch werden.«[162] Vermeintliche Selbstverständlichkeiten wie »alltägliche Dinge« können plötzlich unverständlich und zugleich, wie Brinkmann betont, auf überraschende Weise »schön« erscheinen, wenn sie aus ihrem »miesen, muffigen Kontext« herausgenommen und »den gängigen Interpretationen entzogen« werden.[163] So läßt Brinkmann die »bestehenden Verständniskategorien« nicht zuletzt auch dadurch hinter sich, daß er Massenkompatibilität und Hermetik direkt nebeneinander rückt, Verständlichkeit und Unverständlichkeit ineinander übergehen oder die vermeintlichen Gegensätze in sich zusammenfallen läßt: »Für einen Augenblick wird durchschaubar, was vertraut und daher längst nicht mehr durchschaubar ist, *wenn Irritation eintritt*.«[164] Die Betonung der Produktion von Irritation unterstreicht, daß es nicht darum gehen soll, an die Stelle von Undurchschaubarkeit nur noch einfache Zugänglichkeit und unbegrenzte Verständlichkeit zu setzen. Brinkmann arbeitet zugleich auch in eine gegenläufige Richtung, wenn er immer wieder erneut ansetzt, selbst das Naheliegendste im Schreiben für Momente dem Zugriff konventioneller Verständnismuster zu entziehen: »die Umgebung / wird, als ich aufblicke, um mich schaue, / unverständlich«.[165] An die Stelle

---

162 Imdahl: Probleme der Pop Art (Anm. 156), S. 233.
163 Brinkmann: *Der Film in Worten* (Anm. 6), S. 251.
164 Ebd., S. 258.
165 Brinkmann: *Westwärts 1 & 2* (Anm. 8), S. 71.

von Hermetik und Unverständlichkeit rückt nicht unverstellte Klarheit oder ein anderes Phantasma von Verständlichkeit, sondern eine irritierende Durchstreichung der Opposition von Verständlich- und Unverständlichkeit, die auch Konsequenzen für die Zuschreibung von Bedeutung nach sich zieht.

»Die Frage nach der Bedeutung erübrigt sich – die Erzählung ist einfach ›da‹, sie ist ihr eigenes Argument«, kommentiert Brinkmann eine Erzählung von Ron Padgett.[166] Die Feststellung, es sei eine Qualität der neuen amerikanischen Texte, daß sie sich »von einem Augenblickseinfall zum anderen« ausweiten und auf diese Weise immer wieder »*einfach nur da*« sind,[167] verweist auf die Evidenz- und Präsenzeffekte, die spätestens seit Warhol mit dem Begriff Pop assoziiert werden,[168] impliziert jedoch nicht, daß sie notwendig auch einfach zu verstehen sind. Brinkmann zielt vielmehr darauf ab, ein allein auf das Verstehen ausgerichtetes, hermeneutisch geleitetes Lesen umzulenken, eine auf Sinn und Bedeutung fixierte Lektüre auf andere Bahnen zu setzen. »Mißverständnisse sind keine, sondern erweitern das Verständnis einer Sache, die ›falsch‹ verstanden worden ist – es sind gesteuerte Abweichungen, ein Durchschlagen gängiger Assoziationen«,[169] betont er seine Skepsis gegenüber dem Wunsch nach unmißverständlicher Verständlichkeit, die er in der abweichenden Wiederholung einer von Alfred Korzybski zitierten Maxime auch zu einem Lektüreprogramm verdichtet: »In case of Misunderständig, read on!«[170] Mißverständnisse erscheinen aus dieser Perspektive nicht als Hindernisse, die

166 Brinkmann: *Der Film in Worten* (Anm. 6), S. 236.
167 Ebd. u. S. 248.
168 Vgl. dazu auch Teil I in diesem Band.
169 Brinkmann: *Der Film in Worten* (Anm. 6), S. 262f.
170 Brinkmann: *Rom, Blicke* (Anm. 7), S. 199; Brinkmann bezieht sich auf das Zitat »When in perplexity, read on!«, in: Alfred Korzybski: *Science and Sanity. An Introduction to Non-Aristotelian Systems and General Semantics* [1933], Lakeville, Conn. ⁴1958, S. xxv u. 11.

im Prozeß des Verstehens überwunden werden müssen, sondern als produktive Momente, die die Lektüre vorantreiben.[171] Und auch das Schreiben vollzieht in dieser Hinsicht keine fixierende Abschlußbewegung, es eröffnet vielmehr die Möglichkeit, in einer Umgebung, in der immer schon verstanden wird und werden soll, auch gegenläufige Tendenzen freizusetzen: »Warum Zitate? Weil ich sie nicht verstehe! Warum ein Gedicht? Weil ich es nach dem Schreiben nicht mehr verstehe.«[172] Diese Form der »Entselbstverständlichung des Selbstverständlichen« zeichnet sich auch in der Vorstellung ab, die Wörter aus ihren funktionalen Zusammenhängen zu lösen und sie so – gegen die Gebrauchsanweisung – dem Zugriff »eindeutiger Interpretation«[173] zu entziehen: »Ich möchte Wörter benutzen, die / nicht zu benutzen sind [...] ich möchte einfach / nur einfach nur ohne Erklärung sein«.[174] So wie sich Padgetts Erzählung für Brinkmann der Frage nach der Bedeutung entzieht, indem sie »einfach nur da« ist, versucht er auch selbst seine Texte gegen eine Erwartungshaltung zu richten, die die Möglichkeit der eindeutigen Bedeutungszuweisung und den korrespondierenden Zwang des Verstehens immer schon voraussetzt: »›... am besten ist, du verstehst das nicht.‹ Das gilt auch für die Versuche, ein Gedicht zu verstehen.«[175] Auf diese Weise bezieht Brinkmann nicht nur eine Gegenposition zu einem konventionellen Verständnis des Verstehens, er problematisiert zugleich auch dessen Voraussetzungen: »Warum wollen Sie Dichtung verstehen? Warum wollen Sie verstehen? Schlägt

---

171 Mehr dazu: Eckhard Schumacher: »In Case of Misverständig, read on!« Pop, Literatur, Übersetzung, in: Jochen Bonz (Hg.): *Popkulturtheorie*, Mainz 2002, S. 25-44.

172 Brinkmann: Anmerkungen zu meinem Gedicht »Vanille« (Anm. 75), S. 144.

173 Brinkmann: *Der Film in Worten* (Anm. 6), S. 239.

174 Brinkmann: *Westwärts 1 & 2* (Anm. 8), S. 50.

175 Rolf Dieter Brinkmann: Ein unkontrolliertes Nachwort zu meinen Gedichten, in: *Literaturmagazin* 5 (1976), S. 232.

da nicht ein Glaube durch, daß eine verbindliche Ordnung besteht?«[176]

Übergreifende Sinnzusammenhänge erscheinen nicht als unhintergehbare Orientierungsmaßstäbe, sondern als totalisierende Konstruktionen, als Ordnungssysteme, die die Gegenwart und also das, was aus Brinkmanns Perspektive »einfach nur da« ist, künstlich und zwanghaft schematisieren. Und auch die Annahme, im Prozeß des Verstehens könnten Zusammenhänge umfassend und sinnvoll etabliert werden, stellt Brinkmann in Frage: »Überhaupt ist das Verstehen eine sehr schnittige Sache! Was wird da abgeschnitten?«[177] Das Verstehen erscheint nicht als Möglichkeit der Wiederherstellung einer vorgängigen Sinnfülle, ihm wird vielmehr ebenfalls jene Logik diskontinuierlicher Schnitte unterstellt, die Brinkmanns Schreibweise und auch die alltägliche, ebenfalls durch ununterbrochene Unterbrechungen gesteuerte Wahrnehmung bestimmen: »die Blicke machen ja ständig cut ups!«[178] So wehrt Brinkmann jeden Versuch ab, Wirklichkeit und Sprache vollständig erfassen zu wollen, und entwickelt aus dieser Perspektive, die immer auch eine sprachkritische ist, den Anspruch, daß sich Schriftsteller gegen die Formulierungen derer wenden sollten, »die glauben, wahnhaft, sie hätten die Formulierungen und die Sprache restlos begriffen«.[179] Klarheit ohne Rest erscheint nicht als erstrebenswertes Ziel, sondern als ein Phantasma, von dem er sich im Schreiben zu entfernen versucht: »Wie hasse ich die scheinbare Klarheit der Sprache, und ich mag das Nebeneinander wie hier, an dieser Stelle«, schreibt Brinkmann in seinem Essay *Ein unkontrolliertes Nachwort zu meinen Gedichten*, der genau das vorführt, was er beschreibt, indem Brinkmann »an dieser Stelle« im Medium der Sprache Lyrikzitate, Songtitel, All-

176 Ebd., S. 244.
177 Brinkmann: *Rom, Blicke* (Anm. 7), S. 193.
178 Ebd., S. 93.
179 Brinkmann: Ein unkontrolliertes Nachwort (Anm. 175), S. 246.

tagsszenen, biographische Details und poetologische Überlegungen unvermittelt und ohne hierarchisierte Beziehungen nebeneinanderstellt.[180]

»Zusammenhänge sehe ich keine«, begründet Brinkmann auch in dieser Hinsicht seinen Abstand von der Annahme einer verbindlichen Ordnung, der nicht zuletzt auch, durchaus ambivalent, das gegenwartsfixierte Schreiben bestimmt: »Hätte ich eine Theorie anzubieten, ein Weltbild, eine Ansicht, eine Ideologie, wäre mir zu schreiben leichtergefallen. So aber ist nichts außer dem einen Augenblick, an dem ich schrieb, da gewesen. Und so ist immer der jeweils zuletzt geschriebene Satz ein Ende gewesen, von dem ich mit jedem Mal neu beginnen mußte, also lauter Endpunkte, aber genausogut und zutreffend ist, Anfänge.«[181] Das Wort »Jetzt«, mit dem Brinkmann seine Texte durchsetzt, unterstreicht diese Konstellation ebenso wie die minutiösen Datierungen, mit denen er seine Essays und auch viele seiner Gedichte versieht.[182] Sie dokumentieren einen Schreibprozeß, der nicht nur den Akt des Schreibens in seiner Gegenwartsfixierung zu erfassen versucht, sondern den Texten zugleich auch ihr eigenes Verfallsdatum einschreibt: »... alle Verbindungen gelten nur jetzt, 22.11.69, abends 21 Uhr 03«, schreibt Brinkmann am Ende von *Der Film in Worten*.[183] Jedes »Jetzt« setzt in diesem Sinn einen Endpunkt, dessen Fixierung aber immer nur vorläufig bleibt, immer auch auf einen potentiellen Neuanfang verweist, und den Texten so jene Dynamik unterlegt, die sie einfachen und eindeutigen Bedeutungszuweisungen entzieht – auch und gerade dann, wenn die Gegenwartsfixierung selbst zum Gegenstand des Schreibens wird. »Eindeutig und festlegbar auf ein Verständnismuster sind sie nicht«, be-

---

180 Ebd., S. 247.
181 Ebd., S. 235.
182 Vgl. etwa Brinkmann: Vanille (Anm. 52), S. 141 u. ders.: Anmerkungen zu meinem Gedicht »Vanille« (Anm. 75), S. 141.
183 Brinkmann: *Der Film in Worten* (Anm. 6), S. 247.

schreibt Brinkmann ein für ihn entscheidendes Moment seiner Gedichte, »alles ist sehr zweifelhaft, unentschieden, wie und was ein Vorgang in einem Moment ist – auch unsicher ist die damals eingenommene Haltung, nicht *ein*-deutig fixierbar, immer zwischen Stillstand, Anhalten, und Bewegung, Gehen, Durchqueren, durchkreuzen, abändern.«[184] Die Gegenwartsfixierung, die jedes »Jetzt« markiert, wird weder über Verstehensprozesse aus der konkreten Situation gelöst noch über begriffliche Abstraktionen in ein überzeitliches Modell transformiert. Als immer wieder neu angesteuerter Ausgangs- und Fluchtpunkt der Texte stellt sie vielmehr das Projekt einer »in der Gegenwart« betriebenen »Grundlagenforschung der Gegenwart« auf Dauer: »jetzt, jetzt, jetzt, jetzt, jetzt, ad infinitum!«[185]

184 Brinkmann: *Briefe an Hartmut* (Anm. 1), S. 74.
185 Brinkmann: *Erkundungen* (Anm. 7), S. 129 u. 240.

III

»Jetzt, ja, nochmal. Jetzt.«
Rainald Goetz'
Geschichte der Gegenwart

»gleich« / »gehts los« / »LOS GEHTS« – Verteilt auf drei Tage, drei einzelne, nacheinander anwählbare Seiten, umreißen bereits die ersten Einträge den Schreibgestus und wichtige programmatische Einsatzpunkte von Rainald Goetz' Internet-Projekt *Abfall für alle*.[1] Seit dem Frühjahr 1998 »in täglichen Lieferungen«, »Stück für Stück«, für ein Jahr unter der Adresse www.rainaldgoetz.de publiziert und fortlaufend archiviert, geht es von Anfang an um ein Schreiben, das sich im »Wettlauf mit der Zeit« formiert.[2] Aus der Perspektive der Schrift wird Tag für Tag, täglich neu, das Verhältnis von Zeit, Schrift und Schreiben bearbeitet, wird die tendenziell ungerichtete, aber immer gespannte Erwartungshaltung ausbuchstabiert, die der ständig wiederholte Blick auf die Uhr, der das Schreiben bestimmt, freisetzt. Ohne den Einsatz von Bildern, Tönen oder in den Text eingefügten Hyperlinks hat Rainald Goetz ein Jahr lang das in die Form der Schrift überführt, was alltäglich anfällt. Wettermeldungen, Kassenzettel, Nachrichten, Telefongespräche, Partytalk, Zitate aus Zeitungen, Zeitschriften, Büchern, Fernsehen und Radio, Urteile, Meinungsbekundungen, Beobachtungen und Klatsch werden transkribiert, protokolliert, inventarisiert und durch genaue Zeitangaben, Stunden, Minuten, Sekunden datiert, strukturiert, rhythmisiert: »jetzt«, schreibt Goetz am 4. 2. 1998 unter der Zeitziffer 1556, »geht also der ZIFFERNWAHNSINN wieder los / und mit welchem Vergnügen / für mich«.[3]

*

1 Rainald Goetz: *Abfall für alle* [111, 112, 113], unter: www.rainald goetz.de [zitiert nach einer 1998 abgespeicherten Version; der Text ist unter dieser Adresse im Netz nicht mehr verfügbar].
2 Rainald Goetz: *Abfall für alle. Roman eines Jahres*, Frankfurt/M. 1999, Klappentext u. S. 521. Der Buchtext weicht an einigen Stellen – etwa am Anfang – von der Erstpublikation im Netz ab.
3 Ebd., S. 14.

Von Anfang an betont Goetz, daß eine entscheidende Voraussetzung für dieses Vergnügen der selbstgesetzte zeitliche Rahmen ist, der das Projekt auf ein Jahr begrenzt, schon im voraus unterteilt in 7 Kapitel, die jeweils 7 Wochen mit 7 Tagen umfassen, numerisch archiviert über Indizes von 111 bis 777.[4] Im Februar 1999, kurz nach Beendigung des Projekts, verschwindet der Text wieder aus dem Netz. Wenige Monate später, im Herbst 1999, erscheint er jedoch erneut in anderer Form, in einem anderen Medium. Nicht, wie zwischenzeitig angekündigt, als CD-ROM, sondern in Form eines Buches, als ein Element des mehrteiligen Projekts *Heute Morgen*, im Frühjahr 1998 begonnen mit der »Nachtleben-Erzählung« *Rave*, 1999 fortgesetzt mit dem »Kunst-Theaterstück« *Jeff Koons* und den in *Celebration* versammelten »Texten und Bildern zur Nacht«, und nach der Publikation von *Abfall für alle* im Frühjahr 2000 abgeschlossen mit *Dekonspiratione*, einem »Tagbuch«, einem »Buch über die Arbeitsseite des Lebens«.[5] Während der laufenden Produktion als eine »zur Zeit erscheinende Geschichte der Gegenwart« annonciert, präsentiert sich *Heute Morgen* nun, nach Abschluß des letzten Buches, als »eine fünfbändige Geschichte der Gegenwart«, deren Teile sich wechselseitig kommentieren und konterkarieren, die von verschiedenen Seiten aus durchaus verschieden gelesen werden kann und ihre Heterogenität über eine »Mixtur verschiedener Textformen« offen ausstellt, diese

---

4 »Die letzte Stelle gibt den Wochentag an, die mittlere die Woche und die erste einen ›Monat‹ aus sieben Wochen.« (Ebd., S. 97.)

5 Vgl. die Klappentexte zu Rainald Goetz: *Rave*. Erzählung, Frankfurt/M. 1998; ders.: *Jeff Koons*. Stück, Frankfurt/M. 1998; ders.: *Celebration. Texte und Bilder zur Nacht*, Frankfurt/M. 1999; ders.: *Dekonspiratione*. Erzählung, Frankfurt/M. 2000; rückblickend zu *Heute Morgen* vgl. Rainald Goetz: »Der Hauptkick kam durchs Internet.« Gespräche mit Lutz Hagestedt, in: ders.: *Jahrzehnt der schönen Frauen*, Berlin 2001, S. 142-159; zu *Abfall für alle* vgl. den bereits während des Internet-Projekts veröffentlichten Essay von Lutz Hagestedt: *Richtig hart Formuliertes*. Rainald Goetz über die Steinzeit der elektronischen Welt, in: *Sprache im technischen Zeitalter* 145 (Juni 1998), S. 4-17.

aber durch die Kombination »unter dem einen Hauptnenner Gegenwart« zugleich auch als Konstruktion eines Zusammenhangs, einer potentiellen Einheit erkennbar werden läßt.[6] *Abfall für alle*, zunächst als »Baustelle«, als »Produktionsort« eingeführt,[7] läßt sich im Rückblick als ein Zentrum dieser Geschichte lesen, das die verschiedenartigen Schreibweisen, über die sich *Heute Morgen* konstituiert, nicht nur perspektivierend kommentiert, sondern selbst auch – schon in den ersten Einträgen – in verdichteter Form vorführt, performativ präsentiert.

*

Während Goetz im Rahmen des Internet-Projekts auf erläuternde Paratexte verzichtet, qualifiziert der Klappentext des Buches *Abfall für alle* vorab als »Tagebuch, / Reflexions-Baustelle, / Existenz-Experiment. / Geschichte des Augenblicks, / der Zeit, / Roman des Umbruch-Jahres 1998«. Die Transformation der täglich im Netz publizierten Texte aus *Abfall für alle* in ein Buch markiert allerdings nicht nur die nachträgliche Historisierung, die kommentierte Vergegenwärtigung der vergangenen Gegenwart des Internet-Projekts.[8] Das Buch setzt sich selbst unweigerlich erneut den Möglichkeiten und Aporien aus, die das Verhältnis von Geschichte und Gegenwart, von Zeit, Schrift und Schreiben immer schon bestimmt haben, auch im Netz, auch »im Wettlauf mit der Zeit«. Der Anfang des Buches ist nicht nur neu, weil er sich von dem in mehreren Schritten verzögerten, sich aufschiebend ankündigenden – »gleich« / »gehts los« / »LOS

---

6 Goetz: *Abfall* (Anm. 2), S. 654.
7 Ebd., Klappentext u. S. 313.
8 Zur Rolle des Medienwechsels und zur Situierung von *Abfall für alle* im Kontext der Hypertext-Diskussionen vgl. Natalie Binczek: »Wo ist also der Ort des Textes?« – Rainald Goetz' *Abfall für alle*, in: Peter Gendolla u. a. (Hg.): *Formen interaktiver Medienkunst. Geschichte, Tendenzen, Utopien*, Frankfurt/M. 2001, S. 291-318.

GEHTS« – Anfang des Netztextes unterscheidet.[9] Dadurch,
daß er ein nunmehr abgeschlossenes, auch vom Ende her les-
bares Projekt eröffnet, steht er auch über die textuellen Abweichungen hinaus unter anderen Vorzeichen. Was während
der laufenden Produktion nicht mehr als ein Versprechen
sein konnte, präsentiert sich nun als überarbeiteter Anfang
eines mehr als 800 Seiten umfassenden *Roman eines Jahres*:
»Los geht's. Mittwoch, 4. 2. 98, Sonnentag, Berlin. Anruf von
Herrn Häberlen. Ich soll jetzt mal mit Texten rüberkommen.
// ganz am Anfang / trete hier also ein in diese Institution –
siehe Foucault – alles bisher Gesagten – und dann gleich aber
natürlich das ABREISSEN sofort – loslegen – irgendwas von
außen intervenieren lassen – bloß nicht rumsuhlen im Alten
/ PRAXIS«.[10]

*

Gibt es einen Anfang dessen, was Alltag genannt wird? Wo,
wie und wann fängt – auf dem Bildschirm, im Internet, in einem Roman, einem Tagebuch, im Jahr 1998 – Alltag an? Mit
einem Anruf? Heute? Morgen? Gleich? Jetzt? Unter den
Vorzeichen von »Alltag« und »alltäglicher« Sprache, die der
Klappentext von *Abfall für alle* nachträglich setzt, impliziert
jeder Anfang bereits seine alltägliche Wiederholung. Alltag
hat immer schon angefangen als das, was sich wiederholt,
nicht einzigartig ist, nicht aus der Reihe fällt – und gerade deshalb schwer zu fassen ist.[11] Alltag ist eine Form, die durch das
geprägt wird, was nicht signifikant erscheint, für die
Produktion von Bedeutung, für Sinnzuschreibungen aber

---

9 Auch dieser Anfang war allerdings nur retrospektiv zu lesen: *Abfall für
 alle* ist erst 8 Wochen nach dem ersten Eintrag, ab Ende März 1998, im
 Netz erreichbar gewesen, vgl. dazu auch Goetz: *Abfall* (Anm. 2), S. 150.
10 Ebd., S. 13.
11 »Whatever its other aspects, the everyday has this essential trait: it al-
 lows no hold. It escapes. It belongs to insignificance, and the insigni-
 ficant is without truth, without reality, without secret, but perhaps also
 the site of all possible signification. The everyday escapes.« (Maurice
 Blanchot: Everyday Speech, in: *Yale French Studies* 73 (1987), S. 14.)

durchaus signifikant ist: alltägliche Routine, beiläufiger Abfall, die »Summe der Bedeutungslosigkeiten«.[12] Nicht das Einzigartige, Einschneidende, Entscheidende, sondern die Wiederholung des Gleichen, getaktet in der Aneinanderreihung von wiederkehrenden Zyklen, Tag für Tag, Woche für Woche. Alltag hat etwas Beruhigendes, verspricht Bequemlichkeit, nicht Aufregung und Überraschung, sondern die Institutionalisierung des Gewohnten, Gewöhnlichen: »rumsuhlen im Alten«. Und doch setzt das, was Alltag genannt wird, zugleich eine Unruhe voraus, die nicht nur jene Rhythmisierung unterminiert, die das Wort »Alltagstrott« benennt, sondern den Alltag strukturell anfällig macht für Interventionen. Für Störungen und Risse, die schon dann erkennbar werden, wenn – wie in *Abfall für alle* – Alltag als Alltag inszeniert, buchstäblich ausgestellt wird. Wenn die »Banalität der Dämonie des Alltags« und der »umgekehrt theatrale Aspekt« von Alltagstexten wiederkehrende, sich selbst aufspaltende Zentren von *Abfall für alle* ausmachen,[13] geht es immer auch um ein Moment der Unruhe, das – siehe Foucault – »unter jener alltäglichen und unscheinbaren Tätigkeit nicht genau vorstellbarer Mächte und Gefahren zu verspüren ist; verdächtige Unruhe [...] in so vielen Wörtern, deren Rauheiten sich seit langem abgeschliffen haben«.[14] Gerade in seiner Beiläufigkeit, im Leerlauf seiner Wiederholungen verweist der Text auf dieses Moment der Unruhe, über das die Fragen produziert und prozessiert werden, die die »PRAXIS« von *Abfall für alle* über weite Strecken maßgeblich bestimmen:

12 Henri Lefebvre: *Das Alltagsleben in der modernen Welt*, übers. v. Annegret Dumasy, Frankfurt/M. 1972, S. 31; vgl. auch S. 44: »Das Alltägliche setzt sich in seiner Trivialität aus Wiederholungen zusammen.« Zur Semantik des Abfalls, auch im Blick auf *Abfall für alle*, vgl. Eckhard Schumacher: *From the garbage, into The Book*. Medien, Abfall, Literatur, in: Jochen Bonz (Hg.): *Sound Signatures. Pop-Splitter*, Frankfurt/M. 2001, S. 190-213.

13 Goetz: *Abfall* (Anm. 2), Klappentext und S. 413.

14 Michel Foucault: *Die Ordnung des Diskurses*, übers. v. Walter Seitter, Frankfurt/M. u. a. 1977, S. 7.

Wie verhält sich die alltägliche Praxis des Schreibens zu dem Versuch, das Schreiben zu beschreiben, beim Schreiben mitzuschreiben? Welche Rolle spielt aus dieser Perspektive der je spezifische Ort für ein Wort? »Was bedeutet ein Wort im Moment?«[15] Wie verhält es sich zur »Institution [...] alles bisher Gesagtes«? Und: Was heißt in diesem täglich neu bestimmten Zusammenhang »PRAXIS«, ein Wort, das *Abfall für alle* von Anfang an nachhaltig durchsetzt?

∗

Im Kontext von *Abfall für alle* erscheint es zunächst naheliegend, das Wort »PRAXIS« auf die fünfteilige Frankfurter Poetik-Vorlesung zu beziehen, die Goetz im Frühjahr 1998 unter dem Titel PRAXIS gehalten und nachträglich als Text auch in die jeweiligen Tageseinträge von *Abfall für alle* eingefügt hat. Die »Institution [...] alles bisher Gesagtes« verweist entsprechend sowohl auf die Institution »Universität« als auch auf die der Frankfurter Poetik-Vorlesung. Beides sind Anknüpfungspunkte, auf die der Text vielfach zurückkommt, in einer Reihe von Notizen und Entwürfen, die mit dem Wort »PRAXIS« gekennzeichnet sind, wie auch in den Poetik-Vorlesungen selbst, mit denen Goetz versucht, seine Praxis des Schreibens in Form einer Vorlesung vorzuführen, im Reden über den Schreibprozeß im Hörsaal der Frankfurter Universität realistisch zu inszenieren. PRAXIS stellt den Versuch dar, schreibt Goetz in der ersten Vorlesung, »ein LABOR zu konstruieren der Situation, wie ich selber den Prozeß der ästhetischen Praxis erlebe«.[16]

An den Anfang eines tagebuchartigen Projekts gestellt, adressieren das Wort »PRAXIS« und die Vorstellung einer »Institution [...] alles bisher Gesagtes« aber immer auch Form und Geschichte des Tagebuchs, Schreibverfahren möglicher Vergleichstexte, Vorbilder oder Parallelprojekte. Auch

15 Goetz: *Abfall* (Anm. 2), S. 289.
16 Ebd., S. 231.

das ist ein wiederholt angesteuerter Ausgangspunkt für Goetz: »Ich las die Tagebücher von Jünger, Krausser oder Rühmkorf, und dachte immer: wenn man nur wüsste, wie es JETZT steht, was er JETZT macht, JETZT denkt.«[17] Die tägliche »PRAXIS« von *Abfall für alle* formiert sich nicht zuletzt als programmatische Umsetzung eben dieses Wunsches, in der Auseinandersetzung mit Texten, an die sich Goetz annähert, von deren Vergangenheit er sich jedoch zugleich, fixiert auf die eigene Gegenwart, distanziert. Das Wort »JETZT« markiert dabei nicht nur den Wunsch nach Aktualität, den schriftlich vermittelten Wunsch nach Kommunikation in Echtzeit, sondern definiert zugleich auch den Ausgangspunkt der eigenen Textproduktion. Auch wenn in Goetz' Perspektive die Praxis des Schreibens unweigerlich unter der »Aufsicht alles bisher Geschriebenen« steht, unterscheidet er mit zuweilen nur schwer nachvollziehbarer Trennschärfe das »große Gespräch der Wissenschaft mit der Vergangenheit« von der »Kunst«, deren strukturelle »Erinnerungslosigkeit« sie in Goetz' Lesart immer wieder erneut der jeweiligen »Gegenwart« aussetzt. Und so wie für Goetz »ein großes Kunstwerk wirklich bei Adam und Eva anfängt und alle Fragen von A bis Z aufwirft, neu, für jetzt«, so geht es auch in *Abfall für alle* darum, »immer wieder einfach nur von NULL aus anzufangen, jeden Tag«.[18] Das Prinzip, »möglichst viel von dem, was jetzt los ist, jetzt zu sehen, jetzt zu verstehen, jetzt einzuschätzen«, ist dabei für Goetz keineswegs neu, sondern nur neu aufgelegt. Seit den 1980er Jahren stellt er den Bezug auf die Gegenwart, auf das, »was jetzt los ist«, in immer wieder neuen Wendungen auf Dauer: »Alles, was man weiß, vergessen. Immer neu loslegen wie neu.«[19]

*

17 Ebd., S. 357.
18 Ebd., S. 197 und 619.
19 Rainald Goetz: *Hirn*, Frankfurt/M. 1986, S. 56.

Schon im ersten Eintrag von *Abfall für alle* wirkt das Wort »PRAXIS« in diesem Sinn wie ein Imperativ, der eine Konsequenz aus der Forderung »bloß nicht rumsuhlen im Alten« markiert und damit bereits »ganz am Anfang« den später nachgetragenen programmatischen Einsatzpunkt des Projektes vorgibt: »Ausgangspunkt ist die rein formale Vorgabe, daß die Seite sich jeden Tag aktualisieren muß.« Das Internet, der Ort der ersten Publikation von *Abfall für alle*, scheint der Erfüllung dieses Verlangens nach Aktualität und Aktualisierbarkeit mehr als nur entgegenzukommen. In gegenwärtigen Mediendebatten oft utopisch begriffen als eine mögliche »Institution [...] alles bisher Gesagten«, verspricht es zugleich »Geschwindigkeit«, »Gegenwartsmöglichkeit« und »Aktivitätsnähe«.[20] Das Internet erscheint als ein Medium, über das der Abstand von Produktion und Rezeption minimiert werden kann, über das die Beantwortung der Frage, »wie es JETZT steht«, wenn nicht realisiert, so doch zumindest über Annäherungsbewegungen in Aussicht gestellt wird. *Abfall für alle* blendet allerdings sowohl das Phantasma einer rechnergestützten Kommunikation in Echtzeit als auch die Utopie einer multidirektionalen Interaktivität von Anfang an gezielt aus. Beim Öffnen der Seite landet man zwar am jeweils »gegenwartsnächsten Punkt«,[21] aber dieser liegt, markiert über das Datum des gerade vergangenen Tages, immer schon in der Vergangenheit, uneinholbar für den Leser, dem außer der Lektüre keine Eingriffsmöglichkeiten eröffnet werden. Wie im Fall einer der, so Goetz, »tollsten Textformen überhaupt«, der »heute für morgen geschriebenen Kritik, die dann in der Zeitung erscheint«, konstituiert sich auch *Abfall für alle* dadurch, daß das »heute« Notierte kurzfristig überarbeitet erst »morgen«, zumeist morgens, als Text ins Netz

20 Goetz: *Abfall* (Anm. 2), S. 357; zur medientheoretischen Internet-Debatte vgl. Stefan Münker/Alexander Roesler (Hg.): *Mythos Internet*, Frankfurt/M. 1997; dies. (Hg.): *Praxis Internet*, Frankfurt/M. 2002.
21 Goetz: *Abfall* (Anm. 2), S. 621.

gestellt wird.[22] Der Titel des Gesamtprojekts, *Heute Morgen*, verweist in genau diesem Sinn auf die Publikationspraxis von *Abfall für alle*, benennt sowohl den jeweiligen Zeitpunkt der Veröffentlichung der täglichen Einträge im Netz als auch die täglich wiederkehrende Perspektive der Produktion, die über diesen Rhythmus der Aktualisierung Tag für Tag erneut in Aussicht stellt, daß das, was sich »heute« als neue Startseite öffnet, »morgen« schon ins Archiv verschoben wird. Von Anfang an, jeden Tag erneut, verschreibt sich *Abfall für alle* der Vergegenwärtigung des gerade vergangenen Tages, einer Form von »PRAXIS«, die sich permanent selbst überholt: »bloß nicht rumsuhlen im Alten«.

*

Bereits »ganz am Anfang« des Projektes, das verspricht, ein Jahr lang täglich neu zu erscheinen, das sich einer Vorstellung von Gleichmäßigkeit und Kontinuität aussetzt, sich dem Tag als Taktgeber verschreibt, steht – performativ – die Form der Unterbrechung. Der Text vollzieht in seinen ersten Zeilen genau das, worüber er zu sprechen scheint. Der Anfang von *Abfall für alle* reißt ab, wechselt die Perspektive, wird unterbrochen, bevor sich ein Satz bilden kann, ist perforiert und rhythmisiert durch Einschübe, Interventionen, Zäsuren: »und dann gleich aber natürlich das ABREISSEN sofort – loslegen – irgendwas von außen intervenieren lassen«.[23] Wiederholt wird der Text unterbrochen durch Gedankenstriche, immer wieder werden längere Textblöcke konterkariert durch freistehende Zeilen, elliptische Sätze, abgebrochene Formulierungen. Durch vereinzelte Wörter, Wortfetzen

---

22 Ebd., S. 355 und Klappentext. »Wie auch sonst habe ich den ganzen Tag über Notizen gemacht. Spät am Abend habe ich die Tageserzählung beendet, eine Nacht darüber geschlafen und das Ganze am nächsten Morgen noch einmal redigiert.« (Rainald Goetz: »Heute ist ein neuer schöner Tag.« Interview mit Wolfgang Farkas, in: ders.: *Jahrzehnt der schönen Frauen* (Anm. 5), S. 136.)

23 Goetz: *Abfall* (Anm. 2), S. 13.

oder Zeitziffern, die nicht nur das markieren, was sie benennen, Zeitpunkte, sondern durch ihre Positionierung zugleich auch etwas vollziehen, das Adorno in anderen Zusammenhängen dem Gedankenstrich zuschreibt: Sie sprengen Zeit »zwischen zwei Sätze«, zwischen Satzfragmente ein.[24] »Gezielter, knapper, sich öfter unterbrechend, sprunghafter schreiben. Bits and Pieces«, skizziert Goetz sein Textverarbeitungsprogramm, sein Schreibverfahren. Seine Schreibbewegung: »Expansion, Teilung, Explosion. Bits and Pieces.«[25] Diese Dynamisierung, die das »Abgeschlossensein« der »sprachlich eindeutig fixierten Form des einen Satzes« unterlaufen und das Schreiben so für die »Dynamik und Motorik« des Denkens und die »Aktualität des Momentanen« öffnen soll,[26] bestimmt auch die Gestaltung der einzelnen Seiten, rhythmisiert die Textabschnitte, zerstückelt die Einträge in *Abfall für alle*: Kurzen, auftaktartigen Notizen folgen häufig längere, zusammenhängende Textblöcke, die sich verzweigen, Gedanken entwickeln und ansatzweise ausführen, thematisch oder formal in folgenden Absätzen wieder aufgenommen werden, zum Ende der Tageseinträge aber wieder bruchstückhafter werden, stichpunktartiger, punktueller. Die Fragen, die Goetz im Blick auf die »PUNKTE« im geschriebenen Text stellt, betreffen in dieser Hinsicht auch die Dynamisierung der Tageseinträge durch Sprünge und Unterbrechungen, durch, wie Goetz schreibt, »rhythmische Rucke und das sinnfreie Spiel der Vokale und Konsonanten«, durch die Einfügung von Zeitziffern und die Markierung von Zeitpunkten: »Was passiert an der Stelle, wo der eine Satz aufhört, der nächste, du weißt schon. Wie groß sind da die Distanzen? Diese Stillestellen bestimmen die Motorik, den Vibe von Texten. Das in ihnen stattfindende Staunen. Punkt. Wei-

---

24 Vgl. Theodor W. Adorno: Satzzeichen, in: ders.: *Noten zur Literatur*, Frankfurt/M. 1981, S. 109.
25 Goetz: *Abfall* (Anm. 2), S. 312 und 114.
26 Ebd., S. 786.

ter geht's: Wunder des Textes. Gegeben vom Datum der Zeit. Jetzt, ja, nochmal. Jetzt. 1129.31.«[27]

Aber nicht nur Punkte, Zeitpunkte, sondern auch das Wort, das diese Punkte beschreibt und benennt, durchsetzt den Text, bestimmt seinen Rhythmus, seine Organisation von Zeit. Das Wort »Jetzt« markiert nicht nur den jeweiligen Zeitpunkt des Schreibens, den Zeitrahmen des Beschriebenen und den Versuch, Produktion und Rezeption einander anzunähern. Als wiederholt verwendetes, häufig in Großbuchstaben hervorgehobenes Wort wird »JETZT« ebenso zu einem Strukturmerkmal von *Abfall für alle* wie die Zeitziffern, die die Tageseinträge strukturieren, indem sie die einzelnen Zeilen und Absätze, die chronologisch aufgeführten »Minuten-Notizen« datieren.[28] Jede Zeitziffer, jedes »JETZT« setzt Zäsuren, markiert durch Unterbrechungen, durch die Fixierung von Zeitpunkten nicht nur den Ablauf des Tages, sondern auch den Rhythmus des Tagebuchtextes. Durch das, was Goetz die »Vorstellung der Momentaufnahme« nennt, entsteht so ein Text, der seine Form weniger seinen je verschiedenen Gegenständen verdankt als vielmehr dem Verfahren, immer wieder »JETZT« anzusetzen und dieses »JETZT« als jeweils neues »JETZT« zu präsentieren: »Der Snapshot. Eine Art Polaroid vom geistigen Zustand, im Augenblick. Natürlich geht es auch darum, was drauf ist, auf dem Bild. Aber ebensosehr um die ART der Bildherstellung, das Vorgehen bei der Produktion, die Methode, was ganz Formales also. Sich zu erinnern, nicht an früher, sondern an JETZT.«[29] Die Textproduktion folgt in dieser Hinsicht der gleichen Logik, die Goetz auch als Prinzip seiner Praxis des Fotografierens anführt: »Höhere Wesen befahlen: fotografiere die Zeit, jetzt. Jetzt nochmal, dann gleich wieder, und so

27 Ebd., S. 292 und 343.
28 Ebd., Klappentext.
29 Ebd., S. 200.

weiter, jetzt heißt ja immer wieder nochmal jetzt.«[30] Auch in
der Form der Schrift geht es für Goetz immer wieder erneut
um die Frage, wie »JETZT« geschrieben, wie ein »JETZT«
formuliert und kommuniziert werden kann, das nicht nur
Vergangenes aktualisiert und vergegenwärtigt, sondern einer
in der Gegenwart ansetzenden Geschichte der Gegenwart
zuarbeitet, die, als schriftlich vermittelte Praxis, die Erinnerung an ein »JETZT« im Augenblick des Geschehens fixieren soll, ohne sie dauerhaft festzusetzen, ohne das nächste
»JETZT«, das das vorangegangene ersetzt, und das instan-
tane Verschwinden, das jedes »JETZT« auch impliziert, einfach auszublenden. Die »Vorstellung der Momentaufnahme«
zielt in dieser Hinsicht auch auf jenen »Realismus abstrakterer Art« ab, den Goetz als »pragmatisch-ideale Real-Poeto-
logie des transzendentalen Bewußtseins« in *Dekonspiratione*
anläßlich des Versuchs skizziert, das »geistige Ineinander«
von Sinnesdaten, Gedanken und Worten, »die als sehr kurze
Vorgänge vorkommen, als Ereignisse nur passieren«, schriftlich zu erfassen und auf »möglichst alltägliche Weise« in einem Text »passieren« zu lassen.[31] Auch wenn dieser Versuch
in *Dekonspiratione* anläßlich eines nicht realisierten Projektes beschrieben wird, finden sich dort ebenso wie in *Abfall
für alle* wiederholt Ansätze, die, konzentriert auf die Möglichkeit einer »Geschichte der Gegenwart«, diesem »Realismus abstrakterer Art« zuarbeiten. Zumindest aber setzen die

---

30 Goetz: *Jahrzehnt der schönen Frauen* (Anm. 5), S. 184; in *Celebration*
   kombiniert Goetz die schriftlichen Texte durchgehend mit eigenen
   Fotografien und vorgefundenen Bildern, sein Beitrag zur Anthologie
   Mesopotamia besteht nur aus Fotos, vgl. Rainald Goetz: Samstag, 5. Juni
   1999. Hotel Europa, in: Christian Kracht (Hg.): *Mesopotamia. Ernste
   Geschichten am Ende des Jahrtausends*, Stuttgart 1999, S. 147-171; ein
   fiktionalisierter Kommentar zu Goetz' Praxis des Fotografierens, fokussiert auf den »Gesellschaftsfotografen Rainald Goetz«, dessen
   »Werkschau ›Anfall von einem – Polaroids From The Dad‹« und sein
   Gespür, »im richtigen Moment auf den Auslöser zu drücken, nämlich
   dauernd«, findet sich in Benjamin v. Stuckrad-Barre: *Blackbox. Unerwartete Systemfehler*, Köln 2000, S. 75-169, hier: S. 81, 83 u. 118.
31 Goetz: *Dekonspiratione* (Anm. 5), S. 137f.

unvermittelt nebeneinandergestellten, minutiös datierten Momentaufnahmen und die Wiederholungen des Wortes »JETZT« in ihrer permanenten Unterbrechung der Vorstellung von kontinuierlicher, gleichmäßig fortschreitender Zeit durch ihre beständige Selbstüberholung genau die Form von »PRAXIS« um, der sich *Abfall für alle* von Anfang an verschreibt: »ABREISSEN«, »loslegen«. Und: »bloß nicht rumsuhlen im Alten.«

∗

Der erste Eintrag in *Abfall für alle* macht jedoch klar, daß diese Form der »PRAXIS« unweigerlich in einem Kontext steht, der sie als historisch bedingt markiert und so immer auch auf ihre eigene Geschichte zurückverweist. Das »ABREISSEN«, das nicht nur eine Unterbrechung markiert, sondern auch – wie beim Abreißen eines Kalenderblatts – als Akt einer fortlaufenden Historisierung gelesen werden kann, ist ebenso wie jedes »JETZT« immer schon konfrontiert mit der Vorstellung einer »Institution [...] alles bisher Gesagten«, mit einem Zusammenhang, dem keine »PRAXIS« entkommen kann – auch nicht, wenn sie genau darauf abzielt. »Eine alte Geschichte, ich weiß, ein uraltes Projekt auch von mir selber«, relativiert Goetz die als »Realismus abstrakterer Art« skizzierte Poetologie, »sie bringt einen doch sofort in seltsame Gesellschaft, in die Nähe richtiger Literatur«.[32] Diese Nähe jedoch wird, das unterstreichen nicht zuletzt derartige Gesten der Distanzierung, von Goetz immer wieder gesucht, auch in *Abfall für alle*. Trotz aller Abwehr des Alten, die das gar nicht mehr so neue Medium Internet noch zu verstärken scheint, hat die Form, in der Goetz seinen Text in diesem Medium publiziert, hat die Fixierung auf ein jeweils neues »JETZT« eine Geschichte, an die er anknüpft, die er schon im ersten Eintrag von *Abfall für alle* aufruft und adressiert: »Salut / an Hubert Fichte / an seine Alte Welt / die da eröffnete

32 Ebd., S. 138.

FORM«.[33] Das Verfahren, immer wieder »JETZT« anzusetzen, den Text durch das Wort »JETZT«, durch kurze, elliptische Sätze, Momentaufnahmen, snap-shots zu rhythmisieren, ist von Anfang an auch eine Form des Zitats, eine zitierende Wiederholung eingeführter Formen. Es verweist auf Schreibweisen, auf Verfahren der Gegenwartsfixierung von anderen Autoren, nicht nur auf die bereits angeführten Jünger, Krausser und Rühmkorf, sondern deutlicher noch auf jene, die in *Abfall für alle* als »Referenzen« für die mit *Heute Morgen* in Aussicht gestellte »Geschichte der Gegenwart« benannt werden: »Fichte, Brinkmann«.[34] Es reproduziert, ohne direkt zu zitieren, die Form der Texte Hubert Fichtes, die durch den kurzzeilig montierten Wechsel von Tagebucheinträgen, Gesprächsmitschriften, Auflistungen oder auch durch ein wiederholtes »Jetzt! Jetzt! Jetzt! Jetzt!« rhythmisiert werden.[35] Und es reformuliert Rolf Dieter Brinkmanns Konzeption des schriftlich vermittelten »snap-shot«, sein Projekt einer »in der Gegenwart« betriebenen »Grundlagenforschung der Gegenwart«, seine Schreibverfahren, die »plötzlich, wie das Wort plötzlich« ansetzen, »für einen Augenblick, und dann wieder für einen Augenblick, und wieder für einen Augenblick«, »jetzt, jetzt, jetzt, ad infinitum!«[36]

---

33 Goetz: *Abfall* (Anm. 2), S. 14.
34 Ebd., S. 654.
35 Vgl. Hubert Fichte: *Alte Welt*. Glossen, Frankfurt/M. 1992; Hubert Fichte: *Detlevs Imitationen »Grünspan«*, Frankfurt/M. 1982, S. 24; vgl. dazu auch Teil IV in diesem Band.
36 Rolf Dieter Brinkmann: *Standphotos. Gedichte 1962-1970*, Reinbek 1980, S. 185; ders.: *Westwärts 1 & 2*. Gedichte, Reinbek 1975, S. 22; ders.: Einübung einer neuen Sensibilität, in: Maleen Brinkmann (Hg.): *Rolf Dieter Brinkmann* [= *Literaturmagazin 36*], Reinbek 1995, S. 153; ders.: *Erkundungen für die Präzisierung des Gefühls für einen Aufstand*, Reinbek 1987, S. 129 u. 240; auch Goetz' Arbeit mit fotografischen »snap-shots« knüpft an Brinkmann an: sein aus Fotos zusammengesetzter Beitrag zur Anthologie *Mesopotamia* (Anm. 30) kann als ein Formzitat gelesen werden, das auf Brinkmanns Beitrag zur Anthologie *Trivialmythen* verweist, vgl. Rolf Dieter Brinkmann: Wie ich lebe und warum, in: Renate Matthaei (Hg.): *Trivialmythen*, Frankfurt/M. 1970, S. 67-73; vgl. dazu auch Teil II in diesem Band.

Goetz nimmt die Entscheidung für die Fixierung auf die Gegenwart allerdings auch in dem Sinn ernst, daß die benannten Referenzen – die »älteren Brüder«[37] – nicht zu einem expliziten, historisch und thematisch entfalteten Gegenstand seiner Arbeit werden, sondern das eigene Schreiben eher auf der Ebene von Formentscheidungen, auf der Suche nach spezifischen Schreibweisen bestimmen: »Hubert Fichte, Explosion. Egal wo ich aufschlage, es ist so toll, jeder Satz. Seite 203, oder der Anfang, Seite 9, 11, 10. Ich lese Fetzen, alles stimmt irgendwie. Wie hat der das gemacht?«[38]

Auf dieser Ebene, im blätternden Blick auf formale Momente und Schreibstrategien, und dabei im besonderen auf den Versuch, den schriftlich verfaßten Text in einem doppelten, Präsens und Präsenz koppelnden Sinn als Gegenwartsliteratur zu begreifen, findet Goetz Anschlußstellen für die eigene Arbeit. Wie bei Fichte und Brinkmann dienen die Momentaufnahmen und das Wort »JETZT« auch bei Goetz nicht der Markierung von Einzigartigkeit. Es geht, zumindest in *Abfall für alle*, nicht um den einen entscheidenden, prägnanten, erfüllten, vielleicht schönen Augenblick, auf dessen Verlängerung, Verweilen oder Wiederkehr spekuliert wird. Und es geht auch nicht, obwohl sich neben Gesten der Distanzierung wiederholt Annäherungsbewegungen an Stilelemente und Denkfiguren von Peter Handke ausmachen lassen, um die Transzendierung eines »jetzt« in der »Idee vom geglückten Tag«, die die Gegenwart aus der Ordnung der Zeit löst, in eine Form von Zeitlosigkeit verrückt. Goetz bringt in *Abfall für alle* vielmehr jene so tautologische wie radikale Form der Zeitwahrnehmung auf den Punkt, die Handke im Schreiben überwinden möchte: »Jetzt ist jetzt.«[39]

37 Goetz erwähnt unter dem Stichwort »ältere Brüder« neben Brinkmann auch Peter Handke, Uwe Nettelbeck und Bernward Vesper, vgl. Goetz: *Abfall*, S. 267 u. 367.
38 Ebd., S. 675.
39 Vgl. Peter Handke: *Versuch über den geglückten Tag*, Frankfurt/M. 1994, S. 20ff.

Jedes »JETZT« ist immer nur und immer schon Teil einer Serie, ein Moment des Textes, das auf Vergangenes verweist und zugleich Fortsetzungen und Wiederholungen nach sich zieht. Gerade als Zitation einer von Wiederholungsstrukturen und Redundanzen geprägten Form des Schreibens, die ihren Zitatcharakter nicht im Sinne von philologischen Hinweisen ausstellt, sondern in der Gegenwartsfixierung tendenziell auflöst, vergegenwärtigt das Wort »JETZT« nicht nur, es markiert zugleich den fortschreitenden Abstand vom Gegenstand seiner Wiederholung. Die durch Zeitziffern oder das Wort »JETZT« markierten Momentaufnahmen verweisen nie nur auf bestimmte oder bestimmbare Zeitpunkte, die qualitativ entfaltet werden können, sondern immer auch auf sich selbst, auf ein formales Verfahren, auf ihre eigene, auf Dauer gestellte Wiederholung. Im »Wettlauf mit der Zeit« ist jeder fixierte Moment, jedes ausgestellte »JETZT« nur eine Unterbrechung, eine Akzentuierung von dem, was – so zumindest *Abfall für alle* – sich wiederholt und dabei immer schon weitergeht: »1718 time time time – time marches on«.[40] Das permanent wiederholte, nicht auf die Vorstellung einer bestimmten Zukunft hin ausgerichtete Fortschreiten der Zeit wird in *Abfall für alle* jedoch nicht als ein Problem dargestellt, das überwunden oder unterlaufen werden soll. Die Unterbrechung, die jedes »JETZT« setzt, markiert vielmehr gerade die Faszination für die Flüchtigkeit der Zeit, der sich die gegenwartsfixierte »PRAXIS« des Schreibens aussetzt, indem sie sie formalisiert: »ABREISSEN«, »loslegen«, »bloß nicht rumsuhlen im Alten«.

*

Aus der Perspektive der täglichen Publikation, der alltäglichen Markierung eines jeweils neuen »JETZT« läßt sich der »Wettlauf mit der Zeit« allerdings auch anders lesen. Auch

40 Goetz: *Abfall* (Anm. 2), S. 16.

wenn der »Plan«, das Buch »plangemäß zu Ende zu schreiben«, bereits im Verlauf des Textes unter Nennung des späteren Untertitels angeführt wird, kann *Abfall für alle* nur im Rückblick, vom Ende her betrachtet, als *Roman eines Jahres* präsentiert werden. Die »Vorgabe der Täglichkeit«[41] gibt der jeweiligen Momentaufnahme einen anderen Zeitindex, eine andere innere Dramatik, auf die Goetz' Selbstbeschreibung im Klappentext von *Abfall für alle* – »Mein tägliches Textgebet« – nachträglich ebenso verweist wie das dem Buchtext vorangestellte Zitat. Am Anfang von *Abfall für alle* zitiert Goetz in Form eines Mottos Pat Hacketts Kommentar zum letzten Eintrag des Tagebuchs von Andy Warhol, einen der letzten Sätze von *The Andy Warhol Diaries*: »But early sunday morning, / for reasons that are in litigation, / he died.«[42] Durch diese Referenz wird *Abfall für alle* nicht nur lesbar als das Projekt einer abweichenden Annäherung, als ein »Salut« an Warhols Tagebücher, über das Zitat wird auch eine grundlegende Voraussetzung des Schreibens ausbuchstabiert, die in der Form des täglichen Eintrags in besonderem Maß explizit wird: jedes »JETZT« setzt sich der Möglichkeit aus, das letzte gewesen zu sein. Der Text entsteht, Tag für Tag, Stück für Stück, von »Seiten des Todes her gesehen«. Während des Schreibens bleibt das Projekt ein unvorhersehbarer Text, der die Vorstellung eines kalkulierbaren Gleichmaßes gerade dadurch unterbricht, daß er sie »im Wettlauf mit der Zeit« zugleich voraussetzt und in Frage stellt: »Keiner weiß, was als nächstes passiert. Davon erzählt Abfall für alle. Wie es war, als man noch nicht tot war und nicht daran dachte, wie es weiter geht. Augenblick, Moment. Und jetzt?«[43]

41 Ebd., S. 620.
42 Ebd., S. 9 [Druckfehler korrigiert; E. S.]; vgl. Pat Hackett (Hg.): *The Andy Warhol Diaries*, New York 1989, S. 807.
43 Goetz: *Abfall* (Anm. 2), Klappentext.

Der gezielten, jedoch nur potentiell zielgerichtet abschließbaren Serialisierung der täglichen Einträge, die ihr Ende nicht vorhersehen kann, aber immer mit ihm rechnen muß, korrespondiert die Abschlußbewegung, die jede einzelne Notiz darstellt, die jedes »JETZT« zur Sprache bringt. Die »TÖDLICHKEIT der Medien, die das, was eben noch vom Gott des Vergehens geschützt war, im Live-Moment, vernichten«, zeigt sich aus Goetz' Perspektive allerdings nicht nur als Verlust. Vielmehr wird gerade die Spannung zwischen Ereignis und Fixierung, zwischen »Live-Event« und »medialem Reflex«, zu einem textgenerativen Ausgangspunkt des Schreibens: »Als Schreiber arbeitet man selbst dauernd an diesem Vertödlichungsprozeß mit.«[44] Der Text widersetzt sich der vermeintlich fortschreitenden Zeit, indem er nicht nur sich ihr, sondern zugleich auch sie selbst aussetzt, unterbricht. Liest man es als nachträgliche Beschreibung, ist das »JETZT«, auf das der Text verweist, immer schon vergangen, als Erinnerung, als Element einer Geschichte fixiert. Aber der Text beschreibt nicht nur, ist nicht nur ein – vermeintlich zeitnaher – »Rekonstruktions-Versuch der Gegenwart«, sondern setzt immer auch ein neues »JETZT«. Als Element einer »zur Zeit erscheinenden Geschichte der Gegenwart« ist *Abfall für alle* nie nur eine Repräsentation von Vergangenem, sondern immer auch das, was Goetz »Konstruktion der Gegenwart« nennt.[45] *Abfall für alle* ist nicht aus der Position eines distanzierten »Beobachters der Gegenwart« geschrieben, der »Deklarationen zur Gegenwart und Befunderhebungen am Status der Zeit« formuliert. Das »Schreiber-Ich«, in seiner Gegenwartsfixierung unweigerlich in den Gegenstand der Beschreibung verstrickt, arbeitet vielmehr an einer Präsentation von Gegenwart, die nicht nur die »Unfaßbarkeit des Geschehenen« in Szene setzt, sondern aufgrund »ihrer

44 Ebd., S. 549.
45 Ebd., S. 263 u. 201.

schriftlich fixierten Form« jede Beobachtung als eine »Konstruktion« ausweist, die nicht zu denken ist ohne die korrespondierende »Konstruktion der Vergangenheit«, ohne jene »Entfernungs-Bewegungen«, durch die »alle direkten Beobachtungen der Gegenwart gebrochen, problematisiert, fraglich, entdirektifiziert« werden.[46]

Der Vorschlag, *Abfall für alle* als »Performance Art der Literatur« zu begreifen,[47] wäre aus dieser Perspektive zu modifizieren. Es geht, auch wenn der Text wiederholt diesen Eindruck erweckt, nicht um Performance Art im Sinne einer Inszenierung, deren Reichweite sich auf ein momentanistisches Hier und Jetzt, auf eine immer schon verschwindende Gegenwart beschränkt. Der Text wird immer auch durch das bestimmt, was im Kontext der Sprechakttheorie Performativität genannt wird und ohne inhärente Wiederholungsstrukturen, ohne Zitier- und Iterierbarkeit nicht zu denken ist.[48] So wenig der Text nur eine Form der Repräsentation ist, eine nachträglich konstatierende Beschreibung von etwas, das dem Text vorausgeht, so wenig geht er in einer vitalistischen oder nur momentan verfügbaren Produktion von Präsenz auf. *Abfall für alle* führt, auch gegen den Willen seines Autors, vielmehr vor, daß Schreiben immer auch ein performativer Akt ist, der das, worüber er zu sprechen scheint, in der variierenden Wiederholung von eingeführten Mustern und Formen allererst herstellt. »Es gibt nur die Zeit der Äußerung, und jeder Text ist immer *hier* und *jetzt* geschrieben«, schreibt Roland Barthes und folgert daraus, daß »*Schreiben*

46 Ebd., S. 93 u. 685.

47 Eva Behrendt: Privatallüren für alle, in: *die tageszeitung* 29. 1. 1999.

48 Zu unterschiedlichen Konzepten von Performance und Performativität vgl. Eckhard Schumacher: Performance und Performativität, in: Uwe Wirth (Hg.): *Performanz. Von der Sprachphilosophie zur Kulturwissenschaft*, Frankfurt/M. 2002, S. 383-402; zum Konzept der Iterierbarkeit, das Ereignis, Wiederholung und Differenz ineinander verschränkt, vgl. Jacques Derrida: Signatur Ereignis Kontext [1971], in: ders.: *Limited Inc*, übers. v. Werner Rappl, Wien 2001, S. 24f. und 32ff.

nicht mehr länger eine Tätigkeit des Registrierens, des Kon-
statierens, des Repräsentierens, des ›Malens‹ (wie die Klassi-
ker sagten) bezeichnen kann, sondern vielmehr das, was die
Linguisten im Anschluss an die Oxford-Philosophie ein Performativ nennen, eine seltene Verbalform, [...] in der die Äußerung keinen anderen Inhalt (keinen anderen Äußerungsge-
halt) hat als eben den Akt, durch den sie sich hervorbringt«.[49]
Auch Goetz' Projekt, der Zeit »nichts als der Durchgangs-
augenblick zu sein«, der »Zeit der Ort zu sein, ganz einfach«,
wird auf diese Weise überlagert von Schreibverfahren, die gegen die »äußere Ordnung«, gegen die »Vorgabe der Täglichkeit«[50] eine Form von Zeitlichkeit setzen, die durch den Akt
des Schreibens bestimmt wird, die erst im Schreiben, im Text
entsteht. Die »Zeit«, die »ihren Helden hinaus ins Leben«
schickt, im Klappentext von *Abfall für alle* als »herrischer
Autor« des Romans identifiziert, ist immer schon das Produkt einer Transkription, ohne die weder das Subjekt des
Schreibens noch das Objekt der Beschreibung zu denken
sind. In diesem Sinn zersetzt jede Zeitziffer, jedes »JETZT«
im Text jene idealistische Lesart von Realismus, die Goetz
seinem Roman voranstellt: »Schließlich war, ein Traum, der
wahr geworden ist, das Buch entstanden, das ich bin.«[51] In
dem Maß, in dem dieses »ich« nicht ohne das »Buch« und die
Aktualität des Textes nicht ohne den Akt des Schreibens vor-
stellbar sind, verweist auch jedes »JETZT« vor allem auf sich
selbst, auf die Form der Zeitlichkeit, die es selbst setzt und
den Text so dem annähert, was Goetz an anderer Stelle, in
Rave, die »Zeitgestalt des absoluten Präsens« nennt.[52]

*

49 Roland Barthes: Der Tod des Autors [1967], in: Fotis Jannidis u. a.
   (Hg.): *Texte zur Theorie der Autorschaft*, Stuttgart 2000, S. 189.
50 Goetz: *Abfall* (Anm. 2), S. 619f.
51 Ebd., Klappentext.
52 Goetz: *Rave* (Anm. 5), S. 261.

Entscheidend für diese Form der performativen Selbstreferenz ist nicht zuletzt das, was schon in den ersten Zeilen von *Abfall für alle* zwischen zwei Gedankenstrichen formuliert und vollzogen wird: Immer wieder geht es darum, »irgendwas von außen intervenieren« zu lassen. Man könnte auch an dieser Stelle mit Goetz »siehe Foucault« sagen und auf die Art der »Unruhestiftung« verweisen, die dieser den Texten Maurice Blanchots zuschreibt: »nicht der Geist im mühevollen Bestreben um seine Einheit, sondern unbegrenzte Erosion von außen: nicht Wahrheit, die sich schließlich aufklärt, sondern das Rieseln und die Not eines Sprechens, das immer schon begonnen hat.«[53] So wie Goetz seinen Text in diachroner Perspektive in ein Verhältnis zu dem setzt, was er die »Institution – siehe Foucault – alles bisher Gesagten« nennt, geht es auch in synchroner Perspektive um eine »Einsicht ins Gegebene«, um Erkundungen des jeweils »aktuellen Status des Wortsinns, des vom Gebrauch der Sprache dauernd neu bestimmten Sinnes von jedem Wort«.[54] In diesem Sinn konstituiert sich *Abfall für alle* gerade dadurch, daß, wie Goetz in der ersten PRAXIS-Vorlesung schreibt, »das Fenster zur Welt aufgemacht wird. Daß Praxis für mich hier also in erster Linie heißt, zu 90 oder 95 Prozent: Rezeption. Rezeptivität. Aufnehmen.«[55] Diese Form der Praxis, die den »Einfall« als rezeptiven Akt begreift, »angelegt auf Unterbrechung, Ablenkung, auf den Moment, wo etwas hereinbricht von draußen ins anders Geplante«,[56] hat in verschiedenen Variationen Goetz' Schreibverfahren immer schon bestimmt: »das einfache wahre Abschreiben der Welt«, das er Anfang der 1980er Jahre in *Subito* fordert, ist von dieser Praxis ebenso geprägt wie die in *Festung* praktizierte und beschriebene Methode,

53 Michel Foucault: Das Denken des Draußen, in: ders.: *Schriften zur Literatur*, übers. v. Karin von Hofer, Frankfurt/M. 1988, S. 136.
54 Goetz: *Abfall* (Anm. 2), S. 52.
55 Ebd., S. 232.
56 Ebd., S. 685.

eben das zu empfangen, »was da, wo man sich aufstellt, gerade gesendet wird«.[57]

Ein Modell, ein Vorbild für diese Form des rezeptiven, aufnehmenden Schreibens ist einmal mehr Andy Warhol: »and trying / to figure out what / was happening – and taping it all« zitiert Goetz Warhol am Anfang der drei Bände *Material* mit dem Titel *1989*.[58] Dem Zitat folgen mehr als 1500 Seiten Text, der sich über die Transkription alltäglicher, immer schon begonnener öffentlicher Diskurse formiert, die Goetz unkommentiert, ohne vermeintlich eigene Zusätze, aber durchaus strukturiert und rhythmisiert durch unmarkierte Zitate aus Zeitschriften, Zeitungen, Büchern, Fernseh- und Radiosendungen aneinanderschneidet, ineinandermontiert.[59] An die Stelle der imaginativen Erfindung tritt das Auffinden, an die Stelle des vermeintlich eigenen Einfalls die Aufnahme von vorgefundenem, alltäglich anfallendem Material. Dieses Verfahren radikalisiert Arbeitsweisen, die sich in den 1960er Jahren unter dem Vorzeichen von Pop ausdifferenzieren und in dieser Hinsicht die künstlerische Praxis von Andy Warhol ebenso bestimmen wie die literarischen Ansätze von William S. Burroughs, Rolf Dieter Brinkmann oder Wolf Vostell: »Pop art loest die bezeichneten Gegenstaende aus ihren funktionalen Zusammenhaengen: die tri-

---

57 Goetz: *Hirn* (Anm. 19), S. 19; ders.: *Festung*. Stücke, Frankfurt/M. 1993, S. 251; zu Verfahren des Abschreibens und Mitschneidens in diesen früheren Texten vgl. auch: Eckhard Schumacher: Zeittotschläger. Rainald Goetz' Festung, in: Jörg Drews (Hg.): *Vergangene Gegenwart – Gegenwärtige Vergangenheit. Studien, Polemiken und Laudationes zur deutschsprachigen Literatur 1960-1994*, Bielefeld 1994, S. 284 ff.; Thomas Doktor/Carla Spies: *Gottfried Benn – Rainald Goetz. Medium Literatur zwischen Pathologie und Poetologie*, Opladen 1997, S. 123 ff.

58 Rainald Goetz: *1989. Material*, Frankfurt/M. 1993, I, S. 7; das Zitat findet sich in Andy Warhol/Pat Hackett: *POPism. The Warhol '60s*, San Diego/New York 1980, S. 291; vgl. dazu auch Teil I in diesem Band.

59 Über diese Form der Materialmontage schafft Goetz es, schreibt Jürgen Link, »den perfekten Effekt eines zufälligen Samples zu suggerieren«; vgl. Jürgen Link: *Versuch über den Normalismus. Wie Normalität produziert wird*, Opladen 1996, S. 67.

vialen Bestandteile einer technischen Zivilisation gewinnen als kuenstlicher Schutt sinnliche Qualitaet und unerwartete Prominenz«, zitiert Vostell einen Zeitungsartikel in seinem Hörspiel-Text *Rebellion der Verneinung*, der das beschriebene Verfahren umsetzt, indem er Zeitungszitate ausschnittsweise montiert, einzelne Zeilen über Wiederholungsschleifen serialisiert und mit einer durchlaufenden, in die Form der Schrift übertragenen Zeitansage kombiniert.[60] So wie sich Pop Art dadurch auszeichnet, Alltagsgegenstände aus ihren alltäglichen Kontexten herauszunehmen und ohne Gesten der Ironisierung oder Entlarvung neu zu arrangieren, so transformiert Goetz in *1989* und, durchsetzt mit Kommentaren, Urteilen und Meinungsbekundungen, auch in *Abfall für alle* über Mitschnitt und Transkription Ausschnitte der öffentlichen Rede zu einem neuen Text, der sich über das formiert und deformiert, was Burroughs *cut-ups* nennt. So wenig aber Burroughs' Texte von selbst entstehen, so wenig beschränken sich auch die Texte von Goetz auf reine Rezeptivität. »Sie fragen«, schreibt Burroughs, »wie sich die Sequenzen und Rhythmen ordnen, nun, sie tun es überhaupt nicht. Die *cut-ups* ergeben neues Material, aber sie sagen einem nicht, was man damit tun soll.«[61] Auch Goetz dienen die Notizen und Protokolle nur als Ausgangsmaterial für einen Text, der seine Form erst in dem Spannungsverhältnis entwickeln kann, das zwischen den durch das Material vorgegebenen und den durch die Bearbeitung induzierten Rhythmen und Zeitverhältnissen entsteht. Hubert Winkels

60 Wolf Vostell: Rebellion der Verneinung, in: ders.: *Happening & Leben*, Neuwied/Berlin 1970, S. 49-61, hier: S. 58 u. 60; einige Texte aus dem Band *Trivialmythen* lassen sich ebenfalls als potentielle Präfigurationen der von Goetz verwendeten Verfahren lesen, vgl. neben den Beiträgen von Rolf Dieter Brinkmann und Uwe Nettelbeck vor allem den – auch im Blick auf den Titel *Abfall für alle* signifikanten – Text *Omnibus* von Friederike Mayröcker, in: Matthaei (Hg.): *Trivialmythen* (Anm. 36), S. 134-140; zu Brinkmann vgl. auch Teil II in diesem Band.
61 William S. Burroughs: *Der Job. Gespräche mit Daniel Odier*, übers. v. Hans Hermann, Franfurt/M. 1986, S. 16.

unterscheidet in dieser Hinsicht die »gleichförmige entsubstanzialisierte Serie«, die Warhols protokollarisches Tagebuch als »sinnfreies Datenarchiv« erscheinen läßt, von Goetz' Schreibverfahren in *1989*. Goetz nimmt nicht nur vorgegebene Texte und Rhythmen auf, sondern rhythmisiert seinen Text auch dadurch, daß er unterschiedliches Material nebeneinanderrückt und nach seinen eigenen Maßstäben so montiert, daß es auf eine neue Weise lesbar wird, Signifikanz produziert. »Die Goetzsche Mit-Schrift«, schreibt Winkels, »selektiert aus dem Material mit einer Art freischwebender Aufmerksamkeit, die noch kein differenziertes Muster kennt, aber über ein gestimmtes Ohr verfügt, ein Ohr für verborgene Ähnlichkeiten und Gegensätze, Nachbarschaften und Fremdheiten, für semantische Tiefenverhältnisse ebenso wie für klanglich-rhythmische Oberflächenfügung.«[62] Was Winkels im Blick auf *1989* »freischwebende Aufmerksamkeit« nennt, beschreibt Goetz in *Abfall für alle* als ein »AUFNEHMEN von anderem«. Eine entscheidende Voraussetzung für diese Form der Rezeptivität ist, schreibt Goetz, »Konzentration und Hautlosigkeit, Verlorenheit, Ziellosigkeit, Taumeln und Santeln in Papieren und Texten, im Gehörten und Gelesenen«.[63] Der Blick auf das, was gegenwärtig passiert, ist weder zielgerichtet noch von einem Erkenntnisinteresse geleitet, das sich über die Arbeit der Lektüre in Analysen und Ergebnissen materialisiert. Obwohl das Material, das Goetz aufnimmt, über die Montage ein hohes diagnostisches Potential entfaltet, das Raum für Urteile und Positionsbestimmungen gibt, wird es nicht systematisch durchgearbeitet, sondern aus der Perspektive des »Lebens eines Schreiber-Ichs in Berlin« buchstäblich vorgeführt.[64] Dabei geht es weniger um die Etablierung einer re-

---

62 Hubert Winkels: *Leselust und Bildermacht. Literatur, Fernsehen und Neue Medien*, Köln 1997, S. 98.
63 Goetz: *Abfall* (Anm. 2), S. 52.
64 Ebd., Klappentext.

präsentativen Stimme[65] als vielmehr um die Präsentation der Heterogenität von vielen Stimmen, fokussiert jedoch durch die Position des »Schreiber-Ichs«, in der sie zusammenge-führt werden, die sie durchkreuzen und deformieren, zu-gleich aber auch – durchaus in einer Traditionslinie der Ge-nieästhetik – als Autorposition konstituieren. In dem Maße, in dem *Abfall für alle* die Annahme ausbuchstabiert, daß man Gegenwart nicht distanziert beobachten, sondern »nur sein kann, leben muß«, steht im Zentrum dieser Form von »PRA-XIS« weniger das Spezifische des anfallenden Materials als vielmehr eine Vorstellung von Autorschaft, die sich über das »AUFNEHMEN von anderem«, über die permanente »Erosion von außen« zugleich aufbaut und zersetzt: »Für die Gegenwart kann man sich nicht interessieren. Die Gegen-wart ist ein Zerstörungs- und Erschöpfungsvorgang in ei-nem, dem man ausgeliefert ist, sich hingibt, der man dadurch WIRD.«[66] Der präsentisch ausgerichteten Rezeptivität, die das Schreiben bestimmt, korrespondiert entsprechend auch der Wunsch, die Vorstellung von Präsenz, die nicht zuletzt das Wort »PRAXIS« zu versprechen scheint, in die Schrift zu verlagern. Im Schreiben setzt sich das »Schreiber-Ich«, wie Goetz an anderer Stelle schreibt, dem Versuch aus, »selbst eine äußerste PRAKTIK der Präsenz im nichtpräsentisti-schen Medium, selbst Schrift« zu werden.[67] »Harrend auf das Kommende des nächsten Moments, des jeweils nächsten Au-genblicks, des von daher kommenden, darin sich gebenden nächsten Worts«, werden das Schreiben und »Leben des

---

65 Die Forderung nach einem »Willen zur Repräsentanz«, die Fritz Göttler an Elfriede Jelinek, Martin Walser und zumindest indirekt auch an Goetz richtet, weist dieser zurück: »Egal, ob man die letzten fünf Minu-ten, 500 oder 50 Jahre nimmt, egal auf welchem Seriositätsniveau man die Frage verhandelt, es kommt immer dasselbe raus: es gibt nichts zu repräsentieren. Das ist vorbei. Finde ich jedenfalls. [...] Da liegen 60 Millionen Tote davor, in Deutschland« (Goetz: *Abfall* (Anm. 2), S. 676).
66 Ebd., S. 93.
67 Rainald Goetz: Brief an Ingrid Seidenfaden vom 13. 9. 1993, Ms. [Teil-abdruck in: *Schauspielhaus Magazin* (Hamburg) 3/1994, S. 9.]

Schreiber-Ichs« immer wieder erneut durch jene Rückhaltlo-
sigkeit bestimmt, die auch den »Ort des Textes« im »Moment
der Entstehung« markiert: »das absolut jenseitslose Jetzt«.[68]

*

So zeichnet sich in *Abfall für alle* immer auch ein gespen-
stisches, mabusehaftes Projekt ab: »dauerndes Kritzeln und
quasi atmendes Schreiben«.[69] Die Vorstellung, daß »die
Schrift nur noch so ein autistisches, reines, von der Zeit selbst
diktiertes Gekritzel wäre, Atem«,[70] verweist nicht nur auf
eine gegenwartsfixierte, Präsens und Präsenz ineinander
überblendende Rezeptivität, sondern zugleich auf ein weiteres Paradigma, das sich aus der Perspektive der Schrift ebenfalls als eine Intervention »von außen« darstellt: das »Leben
der mündlichen Rede«, charakterisiert nicht zuletzt durch
das »Vertrauen auf die Vergänglichkeit des Moments«, transformiert zu einem »Gegenstand« der Schrift.[71] »Der Gesang
der menschlich gesprochenen Sprache ist EIN großer Zu-
trittsort zur Schrift, ich finde, der wichtigste, der schönste«,
schreibt Goetz in *Abfall für alle*.[72] Dem nicht zielgerichteten,
nicht von einem spezifischen Interesse geleiteten Blick auf das
Material korrespondiert der Versuch einer schriftlichen Simulation von Formen der Mündlichkeit, bei denen semantische Zuordnungen und Konventionen der Verständlichkeit
in den Hintergrund rücken: »Es geht also auch um Melodien,
mehr vielleicht sogar manchmal als um Verstehen ganz direkt,
um ein Vertrauen in das Aufgehobensein im Wortgesang. Es
geht um Litaneien und Liturgien.«[73] Eine entscheidende Voraussetzung für diesen schriftlichen Annäherungsprozeß an
Formen gesprochener Sprache, die sich durch Ritualisierung,

68 Goetz: *Abfall* (Anm. 2), S. 328.
69 Ebd., S. 52.
70 Goetz: *Rave* (Anm. 5), S. 262.
71 Goetz: *Abfall* (Anm. 2), S. 254 u. 265.
72 Ebd., S. 121.
73 Ebd., S. 290.

Formalisierung und Rhythmisierung auszeichnen, ist allerdings die Aufrechterhaltung der für Goetz grundlegenden Differenz von Mündlichkeit und Schriftlichkeit, eine Hypostasierung »der Ferne, die die Schrift trennt von der Rede«.[74] In einer verschobenen Neuauflage der Geist-Buchstabe-Dichotomie ordnet er die »Schrift in ihrer radikalen Form« als »das Toteste« der »Welt der Stille, des Schweigens« zu, setzt sie jedoch nicht nur von der mündlichen Kommunikation ab, sondern auch von Versuchen, eben diese Qualität der Schrift, die sie von der vermeintlich unvermittelten Präsenz von »Stimme« und »Leben« absetzt, über Lesungen oder andere Formen der Textinszenierung aufzulösen.[75] Das »Aufgehobensein im Wortgesang« zielt nicht auf einen Medienwechsel ab, auf eine Inszenierung des Textes, die die Differenz von Mündlichkeit und Schriftlichkeit zu überwinden versucht, sondern korrespondiert dem Wunsch, gerade »*mit der Schrift* die aus der Stille sich dann erhebenden Musiken der Worte« zu erfahren.[76] Nicht die Option auf den Klang, den Rhythmus und die Lebendigkeit des lauten Lesens bestimmt das Schreiben, sondern ein Verfahren der Übersetzung, bei dem auch die Unmittelbarkeit, die üblicherweise – und auch von Goetz – Lesungen, Gesprächen und Inszenierungen zugeschrieben wird, »IM TEXT selber stattfindet, ganz direkt, im Vermittelten«. Nicht nur in *Abfall für alle* geht es Goetz darum, »daß alle Energie und Zeigelust ÜBERSETZT wird in die Maschinerie der Worte, daß die Live Infusion und Real-Lebendigkeit da ins Tote rein geht, und dann da stehen würde, schriftlich, fertig«.[77] Entsprechend beschreibt Goetz

74 Goetz: *Kronos*. Berichte, Frankfurt/M. 1993, S. 235.
75 Ebd., S. 236.
76 Goetz: *Abfall* (Anm. 2), S. 234 [Herv. E. S.]; gleichwohl arbeitet Goetz auch mit der mündlichen Inszenierung seiner Texte, im Rahmen von Lesungen und auf CD, vgl. Rainald Goetz: *Heute Morgen. Rave, Jeff Koons, Celebration, Abfall für alle, Dekonspiratione*. Gelesen vom Autor, Doppel-CD, München 2001.
77 Goetz: *Abfall* (Anm. 2), S. 668.

auch sein Verfahren der schriftlichen Bearbeitung der Aufzeichnung eines Gesprächs mit dem Techno-DJ Westbam: »der live gedroppte, aus direkter Mitteilungserregung heraus groß aufgesprochene Gedanke unterwirft sich später der wortverordneten Orgie von Schriftzensur, in der er sich selbst vielfach verhört, bis der Sound stimmt, das Erzählen und Argumentieren auch schriftlich richtig klingt.«[78] Selbst wenn, wie im Fall der nachträglichen Bearbeitung eines Interviewmitschnitts, die Schrift der mündlichen Rede nachgeordnet wird, bleibt ihre Funktion nicht auf die Reproduktion oder Repräsentation von Mündlichkeit beschränkt. Es geht vielmehr um einen Akt der Transkription, der seinen Gegenstand, in diesem Fall das mündlich geführte und vom Tonband aufgezeichnete Gespräch, im Medium der Schrift nach eigenen Maßstäben auf eine neue Weise herstellt, im neuen Medium performativ produziert.[79] Die Transkription zielt nicht darauf ab, den »Sound« der Mündlichkeit originalgetreu abzubilden, sondern die Vorlage nach der Logik der Schrift so lange zu bearbeiten, bis sie »auch schriftlich richtig klingt«, sie so zu transformieren, daß ein Text entsteht, der sich zwar auf ein vorgängiges Modell beziehen läßt, aber nicht auf dieses zurückzuführen ist.

Diese Form der Bearbeitung, die wiederholt auch die Zitate, Notizen und protokollierenden Mitschriften in *Abfall für alle* bestimmt, orientiert sich weniger an der Semantik und den möglichen Sinnzusammenhängen des vorgefundenen Materials, sondern konzentriert sich auf Rhythmus und Sound sowohl des bereits geschriebenen wie auch des noch zu

---

78 Rainald Goetz: Westbam. Die Ordnung der Ekstase, in: Westbam: *Mix, Cuts & Scratches mit Rainald Goetz*, Berlin 1997, S. 9f.; diese Passage fehlt im Wiederabdruck des Textes in *Celebration*, vgl. Goetz: *Celebration*, S. 101.

79 Zum Verfahren der Transkription vgl. Ludwig Jäger/Georg Stanitzek (Hg.): *Transkribieren. Medien/Lektüre*, München 2002; zu Goetz' Praxis der Transkription vgl. Brigitte Weingart: Flüchtiges Lesen: TV-Transkripte (Goetz, Kempowski, Nettelbeck), in: ebd., S. 91-114.

schreibenden Textes. In diesem Sinn arbeitet die Konzentration auf die »Musikordnung der Worte, die es neben der Sinnordnung auch gibt«,[80] wiederholt auch dem in *Rave* formulierten Projekt zu, »die Sprache von ihrer Mitteilungsabsicht« freizukriegen, um so auch schriftlich den Moment zu treffen, »der VOR dem Moment der definitiven Prägnanz und Verständlichkeit liegt«.[81] Mit unvollständigen Sätzen, stotternden Wiederholungen, redundantem Stammeln, scheinbar sinnfreien Füllwörtern und ritualisierten Wendungen übersetzt Goetz, »unendlich bezaubert von direkter mündlicher Sprache«,[82] gerade die Momente mündlicher Kommunikation in die Form der Schrift, die dieser häufig entgegengestellt werden. Die abgebrochenen Sätze, die in literaturgeschichtlicher Perspektive sowohl auf Schreibverfahren aus dem Sturm und Drang als auch auf den Realismus und Naturalismus des 19. Jahrhunderts verweisen, suggerieren über die Simulation von Mündlichkeit nicht nur einen Authentizitätseffekt, der das Ausmaß der »Schwingungsstrecke Seele Hirn hoch Wort durch Herz« vorführen kann.[83] Goetz lenkt die Aufmerksamkeit vielmehr auch auf jene Dimensionen von Sprache, die sich der Logik von Sätzen und der Suche nach Sinnzusammenhängen entziehen, auf Rhythmus und Zeitlichkeit, auf Sound und Repetitivität. »Es geht um Rhythmen / wie in manchen Liedern / um ein Gehör / von Ferne her / es geht ganz allgemein um allgemeine Worte / um Sätze sozusagen dieser Tage / es geht um Fehler / Perfektion / zu glatt

---

80 »Wie kann man das bestreiten? Daß sie sieht, was er ehrt? Oder siegt sie eher, weil er nur erbt? Die Erde erbt? Natürlich ist es zu 99 Prozent wurscht. Aber der restliche 1-Prozent-Aspekt ist doch trotzdem REAL, etwas objektiv in der Sprache selbst Wirkliches, von da her Wirkendes.« (Goetz: *Abfall* (Anm. 2), S. 689.)

81 Goetz: *Rave* (Anm. 5), S. 262 und 167.

82 Goetz: *Celebration* (Anm. 5), S. 262.

83 Goetz: *Rave* (Anm. 5), S. 256; aus dieser Perspektive läßt sich *Rave* durchaus auch mit Goethes *Werther* vergleichen, vgl. dazu Moritz Baßler: *Der deutsche Pop-Roman. Die neuen Archivisten*, München 2002, S. 144ff.

/ zu wenig rauh / zu wenig wild und / viel zu wenig viel zu viel«, beschreibt Goetz in *Jeff Koons* die Verfahren, durch die das Stück über weite Strecken – wie etwa in der Szene »Das Interview« – bestimmt wird: »ich habe / dann wurde / bis dann / recht genau / aha / aha aha / haha haha / danach / dagegen / für unser / erst recht / verstehe / versteh / sie wollen / wir können / dann mußten / wir sind«.[84] Durch Abstraktion, Reduktion und Formalisierung werden alltägliche Redeweisen, Floskeln und stereotypische Wendungen so transkribiert, daß sie sich, wie Winkels im Blick auf *Jeff Koons* schreibt, »dem freien Vers moderner Poesie« annähern und das Bemühen erkennbar werden lassen, »einen Rhythmus zu etablieren, bei dem die Sprache jeden Sinn abstreift und rauschhaft zu wirken beginnt; pulsschlagerhöhend, tranceinduzierend«.[85] Ganz ähnlich beschreibt Thomas Palzer anläßlich von *Celebration* Goetz' Schreibverfahren: »Sein Schreibwille regeneriert sich in dem unermüdlichen Versuch, die Schrift bis an ihre Grenzen zu führen – darüber hinaus bis zu dem Punkt, an dem sie sich selbst aufhebt, an dem sie ›lyrisch‹ wird, Musik.«[86] So reproduziert sich auch aus dieser Perspektive in abstrahierter Form jene Bewegung, die Goetz am Anfang von *Abfall für alle* als textgeneratives Prinzip beschreibt: »ABREISSEN«, »loslegen«.

*

Die musikalischen Qualitäten von Sprache, die Goetz auch selbst wiederholt betont, bestimmen die Texte jedoch nicht allein aufgrund ihrer Annäherungsbewegungen an Formen der Mündlichkeit. Als eine weitere Intervention »von außen« wird auch Musik selbst – vor allem in Form von Pop-Musik

84 Goetz: *Jeff Koons* (Anm. 5), S. 102 und 82.
85 Hubert Winkels: Grenzgänger. Neue deutsche Pop-Literatur, in: *Sinn und Form* 51 (1999), S. 599.
86 Thomas Palzer: Rez. Rainald Goetz – Celebration, in: *Deutschlandfunk Büchermarkt* 26. 4. 1999, unter: www.dradio.de/cgi-bin/user/fm1004/es/neu-lit-r/457.html.

– zu einem entscheidenden Kontext für das Schreiben, zu einem Taktgeber und Resonanzraum für die literarischen Texte. Auch in diesem Fall schreibt Goetz dem, was als Intervention »von außen« erscheint, Vorstellungen von Unmittelbarkeit, Lebendigkeit, Aktualität und Vergänglichkeit zu, die sich aus der Perspektive schriftlich vermittelter Kommunikation als ein fernes, nicht oder nur schwer realisierbares, aber gerade deshalb herausforderndes Ideal präsentieren. In dem Maße, in dem Goetz Schriftlichkeit als einen Gegensatz zur Mündlichkeit versteht, setzt er auch Text und Musik in ein Oppositionsverhältnis, über das sich gerade durch die Markierung von Differenzen auf der Ebene von Rhythmus, Zeitlichkeit und Präsenzeffekten jene Spannung aufbauen kann, die wiederholt zum aporetischen Ausgangspunkt der Textproduktion wird.[87] So wie er Mitte der 1980er Jahre den physischen bzw. metaphysischen Lärm der Einstürzenden Neubauten auf die Schrift überträgt,[88] macht Goetz seit Anfang der 1990er Jahre wiederholt Techno zu einem zentralen Gegenstand seiner Auseinandersetzungen mit dem Medium Schrift. Und auch in diesem Fall geht es nicht darum, die Musik möglichst detailgenau zu beschreiben. Goetz setzt vielmehr an, die spezifischen Formen der Produktion und, wichtiger noch, Rezeption von Techno aus der Perspektive eines Schreibenden in den Blick zu nehmen, die Arbeitsweisen von Discjockeys, den Sound der Musik und die verschiedenen Formen von verbaler oder nonverbaler Kommunikation auf und neben der Tanzfläche schriftlich zur Sprache zu bringen, mit der Form der Schrift zu konfrontieren.

Bei allen Differenzen, die diese Gegenüberstellung be-

---

87 »Die Worte kruschpeln so komisch im Kopf herum, kommen raus, und sagen, was sie wollen. Die Klarheit der Musik hingegen, alles logisch und Leidenschaft. [...] Die Musik kann durch den Rhythmus, durch den Schlag, der, wenn er richtig schlägt, Blutschlag, Herzschlag ist, Sex pur werden, wie das Wort niemals.« (Goetz: *Hirn* (Anm. 19), S. 59 und 62.)

88 Vgl. etwa die Szene »The Texas Chainsaw Massacre« in: Rainald Goetz: *Krieg*, Frankfurt/M. 1986, S. 80ff.

grenzen, zeichnet sich in den Texten doch auch eine Reihe von signifikanten Analogien ab. Im Blick auf die Arbeit des DJs betreffen sie zunächst den Umgang mit und die Präsentation von vorgefertigtem Material. Ausgangsmaterial für den DJ ist bereits produzierte Musik, sind Schallplatten, die über zwei Plattenspieler und ein Mischpult zusammengefügt, über »Mix, Cuts & Scratches« aneinandergeschnitten, gegeneinander ausgespielt, akzentuiert und manipuliert werden.[89] Im Fall von House und Techno treten dabei an die Stelle von harmonisch geschlossenen, melodischen, narrativen Songs tendenziell textfreie, repetitive Tracks, oft nur einen Loop modulierende Stücke auf der Basis eines monotonen 4/4-Takts, die den »Präsenz- und Präsens-Anspruch« von Techno schon dadurch einlösen, daß, wie Diedrich Diederichsen schreibt, »alle 1,5 Sekunden auf den Moment vor 1,5 Sekunden verwiesen wird«.[90] In der Überblendung mit anderen Tracks bilden sie so – »Jetzt, ja, nochmal. Jetzt« – ein Grundgerüst, in das andere Stücke, Stücke von Stücken, rhythmisch oder gegenrhythmisch eingeblendet, eingeschnitten werden, die Spannungsbögen und Rhythmuswechsel prozessieren, Narrationsmuster ausbilden, dabei aber strukturell unabgeschlossen bleiben. Über die »Kultur und Kunst des handwerklichen Tuns des Mischens und des Mixens, des Cuttens und des Scratchens«, über das, was Goetz in *Rave* die »reale PRAXIS«, die »Augenblicklichkeitskunst« des DJs nennt, entsteht im Moment des Auflegens ein neuer Sound.[91] In Goetz' Beschreibung, die gerade in dieser Hinsicht immer auch die potentielle Differenz zur schriftlich vermittelten Kommunikation markiert, erscheint die Produktion dieses »real prozessual entstehenden Kunst-

89 Vgl. dazu Westbam: *Mix, Cuts & Scratches* (Anm. 78).
90 Diedrich Diederichsen: Hören, Wiederhören, Zitieren. Vorschlag einiger Elemente einer Zeichentheorie der Popmusik aus aktuellem Anlaß: Beck, Mike Ink, Rockers Hi Fi, in: *Spex* 1/1997, S. 45.
91 Goetz: *Rave* (Anm. 5), S. 82 u. 84 f.

werks«, das »eben erst entstandene und schon für immer vergangene Werk«,[92] wie ein mögliches Paradigma für ein Konzept von Performance, das diese, ganz präsentisch, auf den Moment der Aufführung beschränkt. Goetz relativiert diese Lesart jedoch zumindest implizit, wenn er zugleich vorführt, daß es nie allein um eine »augenblickliche Situation« geht, die sich Konventionen, Regeln, Reproduktions- oder Wiederholungsstrukturen entzieht. Entscheidend für die »Augenblicklichkeitskunst« ist vielmehr das immer wieder neu zu bestimmende Verhältnis von Archiv (»Plattenkoffer«), Bestandsaufnahme (»Durchblättern der Platten«), Analyse (»Zusammensetzung der verschiedenen Sounds«), Interpretation (»wie der DJ die Reaktion des Publikums aufnimmt und interpretiert«), Technik (»Kunstfertigkeit dieses realen Handwerks«) und Vertextung (»eindeutige Anhaltspunkte über die Verknüpfungsregel«). Immer wieder erneut geht es um ein je spezifisches Verhältnis von Reflexion (»Wohin? Wieso, wozu, warum?«), routinierter Wiederholung eingeführter Muster (»der rettende Hit«) und plötzlicher Überraschung (»ein superrougher Scratch«)[93] – ausgesetzt der jeweiligen Situation, Interventionen von außen, den Reaktionen auf der Tanzfläche, der nächsten Platte: »ABREISSEN«, »loslegen«.

＊

Ausgehend von den Differenzen, die sich zwischen der »Augenblicklichkeitskunst« des DJs und einer schriftfixierten Form von Literatur abzeichnen, versucht Goetz, entscheidende Parameter dieser Konstellation auf seine Textproduktion zu übertragen, auf das Schreiben »im Herzschlagmaß der beats per minute«,[94] auf den Entstehungsprozeß von *Abfall für alle*, die täglich neu veröffentlichte Verarbeitung von Notizen, Zetteln und vorgefundenem Material, den Zeit-

92 Ebd., S. 87 u. 84.
93 Ebd., S. 82 ff.
94 Goetz: *Kronos* (Anm. 74), S. 258.

index der »Minutenmitschrift«, das Arrangement der Tageseinträge: »Denken wie Tracks machen. Unabgeschlossene
Dinger, die dazu da sind, weiterprozessiert zu werden. Moment der Gegenwartsform einer Sache, des einen Aspekts des
eben gegebenen Augenblicks.«[95] Auch wenn Goetz es offensichtlich nicht darauf anlegt, die Texte analog zur Musik zu
rhythmisieren, lassen sich in seinen Texten wiederholt auch
Annäherungsbewegungen zwischen Musik und Text ausmachen, die auf der Ebene von Rhythmus und Sound ansetzen.
»Das Glück« auf der Tanzfläche verdichtet sich über Schlagworte und Zitate in der gleichnamigen Szene in *Jeff Koons* in
eine Form sprachlicher Performanz, die Goetz an anderer
Stelle als »Substantivkaskade«[96] bezeichnet: »the rhythm, the
message, the colour, the funk / the music, the city, the sound
of words / the concept, the art, destruction of time / the echo,
the dark, the mean and the dirty / [...] / the heavy, the slow,
the lower, the higher / the better, the last, the rhythm, the
messages / the colour, the funk, the music of word / the word
of the words, the music of time / of time, time, time, of time,
time, time / time, time, time / time // natürlich, ich weiß / was
du meinst«.[97] Immer wieder, auch wenn der Text auf den
Kunst-Kontext abzielt, wird in *Jeff Koons* die Wahrnehmung
von Rhythmus, Repetitivität und Augenblicksfixierung in
der Darstellung selbst verzeitlicht, über Wiederholungsstrukturen und Schnitte performativ verdoppelt: »es geht / es
geht / es geht / es geht / Moment / es hängt / es hängt gerade
/ okay / ich warte / Augenblick / wie steht's? / Momentchen
noch / Moment / noch hängt's / und jetzt?«[98] »Stakkato-Elo-
gen« nennt Florian Illies die knappen, repetitiven Sätze und
Satzfragmente in *Jeff Koons* und zitiert als Beispiel eben dieses Stück aus dem Stück, das in seiner Lesart »das große Ver-

95 Goetz: *Abfall* (Anm. 2), S. 520.
96 Goetz: *Rave* (Anm. 5), S. 19.
97 Goetz: *Jeff Koons* (Anm. 5), S. 62.
98 Ebd., S. 98.

dienst von Goetz« veranschaulichen kann, das »Wummern der Techno-Bässe, die durchtanzten Nächte« nicht nur zu einem Hintergrund des Buches gemacht, sondern »den pochenden Rhythmus dieser neuartigen Musik in eine rhythmische Sprache übertragen zu haben«. Vorbereitet wird mit diesen Ausführungen allerdings vor allem einer der zentralen Sätze der Kritik – ein lakonischer Verriß: »Rhythmus ist der einzige Inhalt dieser Prosa.«[99]

✳

In dem Maß, in dem in den letzten Jahren der Vergleich von Schriftsteller und DJ ins Kraut geschossen ist, scheint er auch sein Ziel zu verfehlen.[100] Auch wenn es auf der Ebene der Arbeitsverfahren wiederholt Ansatzpunkte für Analogisierungen von Schriftsteller und DJ gibt, bleiben sowohl die Ausgangspositionen als auch die Arbeitsergebnisse durchaus verschieden. Ein Grund dafür liegt in dem, was man Mediendifferenz nennt. Ein weiterer, und zumindest im Blick auf *Rave* und *Celebration* auch weitreichenderer Grund liegt aber in der Perspektive, aus der Goetz Techno schriftlich in den Blick nimmt. Es geht nie nur um die »Augenblicklichkeitskunst« des DJs und nie nur um die Form, den Sound, den Rhythmus, den »Takt der Musik«, nie nur darum, das »Bum-bum-bum des Beats« in eine rhythmische Sprache zu übertragen, nie nur um »das Picken der Sechzehntel«, um »Sound-Gewalten« und »Baß, Baß, Baß«,[101] sondern immer auch um das, was Goetz das »Sozialexperiment Dance« nennt.[102] Es geht um Partykommunikation, um Gesprächsfetzen, gestörte Dialoge, wirre Erzählungen, um das Abhän-

99 Florian Illies: So schauste aus. Rainald Goetz rackert sich weiter ab: Wo Sprache war, soll Rhythmus sein, und wo Haß war, sieht man nur noch Schweiß, in: *Frankfurter Allgemeine Zeitung* 3. 11. 1998.

100 Vgl. dazu Gerald Fiebig: Jäger und Sampler. Literatur und DJ-Culture, in: *Testcard. Beiträge zur Popgeschichte* 7 (1999), S. 232-239.

101 Goetz: *Rave* (Anm. 5), S. 46, 17, 19 u. 21.

102 Goetz: *Celebration* (Anm. 5), S. 232.

gen im Plattenladen, die »Situation auf der Tanzfläche«, das »irgendwie Monumentale der Momente«, um »Bewegungen und Räume«, »Blicke«, den »Augenblick der Körperbewegungen«, um »Zeitwahrnehmung« und »Wahrnehmungsstörung«, um »Tapern und Taumeln, Santeln und Lallen«,[103] um »Ekstase, Abfahrt, Rausch«.[104] Es geht, nicht zuletzt im Kontrast zur chronologisch ausgerichteten und als reguliert begriffenen Gegenwartsfixierung von Alltags- oder Berufsleben, um ein immer wieder neu zu bestimmendes Verhältnis von Text und Nachtleben.[105] Wie im Fall der Annäherung von Schriftlichkeit und Mündlichkeit oder von Wort und Musik werden auch die nachtlebenspezifischen Formen der Kommunikation, Körperlichkeit und Sinneswahrnehmung im Blick auf ihre Differenzen zur schriftlich vermittelten Kommunikation zu einem Ausgangspunkt des Schreibens. Die Phänomene, die sich der Abstraktheit der Worte prinzipiell zu widersetzen scheinen, werden dabei gerade durch Worte und Abstraktionen, durch jenes Oszillieren zwischen vermeintlicher Unmittelbarkeit und medial bestimmten Abstraktionsbewegungen, über das sich die Texte konstituieren, verblüffend konkret evoziert.

Dieser Prozeß bestimmt auch das in *Abfall für alle* beschriebene »formale Zentralproblem« von *Rave*, den Versuch, »eine Zeitform JENSEITS jeder Vergangenheit, eigentlich sogar jenseits aller Zeit überhaupt zu finden für die Darstellung einer Lebensweise, deren ganze Mitte sich um ZEIT genau dreht, um dauernde und absolute Zeitvernichtung.«[106] Die Vergangenheitsform des Imperfekts, die *Rave*

103 Goetz: *Rave* (Anm. 5), S. 215, 85, 253, 80f., 157, 41, 51.
104 Goetz: *Celebration* (Anm. 5), S. 11.
105 Zur »Zwangsidee Tag gegen Nacht« und deren Rolle »als Motor für das ›Heute Morgen‹-Projekt« vgl. Rainald Goetz: Freitag, 18. August 2000. Tag und Nacht. Faxinterview mit Daniel Lenz, in: ders.: *Jahrzehnt der schönen Frauen* (Anm. 5), S. 168-177; der Text ist auch im Booklet der Doppel-CD *Heute Morgen* abgedruckt (Anm. 76).
106 Goetz: *Abfall* (Anm. 2), S. 268.

von der ersten Seite an gerade dadurch prägt, daß sie immer wieder unvermittelt in Präsenssätze übergeht und den Text so auf jene unabgeschlossene Gegenwart ausrichtet, die auch das Ende der Erzählung – »Nein, wir hören nicht auf, so zu leben«[107] – bestimmt, kann dieses Formproblem als Problem ausstellen, aber nicht hinreichend lösen. Ebenso entscheidend erscheint die Konzentration auf das, was in der Kritik zuweilen als Schwundstufe erzählerischer Prosa wahrgenommen wird, den Effekt der Gegenwärtigkeit aber gleichwohl entscheidend prägt: Rhythmus und Sound. Goetz orientiert sich in dieser Hinsicht weniger am Takt der Musik als vielmehr an den »Erzählformen«, die die Partykommunikation bestimmen, an der Art, wie »über das Erlebte von allen dauernd geredet wird«,[108] an dem »neuartigen Sound« und dem Zeitindex der »in der milden Glut der frühsommerlichen Vormittagssonne, stundenlang, endlos« erzählten oder Monat für Monat in Fanzines publizierten Geschichten, generiert aus »Wiederholungen der im Nachtleben jüngst geborenen Sprüche«, aus Nacherzählungen, ritualisierten Rekapitulationen, medialen Reproduktionen: »Eine zeitlang konnte man wirklich das beste Gefühl dafür kriegen, was so losgewesen war, wenn man in der Groove den Comic anschaute und die von Zille gesammelten Sprüche darin las. Und man mußte sagen: stimmt, genau so ist es gesagt worden, von denen, von uns. So war es.«[109]

Nicht erst *Rave* also schafft den Übergang vom Ereignis zur Erzählung, vom Nachtleben zum Text. Ausgangspunkt des Schreibens ist vielmehr eine schon mehrfach gewendete reflexive Nachträglichkeit, die durch die ständig neu anfallenden Geschichten über das Nachtleben ebenso potenziert

---

107 Goetz: *Rave* (Anm. 5), S. 271; die Zukunftsperspektive am Ende von *Rave* verweist, in Form einer Übersetzung, einmal mehr auch auf den Kontext der Musik, auf Westbams CD *We'll Never Stop Living This Way* (Low Spirit 1997).
108 Goetz: *Celebration* (Anm. 5), S. 262.
109 Goetz: *Rave* (Anm. 5), S. 255 f.

wird wie durch den retrospektiven Blick, der am Anfang von *Rave* – und damit auch am Anfang von *Heute Morgen* – die Geschichte eines Verfalls ankündigt.[110] So wenig Goetz allerdings versucht, den Sound der Musik maßstabsgetreu auf den Text zu übertragen, so wenig setzt er auch an, die bereits vorliegenden Geschichten aus dem Nachtleben einfach zu reproduzieren. Er löst sie vielmehr, indem er sich ihrem Sound annähert, von ihren konkreten Gegenständen und Kontexten ab, zerlegt sie über gezielte Schnitte in Bruchstücke, die sich in der variierenden Wiederholung eingeführter Muster zu einer scheinbar idealtypisch verdichteten Erzählung formieren, durch Kontextwechsel und abstrahierende Reflexionsschübe diesen Eindruck jedoch zugleich immer auch unterminieren. Erst auf diese Weise kann sich die Erzählung dem annähern, was im Text als »Zeitgestalt des absoluten Präsens« bezeichnet wird.[111] *Rave* präsentiert sich weder als konsistente Narration noch als konsequente Umsetzung eines vorgegebenen Programms, sondern als eine Form der Erzählung, die ihren Effekt von Gegenwärtigkeit gerade dadurch erzielt, daß sie sich permanent selbst unterbricht, sich über selbstreferentielle Wendungen konstituiert, die die Reflexion über mögliche Formentscheidungen mit eben jenen Verfahren verknüpft, die in der Reflexion thematisiert werden, diese aber zugleich immer auch ablenkt, diffundieren läßt, auflöst und so für neue Interventionen »von außen« öffnet.

»Die Schwierigkeit war einfach«, fragt Goetz in *Rave*, »wie müßte so ein Text klingen, der von unserem Leben handelt?« Die Antwort verweist auf ein Paradigma, das oft auch im Zusammenhang mit Techno diskutiert wird und dennoch

---

110 »Schließlich war das Ding kaputt genug. Ich konnte darüber schreiben«, schreibt Goetz im Klappentext von *Rave*, das erste Kapitel trägt den Titel: »Der Verfall« und beginnt mit einem Zitat: »Der Verfall beginnt.« (Ebd., S. 15.)

111 Ebd., S. 261.

wie eine weitere Intervention »von außen« erscheint: »Ich hatte eine Ahnung von Sound in mir, ein Körpergefühl, das die Schrift treffen müßte. / eine Art: Ave – / ›Ave Maria, gratia plena.‹ / Sowas in der Art von: bene – / bendictus – / bist du – / und gebenedeit auch unter deinen Leibern – / Da müßte man sich einfach nur, im wahrsten Sinn des Wortes, wirklich hineinknien, hatte Albert mir mal gesagt. Man dürfte diese Texte nicht nur rein vom Sinn her nehmen, sondern müßte sich das anders denken, nämlich betend, durch das immer wieder wiederholte Aussprechen der Worte mit dem Mund, sozusagen selbst mündlich Teil der Worte werden.«[112] Stotternd, stückweise zitierend, Mündlichkeit simulierend, führt Goetz das »Ave Maria« als einen potentiellen Vergleich an, als einen Ausgangspunkt, von dem aus sich Rhythmus und Sound einer Form des Erzählens einstellen können, die in der Engführung von Körpergefühl und Schrift nicht nur neu ist. Das, was Goetz als ersten Schritt zum gesuchten Sound inszeniert, den gerade im Kontext von Pop vielfach überdeterminierten Weg von A nach B,[113] hier reformuliert als Weg von »Ave« zu »bene – / bendictus – / bist du –«, vollzieht sich über die Zitation einer ritualisierten Form, in die durch den Verweis auf die litaneihaften Wiederholungsschleifen einerseits Vorstellungen einer hypnotisierenden Zeitlosigkeit projiziert werden, die über die ebenso abgehackten wie tastenden Umformulierungen die Konzentration andererseits aber auch auf den je spezifischen Moment der Konstitution eines neuen Textes lenkt. In Aussicht gestellt wird, performativ, ein Akt der Transformation, der sein Ziel gerade dadurch zu erreichen versucht, daß er immer wieder abbricht, das Zitierte in der Übersetzung buchstäblich zerstückelt, verrückt, verstellt und das wiederholt Wiederholte über fast beiläufige Rhythmisierungen gerade dadurch für das öffnet, was Goetz

112 Ebd., S. 32f.
113 Vgl. Andy Warhol: *The Philosophy of Andy Warhol (From A to B and Back Again)* [1975], San Diego u. a. 1977.

die »Musikordnung der Worte«, das »Aufgehobensein im Wortgesang« nennt.[114]

*

Dieses Verfahren charakterisiert nicht nur die »Nachtleben-Erzählung« *Rave*. Die Art, in der Goetz mit dem Hinweis auf das »Ave Maria« die ritualisierte Evokation von Spiritualität mit stakkatohaften, aber nicht nur gegenläufigen Unterbrechungen verschränkt, verweist vielmehr auf ein formales Verfahren, das seine »Geschichte der Gegenwart« über weite Strecken trägt, auf ein Strukturprinzip, das die Textproduktion – und die Lektüre – immer wieder erneut vorantreibt. Neben die Rhythmisierung der Texte durch die wiederholte Markierung eines »JETZT«, neben Momentaufnahme und Minutenmitschrift, neben den Versuch, in Analogie zur »Augenblicklichkeitskunst« des DJs Rhythmen und Sounds zu prozessieren und so, sozusagen zeitnah, im Akt des Schreibens die Aktualität des Geschriebenen zu produzieren, tritt, nicht notwendig weit entfernt, eine Vorstellung von Gegenwart und Gegenwärtigkeit, die wie ein Gegenpol zu den aufgeführten Schreibverfahren wirkt, aber als solcher die »Geschichte der Gegenwart«, das als »Buch 5« apostrophierte Projekt *Heute Morgen*, ebenso entscheidend mitbestimmt: quasireligiöse und mythische Tonlagen, die die »Zeitgestalt des absoluten Präsens« über kontemplative, meditative Schreibweisen und beiläufige, poetische oder auch in Kitsch umschlagende Evokationen von Spiritualität in durchaus metaphysische Vorstellungen von zeitentrückter Präsenz überführen: »Umhüllt von Gegenwart. Die Irgendwie-Welt, strukturell latent, verborgen von der gütig-gnädigen Dunkelheit, der großen, heiligen, ewigen Nacht des Jetzt. – Halleluja.«[115]

*

114 Goetz: *Abfall* (Anm. 2), S. 689 und 290.
115 Goetz: *Celebration* (Anm. 5), S. 219; »Ich finde es schön«, schreibt

Wenn Goetz *Heute Morgen* als »Mixtur verschiedener Text-formen« beschreibt, als eine »Kombination« verschiedenar-tiger Bücher »unter dem einen Hauptnenner Gegenwart«,[116] ist diese Verschränkung von Präsens und Präsenz ebenso mitzulesen wie die korrespondierende Gegenüberstellung von der chronologisch strukturierten Zeitfixierung in *Abfall für alle* und der in *Rave* und *Celebration* beschriebenen Auf-lösung konkreter Zeitvorstellungen im zeitlosen »Jetzt« des Nachtlebens. Die »Geschichte der Gegenwart« konstituiert sich nicht zuletzt dadurch, daß die auf ein jeweils neues »JETZT« konzentrierte »Aktualität des Momentanen« und die »prächtigen Hohlräume der Erinnerungslosigkeit«, die punktuell einsetzende »Minutenmitschrift« und das »ex-plosionsartige Aufblühen einer grandiosen Mythologie«, die minutiöse Datierung des am Tag Geschriebenen und die nächtliche »Auslöschung von Erinnerung, Bewußtsein, Re-flexion«, die nachtlebentypische »Vernichtung von Ge-schichte«, so nebeneinandergerückt werden,[117] daß sie sich als disparate, aber zugleich aufeinander bezogene Vorstellun-gen, Wahrnehmungsmodi und Schreibweisen von Gegen-wart wechselseitig kommentieren. Erst in ihrer Heterogeni-tät stellen sie jene Einheit in Aussicht, die *Heute Morgen* ebenso verspricht wie das, was Goetz Anfang der 1990er Jahre »den beiden zeitnähesten Branchen Wissenschaft und Pop« zuschreibt, aber bereits seit den 1980er Jahren auch selbst verfolgt: das strukturell unabschließbare Projekt einer

Goetz, »ein spirituelles Moment spüren zu lassen, wenn es um die Fin-sternis und Unerkennbarkeit der Gegenwart geht, durch ein Wort wie Halleluja.« (Ebd., S. 264); zu derartigen Verweisen auf religiöse Kon-texte und Metaphern vgl. Eckhard Schumacher: Can You Feel It? Pop, Literatur und Religiosität, in: Wolfgang Braungart/Manfred Koch (Hg.): *Ästhetische und religiöse Erfahrungen der Jahrhundertwenden III: um 2000*, Paderborn u. a. 2000, S. 219-252.

116 Goetz: *Abfall* (Anm. 2), S. 654.
117 Goetz: *Celebration* (Anm. 5), S. 213 ff.; ders.: *Abfall* (Anm. 2), S. 520 u. 786.

»neuen gantzen heiligen Schrifft des Alltags«.[118] Unabschließbar ist dieses Projekt, das Goetz durchaus »auf immer und ewig« auf »die Rolle des Chronisten des Augenblicks« festzulegen scheint,[119] weil es immer wieder erneut dem gleichbleibenden textgenerativen Prinzip unterworfen wird, das, am Anfang von *Abfall für alle* formuliert, die »Geschichte der Gegenwart« durchgehend bestimmt, ihre Komplexität und Monstrosität ermöglicht, aber zugleich auch, im Blick auf einen neuen Text, ein neues »JETZT«, permanent zersetzt: »ABREISSEN«, »loslegen«, »bloß nicht rumsuhlen im Alten«.

118 Goetz: *Kronos* (Anm. 74), S. 295.
119 Goetz: *Abfall* (Anm. 2), S. 833.

IV

»Salut an Hubert Fichte«
Performativität, Aktualität, Pop

»Ich bin Chronist und ich bin kein Strukturalist, kein Existenzialist, kein Philosoph und kein deutscher Schriftsteller und kein Ethnologe«, setzt sich Hubert Fichte in einem Interview von Zuschreibungen ab, über die er und seine Texte wiederholt charakterisiert worden sind.[1] In *Alte Welt*, einem Band aus seinem als »roman fleuve« entworfenen, auf 19 Bände angelegten Großprojekt *Die Geschichte der Empfindlichkeit*, spezifiziert Fichte diese Einschätzung noch, wenn er sich, im Text repräsentiert durch ein »Ich«, in seinem Selbstverständnis als »Chronist« zugleich als »vergangenheitsbesessen« beschreibt.[2] Der Abstand, der Fichtes Texte von den Formen der Gegenwartsfixierung trennt, die sich bei Rolf Dieter Brinkmann oder Rainald Goetz abzeichnen, ist aus dieser Perspektive kaum zu übersehen. Er wird allerdings ebensoleicht auch überschätzt. Denn Fichtes Texte führen mit einer ungewöhnlichen Nachdrücklichkeit vor, daß er als Chronist nie nur vergangenheitsbesessen schreibt, sondern sich immer auch als »Chronist der Augenblicks« begreift.[3] Wenn Fichte, wie in beinahe jedem seiner Texte, eine Bewegung des Zurückfindens »in frühere Schichten« voll-

---

1 Hubert Fichte, zit. nach Bertil Madsen: *Auf der Suche nach einer Identität. Studien zu Hubert Fichtes Romantetralogie Das Waisenhaus, Die Palette, Detlevs Imitationen »Grünspan«, Versuch über die Pubertät*, Stockholm 1990, S. 251.
2 Hubert Fichte: *Alte Welt. Glossen*, Frankfurt/M. 1992, S. 155; der erste Band der fragmentarisch gebliebenen *Geschichte der Empfindlichkeit* erschien 1987, ein Jahr nach Fichtes Tod; zum Konzept des »roman fleuve« und dem verzweigten Korrespondenzverhältnis, in das auch alle weiteren Texte Fichtes verstrickt sind, vgl. das Vorwort von Hartmut Böhme in: Hartmut Böhme/Nikolaus Tiling (Hg.): *Leben, um eine Form der Darstellung zu erreichen. Studien zum Werk Hubert Fichtes*, Frankfurt/M. 1991, S. 7-20.
3 Mit der Formulierung »Chronist des Augenblicks« beschreibt Christoph Buchwald Rainald Goetz, vgl. Rainald Goetz: *Abfall für alle. Roman eines Jahres*, Frankfurt/M. 1999, S. 833; vgl. dazu auch Teil III in diesem Band.

zieht,[4] steht dieses Verfahren auf eine doppelte Weise unter den Vorzeichen der Gegenwart des Schreibens. Das »Gegenwärtige« bleibt, wie Hartmut Böhme schreibt, immer »offen für den Einfall der Erinnerung«, die »Gegenwart des Jetzt«, hervorgehoben durch tagebuchartige Schreibverfahren und permanente Verweise auf den Akt des Schreibens, wird im Text »ständig von Vergangenheit unterschichtet«.[5] Die Vergangenheit ist jedoch nie nur Vergangenheit, sie erscheint vielmehr, wie Torsten Teichert betont, als »ständige Gegenwart«. Der Rückgriff auf die Vergangenheit, sei es als individueller Erinnerungsprozeß, als archäologisch angelegtes Projekt oder als Versuch, traumatische Zäsuren zu verarbeiten, ist bei Fichte immer auch ein Akt der Vergegenwärtigung, der »im Tempus der Gegenwart« stattfindet: »Das verharmlosende, märchenhafte ›Es war einmal‹ ist verbannt. Alle Romane wenden sich an ihre Leser als gegenwärtige Ansprache. / Gegenwart ist Schreibzeit, Erinnerungszeit.«[6]

Wenn man Brinkmanns Schreiben als eine immer wieder erneut auf das »Jetzt« der Gegenwart beschränkte »Grundlagenforschung der Gegenwart« konzeptualisieren kann,[7] lassen sich Fichtes Schreibverfahren als ein komplementäres Projekt begreifen, das den Zeitrahmen der Gegenwart auch auf ihre vermeintliche Vergangenheit ausdehnt. Auf eine Vergangenheit, die als andauernde Gegenwart präsent bleibt, die Gegenwart des Schreibens durchsetzt oder zumindest über bestimmte Wörter, Begriffe oder narrative Konstellationen permanent aktiviert wird. In der literarischen Erfassung und

4 Vgl. Hubert Fichte: *Versuch über die Pubertät* [1974], Frankfurt/M. 1982, S. 9.
5 Hartmut Böhme: *Hubert Fichte. Riten des Autors und Leben der Literatur*, Stuttgart 1992, S. 20.
6 Torsten Teichert: *»Herzschlag aussen.« Die poetische Konstruktion des Fremden und des Eigenen im Werk von Hubert Fichte*, Frankfurt/M. 1987, S. 159 u. 172.
7 Rolf Dieter Brinkmann: *Erkundungen für die Präzisierung des Gefühls für einen Aufstand*, Reinbek 1987, S. 129; vgl. dazu Teil II in diesem Band.

Darstellung von Zeit steht Fichte Verfahren wie denen, die Marcel Proust in *Auf der Suche nach der verlorenen Zeit* oder Alexander Kluge unter dem Titel *Unheimlichkeit der Zeit* entwerfen,[8] letztlich näher als der Gegenwartsfixierung Brinkmanns. Gleichwohl ergibt sich in der Gegenüberstellung der beiden Autoren ein Verhältnis der wechselseitigen Ergänzung, das nicht nur von Differenzen, sondern in hohem Maße auch von Ähnlichkeiten geprägt ist – im Blick auf die Gegenwartsfixierung wie auch auf eine Reihe von anderen Schreibverfahren. Wenn Goetz Fichte neben Brinkmann als eine der »Referenzen« für sein Projekt einer »Geschichte der Gegenwart« anführt,[9] läßt sich diese Komplementarität ebenso erkennen wie in einem 1990 in *Spex* veröffentlichten Essay von Diedrich Diederichsen, in dem er beiläufig, aber durchaus wirkungsmächtig den »großen Hamburger Heimatschriftsteller Hubert Fichte« als »die endlich gefundene Sixties-Gegenfigur zum Kölner Brinkmann« feiert.[10] Diese und weitere Lektürehinweise von Diederichsen – Rainald Goetz verbindet das »Salut / an Hubert Fichte« im ersten Eintrag von *Abfall für alle* mit einem Salut »an Diedrichs Empfe[h]lung damals, vor Jahren / eternal Hamburg«[11] – stehen im Kontext eines in den letzten Jahren gerade im Pop-Diskurs und in den benachbarten Kunst- und Kulturbetriebsszenen verstärkten Interesses für Fichte: Im Frühjahr 2000 wurde *Die Palette* in einer Theateradaption von Schorsch Kamerun am Deutschen Schauspielhaus in Hamburg inszeniert,[12] im Herbst 2002 bezog sich der Hamburger

---

8 Vgl. Marcel Proust: *Auf der Suche nach der verlorenen Zeit*, 10 Bände, Frankfurt/M. 1981; Alexander Kluge: Unheimlichkeit der Zeit, in: ders.: *Chronik der Gefühle*, Band 2, Frankfurt/M. 2000, S. 9-453.

9 Goetz: *Abfall* (Anm. 3), S. 654.

10 Diedrich Diederichsen: *Freiheit macht arm. Das Leben nach Rock'n' Roll 1990-1993*, Köln 1993, S. 18f. [zuerst in *Spex* 10/1990].

11 Goetz: *Abfall* (Anm. 3), S. 14.

12 Schorsch Kamerun hat Fichtes Roman zusammen mit Stefanie Carp für das Theater bearbeitet und Regie geführt; die Uraufführung war am

Künstler Daniel Richter mit seiner Ausstellung *Grünspan* explizit auf Fichte.[13] Und auch im Kontext der Gegenwartsliteratur taucht Hubert Fichte in letzter Zeit auffallend häufig als eine Referenzfigur auf: Kathrin Röggla, deren Buch *Irres Wetter* in Hinsicht auf den Sprachrhythmus und die Verarbeitung gegenwärtiger Sprechweisen verschiedentlich mit Fichtes Texten verglichen worden ist,[14] führt ihn in Interviews als eine wichtige Bezugsfigur für ihr Schreiben an;[15] Thomas Meinecke beschreibt Fichte im Rückblick auf die 1970er Jahre als eine seiner »Pop-Initialzündungen«, greift in seinem Roman *Hellblau* wiederholt auf Texte von Fichte zurück und vollzieht dabei nicht zuletzt auch das, was er als eine »Verbeugung vor Hubert Fichte« beschreibt;[16] Andreas Neumeister reiht Fichte, ebenfalls nicht ohne Bezug auf das eigene Schreiben und ebenfalls unter den Vorzeichen von

25. 5. 2000 im Deutschen Schauspielhaus in Hamburg; mehr dazu weiter unten.

13 Vgl. dazu den Katalog zur Ausstellung im K 21 (Kunstsammlung Nordrhein-Westfalen, Oktober 2002 – Januar 2003, Düsseldorf): Julian Heynen (Hg.): *Daniel Richter. Grünspan*, Bielefeld 2002; Heynen skizziert in einem Essay mögliche Verbindungslinien zwischen Richter und Fichte (ebd., S. 20-24); der Einband des Ausstellungskatalogs zitiert das Cover der Erstausgabe von Hubert Fichte: *Detlevs Imitationen »Grünspan«* [1971], Frankfurt/M. 1982.

14 Kathrin Röggla: *Irres Wetter* [2000], Frankfurt/M. 2002; Fichte-Vergleiche finden sich etwa in Stephan Hilpold: Kathrin Röggla: Irres Wetter, in: *WochenZeitung* 23. 3. 2000; Hanns Zischler: Elektronik ohne Bart. Kathrin Rögglas zappelnder Wörtertanz, in: *Frankfurter Allgemeine Zeitung* 29. 4. 2000.

15 Röggla setzt Fichte häufig in eine Reihe mit anderen Bezugsfiguren wie Jean Paul, Arno Schmidt, Elfriede Jelinek und Friederike Mayröcker, vgl. etwa Charlotte Brombach/Ulrich Rüdenauer: Situation ist überhaupt ein guter Begriff. Über den Ort, an dem die Post (nicht) abgeht: Die Schriftstellerin Kathrin Röggla im Gespräch, in: *Frankfurter Rundschau* 2. 6. 2001.

16 Thomas Meinecke: From A to B and back again. Über Andy Warhol, in: *Frankfurter Rundschau* 25. 11. 1998; Ulrich Rüdenauer/Thomas Meinecke: Der Reiz des Rhizomatischen. Ein Gespräch mit Thomas Meinecke, in: *Sprache im technischen Zeitalter* 161 (Mai 2002), S. 116; die Verweise auf Fichte in Thomas Meinecke: *Hellblau*, Frankfurt/M. 2001, werden im folgenden noch genauer herausgearbeitet.

Pop, in einer Auflistung zwischen Andy Warhol, Patty Hearst und Martin Kippenberger ein, assoziiert mit den Kürzeln »Pop Art, Pop Lit, Agit Prop«.[17]

Das gesteigerte Interesse für alles, was mit dem Begriff Pop-Literatur assoziiert werden kann oder könnte, ist ein Hintergrund der in den letzten Jahren beobachtbaren Neu- oder Wiederentdeckung von Fichte. Die Rückgriffe auf Fichte, die sich bei Goetz, Meinecke und Röggla beobachten lassen, setzen aber keineswegs nur an den verschiedentlich vorgenommenen Anstrengungen an, Fichtes Texte zu einem möglichen Vorbild einer heutigen Pop-Literatur zu stilisieren. Die Möglichkeit, seine Texte mit einer Vorstellung von Pop zu verknüpfen, ist nur eine von mehreren Optionen, die Fichte zu einer Referenzfigur für den Entwurf einer Geschichte der Gegenwart werden lassen. Auch deshalb soll im folgenden nicht versucht werden, Fichtes Texte allein im Blick auf potentielle Verrechnungen mit einem Begriff von Pop-Literatur zu lesen. Ausgehend von den Verortungen, über die Fichte Ende der 1960er Jahre wie Ende der 1990er Jahre in diesen Zusammenhang gerückt worden ist, wird im folgenden vielmehr aus umgekehrter Perspektive gefragt, was einen Regisseur wie Schorsch Kamerun und was Autorinnen und Autoren wie Rainald Goetz, Thomas Meinecke und Kathrin Röggla heute an Fichte interessiert.

BEAT, PROSA

»Es ist geläufig geworden, einschlägige Romane als ›Beat‹-Literatur zu charakterisieren«, schreibt Karl Heinz Bohrer im Frühjahr 1968 anläßlich einer Reihe von literarischen Neuerscheinungen, die damals ähnliche Debatten ausgelöst haben wie jene Bücher, die Ende der 1990er Jahre unter dem

17 Andreas Neumeister: Pop als Wille und Vorstellung, in: Jochen Bonz (Hg.): *Sound Signatures. Pop-Splitter*, Frankfurt/M. 2001, S. 24.

Schlagwort Pop-Literatur diskutiert worden sind.[18] Neben Peter O. Chotjewitz' *Die Insel* und Rolf Dieter Brinkmanns Roman *Keiner weiß mehr*, den Bohrer als »ersten genuin entwickelten deutschen ›Pop‹-Roman« spezifiziert, verweist er in diesem Zusammenhang auch auf ein Buch, das als erstes Beispiel für einen deutschsprachigen »Beat-Roman« diskutiert worden ist und bis heute als ein Paradigma für Pop-Literatur gehandelt wird: Hubert Fichtes *Die Palette*.[19]

Die Unterschiede zwischen den genannten Büchern sind ähnlich groß wie der Abstand, der sie von den dreißig Jahre später entstandenen Pop-Texten trennt. Neben kaum zu übersehenden Differenzen zeichnen sich im Vergleich zwischen der Situation Ende der 1960er Jahre und heute aber auch eine Reihe von signifikanten Gemeinsamkeiten und Parallelen ab, die sich sowohl in der Literatur als auch in der Literaturkritik verfolgen lassen. Wie 1968 wird auch heute die »radikale Abwendung einzelner Schriftsteller von Literatur als ›Kunst‹« zugunsten einer »neuen, fast fanatischen Hingabe an den ›Stoff‹« diskutiert,[20] und auch die Abkehr von »eingeführten Formen realistischer Gesellschaftskritik«[21] steht gegenwärtig wieder, im Vokabular geringfügig modifiziert, im Fokus der Kritik – der Vorwurf der Oberflächlichkeit betrifft diesen Punkt ebenso wie skeptische Anmerkungen zu Kommerzialisierungstendenzen und Gesten der Affirmation. Der historische Vergleich zeigt jedoch nicht

18 Karl Heinz Bohrer: Neue panische Welt. Rolf Dieter Brinkmanns erster Roman, in: *Frankfurter Allgemeine Zeitung* 4. 5. 1968.
19 Rolf Dieter Brinkmann: *Keiner weiß mehr* [1968], Reinbek 1970; Peter O. Chotjewitz: *Die Insel. Erzählungen auf dem Bärenauge*, Reinbek 1968; Hubert Fichte: *Die Palette* [1968], Frankfurt/M. 1981; ebenfalls häufig in diesem Zusammenhang erwähnt: Uwe Brandner: *Innerungen. Ein Abenteuer-Liebes-Kriminal-Zukunfts- und Tatsachenroman*, München/Wien 1968.
20 Bohrer: Neue panische Welt (Anm. 18).
21 Vgl. Reinhard Baumgart: Was kommt nach der modernen Literatur? [1968/69], in: ders.: *Deutsche Literatur der Gegenwart. Kritiken – Essays – Kommentare*, München/Wien 1994, S. 185.

nur, daß durchaus unterschiedlichen Texten in der Kritik mit strukturell gleichbleibenden Argumentationsmustern begegnet wird, er führt auch eine nicht unerhebliche Verschiebung der Wertmaßstäbe vor. In dem Maße, in dem Fichtes Roman *Die Palette* Ende der 1960er Jahre als »Modell literarischer Anpassung« oder »schnuckeliges Konsumprodukt« und Brinkmanns Pop-Texte als Symptome unreflektierter Amerikanisierung und als ästhetisch wie politisch fragwürdige Provokationen angeprangert worden sind,[22] müssen beide Autoren mittlerweile als kanonisierte Paradigmen subversiver, kritischer und ästhetisch wertvoller »Pop-Literatur« herhalten, in Anschlag gebracht etwa gegen die in *Tristesse Royale* versammelten Autoren,[23] denen heute eben das vorgeworfen wird, was vor mehr als dreißig Jahren von Teilen der linken Kritik als ein gemeinsamer Nenner von Brinkmann und Fichte formuliert wurde: Oberflächlichkeit, Konsumismus, Affirmation.[24] Und noch in einer weiteren Hinsicht zeigt sich im historischen Vergleich, wie problematisch und zugleich aufschlußreich die veranschlagten Kriterien sein können. So wie heute der verschiedentlich formulierte Wunsch nach nur kurzfristig aktuellen, nicht auf historische Haltbarkeit angelegten Texten auf eine Literaturkritik stößt, die die entsprechenden Texte als ästhetisch wertlose »Jetzt-ist-Jetzt-Absonderungen« aussortiert,[25] wurde

---

22 Vgl. Michael Scharang: Fichtes »Palette« – Modell literarischer Anpassung, in: *Literatur und Kritik* 31 (Februar 1969), S. 506-508; Jost Hermand: *Pop International. Eine kritische* Analyse, Frankfurt/M. 1971, S. 37, 142f., 156f.; Martin Walser: Über die Neueste Stimmung im Westen, in: *Kursbuch* 20 (März 1970), S. 36.

23 Joachim Bessing (Hg.): *Tristesse Royale. Das popkulturelle Quintett mit Joachim Bessing, Christian Kracht, Eckhart Nickel, Alexander v. Schönburg und Benjamin v. Stuckrad-Barre*, Berlin 1999.

24 Vgl. etwa Thomas Ernst: *Popliteratur*, Hamburg 2001, S. 74f.; materialreicher und differenzierter Johannes Ullmaier: *Von Acid nach Adlon und zurück. Eine Reise durch die deutschsprachige Popliteratur*, Mainz 2001, S. 10-46.

25 Vgl. dazu Teil I in diesem Band.

auch den Neuerscheinungen aus dem Frühjahr 1968 schon kurz nach ihrem Erscheinen ihr nahendes Verfallsdatum entgegengehalten: *Die Insel* von Chotjewitz, Brandners *Innerungen* und Fichtes *Palette* seien, schreibt Reinhard Baumgart, »mit Aktualität und das heißt mit Vergänglichkeit so aufgeladen, daß sie ihre Saison weder lange überdauern wollen noch können«.[26]

Nicht nur im Blick auf Fichtes Schreibverfahren, auf seine Verknüpfung von Gegenwartsemphase und Vergangenheitsbesessenheit, sondern auch angesichts der prominenten Position, die Fichtes Roman zur Zeit als Referenztext in den Pop-Literatur-Diskussionen einnimmt, fällt es schwer, den Text als ein Beispiel für Oberflächlichkeit und ästhetizistische Affirmation zu lesen. Und auch die Prognose der schnellen Vergänglichkeit erscheint zumindest im Fall der *Palette* aus heutiger Perspektive widerlegt. In fast allen literaturgeschichtlich orientierten Überblicksdarstellungen, die sich um eine Aufarbeitung des Begriffs Pop-Literatur bemühen, wird Fichte neben Brinkmann als ein wichtiger Vorläufer der gegenwärtig in diesen Zusammenhang gerückten Autorinnen und Autoren genannt. Wie Ende der 1960er Jahre geht es bei diesen Zuordnungen aber auch heute nicht immer um spezifische Schreibweisen, der erste Anknüpfungspunkt ist häufig vielmehr ein Hinweis auf Fichtes Auftritt im Hamburger *Star Club* im Oktober 1966, auf den, wie Johannes Ullmaier schreibt, »ersten vielbeachteten Versuch, die Lesungsform nach Ort und Habitus in Richtung Pop zu transferieren«.[27] Unter dem Motto »Beat und Prosa«, popkompatibel angekündigt durch »Plakate im grellsten Purpur«,[28] trat Fichte zusammen mit der britischen Beat-Band Ian & the

26 Baumgart: Was kommt nach der modernen Literatur? (Anm. 21), S. 185.
27 Ullmaier: *Von Acid nach Adlon* (Anm. 24), S. 65.
28 Vgl. Dieter E. Zimmer: Fichte und Beat. Dichterlesung ohne Verlegenheit, in: Thomas Beckermann (Hg.): *Hubert Fichte. Materialien zu Leben und Werk*, Frankfurt/M. 1985, S. 29 [zuerst in: *Die Zeit* 7. 10. 1966].

Zodiacs und dem belgischen Blues-Sänger Ferre Grignard vor mehr als tausend Zuschauern im ausverkauften *Star-Club* auf und las, im Wechsel mit der Musik, zwei Jahre vor der Fertigstellung Auszüge aus einer vorläufigen Fassung des Romans *Die Palette*. »Hier, im ›heiligen Sanktus-Paulus-Village‹, erschlug der Beat die Poesie nicht«, schreibt Dieter E. Zimmer wenige Tage nach der Veranstaltung, »beide koexistierten, mehr: sie machten gemeinsame Sache, sie dementierten das angebliche Schisma zwischen der Sub-, der Pop-Kultur, die ihre Kleidung und Sprache und Umgangsformen hat, und der seriösen, der höheren, der dunkel gekleideten ›eigentlichen‹ Kultur«.[29] Zimmers Kommentar legt nicht nur nahe, daß mit der Veranstaltung im *Star Club* zumindest punktuell bereits jene Grenze zwischen *high* und *low* überschritten wurde, deren Überquerung zwei Jahre später in Leslie Fiedlers Essay »Überquert die Grenze, Schließt den Graben!« öffentlichkeitswirksam eingefordert wurde.[30] Sie unterstreicht auch, in welchem Maß Fichtes Literatur als Teil der »eigentlichen« Kultur begriffen wurde: Fichte war schon früh Teil des etablierten Literaturbetriebs, er las und diskutierte im Rahmen von Veranstaltungen der Gruppe 47 und des Literarischen Colloquiums Berlin, sein erster Roman, *Das Waisenhaus*, wurde mit dem Hermann-Hesse-Preis ausgezeichnet.[31]

Es war aber *Die Palette*, die Fichte »zum erstenmal einen großen Bucherfolg eintrug«, und zwar, wie Hans Mayer schreibt, »nicht zuletzt aus Gründen der Thematik, nämlich

29 Ebd., S. 30.
30 Vgl. Leslie A. Fiedler: Überquert die Grenze, schließt den Graben! [1968], in: Uwe Wittstock (Hg.): *Roman oder Leben. Postmoderne in der deutschen Literatur*, Leipzig 1994, S. 14-39; Fiedler, für Brinkmann eine der wichtigsten Bezugsfiguren, spielt für Fichte allerdings kaum eine Rolle.
31 Hubert Fichte: *Das Waisenhaus. Roman*, Reinbek 1965; zu Fichtes Situierung im Literaturbetrieb vgl. Peter Bekes: Hubert Fichte, in: *Kritisches Lexikon zur deutschsprachigen Gegenwartsliteratur – KLG*, 50./63. Nlg. (10/1999), S. 1 ff.

der Hamburger Szene eines damaligen ›Untergrunds‹ in dem Lokal ›Die Palette‹«.[32] Mehr als sechs Monate lang, von April bis Oktober 1968, stand *Die Palette* in der Bestseller-Liste des *Spiegel*, deutlich länger als Brinkmanns nur vier Wochen plazierter Roman *Keiner weiß mehr*.[33] Vorbereitet durch den Auftritt im *Star-Club*, in Ausschnitten im Radio und Fernsehen gesendet und auch in Form einer Schallplatte veröffentlicht,[34] wurde der Roman weit über die Grenzen einer literarisch interessierten Öffentlichkeit hinaus wahrgenommen. Das Provokationspotential des Textes, auf das diese Aufmerksamkeitssteigerung auch zurückzuführen ist, verdankt sich nicht allein der originaltongesättigten Darstellung der Gammler-Szene, sondern auch der damit verbundenen Präsentation homo- und bisexueller Lebensentwürfe, die weder auf das gemeinschaftsbildende Potential minoritärer Verständigungsliteratur[35] noch auf die Wahrung der Grenzen bürgerlicher Konventionen oder einen journalistischen Sensationswert spekulierte. Auch deshalb wurde *Die Palette* schnell als deutschsprachiges Pendant zur Beat-Literatur amerikanischer Autoren wie Jack Kerouac oder Allen Ginsberg diskutiert: »Gut zehn Jahre nach Jack Kerouacs ›On the Road‹ hat nun also auch die deutsche Beat-Generation ihren Roman«, schreibt Günter Blöcker 1968 unter dem Titel »Ein deutscher Beat-Roman« über *Die Palette*.[36]

In der Fichte-Philologie wird diese wirkungsmächtige Lesart eher skeptisch diskutiert. So betont Manfred Weinberg, daß die Literaturkritik, in der *Die Palette* »nahezu unisono inhaltlich als Gammler-, formal als Beat-Roman« dis-

---

32 Hans Mayer: Hubert Fichte, in: Herbert Wiesner (Hg.): *Lexikon der deutschsprachigen Gegenwartsliteratur*, München 1981, S. 134.
33 Vgl. *Der Spiegel* 18/1968-42/1968.
34 *Beat und Prosa. Hubert Fichte im Star-Club*, LP, Philips 1966.
35 Vgl. dazu Gert Mattenklott: Hubert Fichte: Erotologie als Form, in: Böhme/Tiling (Hg.): *Leben, um eine Form der Darstellung zu erreichen* (Anm. 2), S. 73 ff.
36 Günter Blöcker: Ein deutscher Beat-Roman, in: *Merkur* 22 (1968), S. 376.

kutiert worden ist, »nicht an die entscheidenden Dimensionen des Buches« heranreiche, weil es sich dabei nicht um seinen Stil, sondern »nur um das in die Form des Textes reichende Abfärben des Forschungsgegenstandes auf den ›Forschungsbericht‹«, um eine Annäherung, ein »Einlassen auf die Sprache des Forschungsfeldes« handele.[37] Da diese Annäherungsbewegung jedoch nicht allein auf Sprache, Umgangsweisen und Protagonisten der Hamburger Gammler-Szene abzielt, sondern sich ebenso auf die amerikanische Beat-Literatur richtet, bleiben die Bezüge auch vor dem Hintergrund dieser Relativierung erkennbar. So tauchen Autoren wie Jack Kerouac und Allen Ginsberg in den in der *Palette* inszenierten Gesprächen auf,[38] und es lassen sich, wie Bertil Madsen gezeigt hat, auch eine Reihe von thematischen und stilistischen Annäherungen an Kerouac ausmachen: in der Darstellung von »out-casts«, von alkohol- oder langeweilebedingten Exzessen, von Rastlosigkeit und Albernheit; in der Konstruktion einzelner Figuren; in dem Versuch, dem zuzuarbeiten, was Kerouac als »spontaneous prose« entwirft.[39] Aber selbst wenn Fichte Kerouacs *On The Road* für die »Schilderung der Palettler« als »eine Art Nachschlagewerk« genutzt hat, wie Madsen schreibt,[40] bleibt es letztlich bei Annäherungsbewegungen, die immer nur aus einer Position der Distanz, immer nur auf der Grundlage von Differenzen vollzogen werden. In einer Passage seines Romans *Eine glück-*

---

37 Manfred Weinberg: *Akut. Geschichte. Struktur. Hubert Fichtes Suche nach der verlorenen Sprache einer poetischen Welterfahrung*, Bielefeld 1993, S. 90f.

38 »– Für mich existiert nur: Die Göttliche Komödie. Der Faust. Geheul und Kerouac. / – Howl, sagt Heidi.« (Fichte: *Die Palette* (Anm. 19), S. 43.)

39 Vgl. Madsen: *Auf der Suche nach einer Identität* (Anm. 1), S. 78-103; zum Konzept der »Spontaneous Prose« vgl. Jack Kerouac: The Essentials of Spontaneous Prose, in: *Evergreen Review* 5/1958, S. 72f.; zeitgleich zur Veröffentlichung der *Palette* ist im Rowohlt Verlag die deutsche Übersetzung von *On The Road* als Taschenbuch erschienen: Jack Kerouac: *Unterwegs*, Reinbek 1968.

40 Madsen: *Auf der Suche nach einer Identität* (Anm. 1), S. 101.

liche Liebe, in der das Projekt eines »Artikels über die Palette« skizziert wird, markiert Fichte den für die Arbeit an
der *Palette* konstitutiven Abstand zur eingeführten Beat-
Literatur: »Nichts Nachempfundenes von Hochschulabsol-
venten mit Leihwagen. / Nicht: On the Road. Jäcki wollte
seinen Artikel gegen die ganze Beatnikliteratur setzen, die bei
Hanser von Professor Höllerer herausgegeben wurde. / –
Professor Ginsberg. / – Professor Ferlinguetti.«[41] Und auch
in einem Interview betont Fichte die Kopplung von Annähe-
rung und Distanzierung, von Wiederholung und Differenz,
wenn er *Die Palette* als den Versuch beschreibt, in einem
»Re-make der Beat-Generation […] in einer genaueren
Chronistenschreibe festzuhalten, was diese ›Nach-beats‹ in
Hamburg erlebten«.[42] Daß *Die Palette* durchaus in diesem
Sinn aufgenommen worden ist, zeigt sich bereits in Blöckers
Rezension, wenn er seine Einschätzung, Fichte sei »seinem
transatlantischen Vorläufer um einiges überlegen«, mit dem
Hinweis begründet, Fichte sei da, wo Kerouac »vage und
rhetorisch« bliebe, »genauer und konkreter«.[43]

Genau und konkret arbeitet Fichte in seinem Selbstverständnis als Chronist jedoch nicht nur in der *Palette*, seinem
ersten und im Prinzip auch einzigen Publikumserfolg, sondern auch in seinen anderen Büchern. Und es ist nicht zuletzt
diese Genauigkeit, die Autoren wie Goetz, Meinecke oder
Röggla heute an Fichte interessiert. Auch wenn sich gerade in
der Darstellung von Subkulturszenen und Pop-Phänomenen
thematische Anschlußmöglichkeiten an *Die Palette* und andere Texte ergeben, setzen die Rückgriffe auf Fichte selbst
dann, wenn sie unter den Vorzeichen von Pop formuliert
werden, häufig an formalen Aspekten an, an Schreibverfah-

---

41 Hubert Fichte: *Eine glückliche Liebe. Roman*, Frankfurt/M. 1998,
S. 21.
42 Hubert Fichte, zit. nach Madsen: *Auf der Suche nach einer Identität*
(Anm. 1), S. 80.
43 Blöcker: Ein deutscher Beat-Roman (Anm. 36), S. 376.

ren und Umgangsweisen mit Sprache, die nicht notwendig mit dem Begriff Pop assoziiert werden. So arbeitet Rainald Goetz in verschiedenen Teilen seines Projektes *Heute Morgen* mit Versatzstücken aus der *Palette*, eher implizit in der kompositorischen Anlage verschiedener Passagen in *Rave*, vergleichsweise explizit in dem Theaterstück *Jeff Koons*. Die Vermutung, bereits die erste Ortsangabe »PALETTE« könnte auf Fichtes Roman verweisen, wird schon durch die direkt darauffolgenden ersten Sätze des Stücks bestätigt: »Da kommen wir nicht rein. / Ich komme da rein.«[44] Die Zeilen zitieren, ohne als Zitat gekennzeichnet zu sein, beinahe Buchstabe für Buchstabe zwei Sätze aus Fichtes *Palette*: »– Da kommen wir nicht rein. / – Ich komm da rein.«[45] Was als Hinweis auf die Kontinuität subkultureller Ausgrenzungspraktiken gelesen werden könnte, erweist sich zugleich als ein Formzitat, als eine Referenz an Fichte, an die, wie Goetz im Blick auf Fichtes *Alte Welt* schreibt, durch seine Texte »eröffnete FORM«.[46] Entsprechend ist es keineswegs nur *Die Palette*, die Goetz als Bezugspunkt für seine »Geschichte der Gegenwart« nutzt. Auch Texte aus Fichtes *Geschichte der Empfindlichkeit*, wie etwa *Alte Welt* oder *Explosion*,[47] die thematisch zunächst entfernter erscheinen, evozieren in gleicher Weise die immer auch auf das eigene Schreiben bezogene, nicht nur von Goetz, sondern zumindest implizit auch von Meinecke und Röggla gestellte Frage: »Wie hat der das gemacht?«[48]

---

44 Goetz: *Jeff Koons*, Frankfurt/M. 1998, S. 15; der mit III. bezifferte Akt wird im Verlauf des Stücks zweimal wiederaufgenommen, jeweils mit der Ortsangabe »Palette«, vgl. ebd., S. 57 u. 135; in *Abfall für alle* erläutert Goetz nachträglich die Entscheidung, das Stück mit dem dritten Akt beginnen zu lassen: »losgehen tuts im Club, in der Palette, ist doch klar«, vgl. Goetz: *Abfall* (Anm. 3), S. 732.

45 Fichte: *Die Palette* (Anm. 19), S. 126.

46 Goetz: *Abfall* (Anm. 3), S. 14.

47 Fichte: *Alte Welt* (Anm. 2); ders.: *Explosion. Roman der Ethnologie*, Frankfurt/M. 1993.

48 Goetz: *Abfall* (Anm. 3), S. 675.

Ein immer wieder erneut angesteuerter Aspekt, der die Auseinandersetzungen mit Fichte bei Goetz, Meinecke und Röggla bestimmt, ist die schon von Baumgart am Beispiel der *Palette* beschriebene Aufladung der Texte mit Aktualität. Aus heutiger Perspektive zeigt sich jedoch, daß es dabei nur sehr bedingt um eine Form von Aktualität geht, die im Sinne einer vergangenen Vergänglichkeit re-aktualisiert werden muß. In den Blick gerückt wird vielmehr eine in der Sprache materialisierte Form von Aktualität, die sich weder auf einen zeitgebundenen Gegenwartsbezug noch auf die mit dem Begriff Pop assoziierten Qualitäten beschränken läßt, sondern als eine spezifische Form der Konstruktion von Gegenwart erscheint, als ein im Akt des Schreibens angelegtes und in der Lektüre entfaltbares performatives Potential.[49]

TEXT, INSZENIERUNG

Als Schorsch Kamerun im Frühjahr 2000 *Die Palette* am Deutschen Schauspielhaus in Hamburg inszenierte, stellte sich die Frage nach Aktualität und Aktualisierbarkeit nicht nur aufgrund des historischen Abstands, der die Theaterfassung von Fichtes mehr als dreißig Jahre zuvor entstandenem Roman trennte. Der Kontext und der Ort der Inszenierung schien zugleich auch die potentielle Nähe zu den historischen Gegenständen des Romans zu suggerieren. Da Fichtes Text nicht von einem Theaterspezialisten, sondern von dem Sänger der Band *Die Goldenen Zitronen*, der über den Kontext von Punk und dessen sub- und hochkulturellen Folgen zum Theater gekommen ist, auf die Bühne gebracht wurde, standen mögliche Parallelen zwischen den Underground-

---

49 Zum Begriff der Performativität, der hier im Anschluß an Austins Entwurf einer Sprechakttheorie verwendet wird, vgl. Uwe Wirth (Hg.): *Performanz. Zwischen Sprachphilosophie und Kulturwissenschaften*, Frankfurt/M. 2002; vgl. dazu auch die Teile I und III in diesem Band.

szenen der 1960er und 1990er schon im Vorfeld der Inszenierung mit im Raum. Als langjähriger Mitbetreiber des *Pudel Clubs*, seit zehn Jahren im Hamburger Nachtleben eine wichtige Schaltstelle zwischen verschiedenen Subkulturszenen und als überregional bekannter bohemistischer Hangout ein potentielles Pendant zur *Palette*,[50] schien Kamerun prädestiniert für einen aktualisierenden Blick auf die Hamburger Gammlerszene. Die entsprechende Erwartungshaltung wurde noch verstärkt durch die Entscheidung, mit Rocko Schamoni, ebenfalls Musiker und Mitinitiator des *Pudel Clubs*, und Jens Rachut, Sänger von Punkbands wie *Blumen am Arsch der Hölle* oder *Dackelblut*, weitere Protagonisten aus dem Umfeld der Hamburger Musikszene für die Inszenierung zu engagieren. Aber auch wenn Kamerun in Interviews darauf hinwies, daß *Palette* und *Pudel Club* »szenemäßig vergleichbar« seien und die *Palette* als »eine sehr schöne Vorschau« auf das begriffen werden könnte, »was später kam«, vermied er derartige Aktualisierungen. Es ginge nicht darum, betont Kamerun in einem Interview, »eine Kneipe auf die Bühne« zu stellen, die Inszenierung ziele vielmehr auf die »Suche nach den Wurzeln«, auf die Suche nach einem »Ideal«, einer adäquaten Form der »Abstraktion« ab: »Es ist eine Möglichkeit zu prüfen, welche Bedürfnisse Leute haben, denen insgesamt etwas nicht gefällt.«[51]

50 Unter http://www.pudel.com sind Bilder und Texte zum *Pudel Club* archiviert; die Hamburger Musikszene der 1990er Jahre und ihre einschlägigen Orte im Nachtleben – *Heinz Karmers Tanzcafé* und der *Golden Pudel Club* – sind mittlerweile auch verschiedentlich literarisch bearbeitet worden: mit pudelclubüblichem Witz in dem Kapitel »Die Hamburger Schule. Eine deutsche Geschichte« in Rocko Schamoni: *Risiko des Ruhms*, Reinbek 2000, S. 139-157; weniger freundlich in Rainald Goetz: *Rave*, Frankfurt/M. 1998, S. 63 f. und Bessing (Hg.): *Tristesse Royale* (Anm. 23), S. 28 f.

51 Schorsch Kamerun: Warum Hubert Fichte? [Interview von Bodo Fiedler], in: Deutsches Schauspielhaus in Hamburg (Hg.): Programmheft zu *Hubert Fichte: Die Palette. Theaterfassung nach dem Roman. Uraufführung. Regie: Schorsch Kamerun*, Hamburg 2000, S. 20 f. [zuerst in *Junge Welt*, 24. 5. 2000].

Auf die Bühne gestellt wurde allerdings weder eine Kneipe noch das theatral aufbereitete Ideal einer subkulturellen Verweigerungshaltung, sondern zunächst und vor allem, verteilt auf verschiedene Sprecher, Fichtes Text. Nur in Ansätzen versuchte die Inszenierung, den Roman in Dialoge und Spielszenen zu überführen, in denen ausagiert werden sollte, was Fichte zu einem Prosatext verdichtet hat. Weitaus mehr Raum nahm eine beinah statische, Gesten der Dramatisierung oder Psychologisierung gezielt vermeidende Rezitation von Fichtes Romantext ein, gesprochen von Rocko Schamoni, über einen Bildschirm als Videoaufzeichnung eingespielt, und fünf Schauspielern auf der Bühne. Die Figuren waren nicht als individuell markierte, psychologisch entfaltete Charaktere ausgestaltet, sie agierten vielmehr wie Sprecher, die ihre Eigenheiten weitgehend dem Diktat des Textes unterordnen.

Wenn Diedrich Diederichsen schreibt, Kamerun hätte keinen »Entwurf für eine adäquate Mobilisierung zeitgeschichtlicher und kulturarchäologischer Dimensionen eines 32 Jahre alten Romans« geliefert, sondern nur eine »textfromme Lesedoppelstunde«, die sich nicht nur voller Frömmigkeit »vor einem unbestritten großen Text, sondern auch vor den Konventionen des Postdramatischen« verneige, trifft er einen Schwachpunkt der Inszenierung.[52] Das Argument überdeckt jedoch, daß die Aufführung durch die Konzentration auf den Text die performativen Qualitäten von Fichtes Prosa derart mobilisieren konnte, daß sie letztlich auch in kulturarchäologischer Perspektive interessantere Einsichten versprach als der Versuch, abstrahierte Interaktionsmuster und symbolische Repräsentationen einer vergangenen Subkultur auf die Bühne zu bringen. Die Tatsache, daß der Rhythmus des Textes von den Sprechern mit hamburgtypischer Lakonie

52 Diedrich Diederichsen: Tanz mir den Pinguin, in: *Theater heute* 8-9/2000, S. 34.

»ein wenig vernölt« wurde,[53] hat diesen Eindruck eher noch verstärkt, weil auch in dieser Hinsicht erkennbar wurde, daß sich die schon beim Erscheinen des Buches hervorgehobene »ungewöhnliche Vergegenwärtigungskraft«[54] von Fichtes Sprache letztlich auch gegen Sprechweisen durchsetzen kann, die ihrem eigentümlichen Duktus gezielt oder auch nur versehentlich Widerstände entgegenstellen. So hat Kamerun, vielleicht gegen seine Absichten, aber gleichwohl sehr pointiert, mit der Inszenierung die Aufmerksamkeit auf das gelenkt, was Karl Heinz Bohrer im Blick auf Fichtes frühe Texte als »gravierend für die Entwicklung einer deutschen Pop-Literatur« beschrieben hat – auf das »Sich-ereignen-Lassen von Wörtern«, auf den »Performanz-Charakter der Sprache«.[55]

Daß dieser Performanz-Charakter durch die Form der Schrift nicht beeinträchtigt wird, sondern schriftlich fast stärker wirken kann als in der Mündlichkeit einer theatralen Inszenierung, ist nicht zuletzt darauf zurückzuführen, daß sich *Die Palette* wie viele andere Texte von Fichte zu weiten Teilen über hochgradig ausdifferenzierte Transkriptionsverfahren konstituiert, die die Präsenz-Effekte, die gemeinhin der mündlichen Rede zugeschrieben werden, auch und gerade im schriftlichen Text deutlich hervortreten lassen.[56] In einem Essay, der Überlegungen zu Fichtes Stimme mit der Frage nach der Theatralität der Literatur verbindet, arbeitet Kathrin Röggla genau diese Konstellation heraus: »man glaubt, es mit unmittelbarkeit, nähe und authentischem zu tun zu haben,

53 Ebd., S. 32.
54 Blöcker: Ein deutscher Beat-Roman (Anm. 36), S. 375.
55 Karl Heinz Bohrer, zit. nach Eckhard Schumacher: »Was war denn '68?« Ein Gespräch mit Karl Heinz Bohrer, in: *Bielefelder StadtBlatt* 6. 11. 1997, auch unter: http://www.lili.uni-bielefeld.de/~braungar/pkw/pkw.html.
56 Zum Begriff der Transkription vgl. die Beiträge von Georg Stanitzek und Ludwig Jäger in: dies. (Hg.): *Transkribieren. Medien/Lektüre*, München 2002, S. 7-18 u. 19-41.

dabei erlebt man nur effekte, die durch einen hochartifiziellen prozess erzeugt sind mittels sprachlicher strategien«, zitiert Röggla ihre Telefongesprächspartnerin Karin Krauthausen, die im Rückgriff auf Maurice Merleau-Ponty »eine eigene tradition des mündlichen im schriftlichen« anführt, um Rögglas Fichte-Lektüre zu kontextualisieren.[57] Wenn Röggla betont, es gehöre zu Fichtes »selbstverständnis als autor«, auf dem Feld der Literatur »schnittstellen zwischen mündlichkeit und schriftlichkeit auszuloten«,[58] situiert sie nicht allein Fichte in dieser Tradition, sie schreibt sich auch selbst in die gleiche Reihe ein. In einer Parallelbewegung zu dem im Verlauf ihres Textes vollständig zitierten *Palette*-Kapitel »Jäcki telefoniert mit Liana Pozzi«,[59] in dem Fichte ein Telefongespräch im Medium der Schrift inszeniert, präsentiert Röggla ihren Essay ebenfalls als eine Verschriftlichung von Telefongesprächen. Die »mündlichkeit im text«, durch die, wie Rögglas Essay nahelegt, auch in Fichtes *Palette* »das gefühl von aktualität, von momenthaftigkeit erzeugt wird«, erscheint aus dieser Perspektive als Ergebnis eines wechselseitig angelegten Transkriptionsprozesses, der durch »übertragungen sprachlicher äußerungen vom akustischen in den schriftlichen bereich« ebenso bestimmt wird wie durch gegenläufige Operationen: »transkribieren und vorlesen beispielsweise oder interviews machen, nachdem man schriftlich fragen formuliert hat«.[60]

57 Kathrin Röggla: Fichte telefoniert nicht / Fichte doesn't phone, in: *Spector Cut + Paste* 2:2 (June 2002), S. 42 u. 44; verwiesen wird hier auf Maurice Merleau-Ponty: *Das Auge und der Geist*, Hamburg 1984.
58 Röggla: Fichte telefoniert nicht (Anm. 57), S. 44.
59 Ebd., S. 41, 43 u. 45; vgl. Fichte: *Die Palette* (Anm. 19), S. 17-19.
60 Röggla: Fichte telefoniert nicht (Anm. 57), S. 44; Röggla bezieht sich u. a. auf zwei CDs mit Originalaufnahmen von Hubert Fichte, die für die Wiederentdeckung Fichtes in den letzten Jahren nicht unwichtig waren: Hubert Fichte: *Gott ist ein Mathematiker. Annäherungen an die traditionelle Psychiatrie in Togo*, CD, supposé 2000; ders.: *St. Pauli Interviews* [1969], CD, supposé 2000; ein für diesen Zusammenhang wichtiger Hintergrund, auf den Röggla nicht eingeht, ist auch Fichtes langjährige Arbeit als Hörspiel- bzw. Rundfunkautor; vgl. dazu Böhme:

Besonders ausgeprägt läßt sich dieses Verfahren am Beispiel der Verarbeitung der *Star-Club*-Lesung in der Endfassung der *Palette* beobachten. Im Rückblick auf seinen Auftritt macht Fichte die Differenz von Mündlichkeit und Schriftlichkeit nicht zuletzt dadurch zu einem Gegenstand seines Romans, daß er sie in der vermeintlichen Authentizität direkter Rede einerseits zu überspringen scheint, andererseits aber als Unterscheidungskriterium auch explizit thematisiert. An die Stelle von Nacherzählung und Beschreibung rückt eine Vergegenwärtigung der Bühnensituation, in der die Gegenüberstellung von Buch und Lesung mit dem Wunsch gekoppelt wird, die Differenz zwischen Wort und Musik zu überwinden: »– Ich stehe also vor euch und lese aus meinem Buch. [. . .] Ich möchte auch mal die fünf Beatles sein: – Hier ist mein Sound.«[61] Die schriftlich simulierte Mündlichkeit, über die Fichte die Auftrittssituation in den Text übersetzt, wird jedoch zugleich durch Reflexionen konterkariert, die dem Wunsch nach einer Überwindung der Differenz von Prosa und Beat gerade die Qualitäten der Schrift entgegenstellen, die Fichte in seinen Texten exzessiv nutzt und auf denen seine Vorstellung von Literatur letztlich aufbaut: »Beim Schreiben kann ich den Namen Heidi vorschützen oder Cartacalo/la oder Jäcki. Was ich rede, bin ich.«[62]

Fichte lenkt die Aufmerksamkeit nicht allein auf die unterschiedlichen medialen Bedingungen von Text und Bühnenpräsentation, er übersetzt und verschiebt die hier vorausgesetzte Differenz von Mündlichkeit und Schriftlichkeit zugleich auch in andere Konstellationen, in die einander überlagernden Unterscheidungen von Authentizität und Artifizialität, von Ereignis und Dokumentation, von Produk-

Hubert Fichte (Anm. 5), S. 57-106; Gerd Schäfer: Seh-Texte/Hör-Bilder. Hubert Fichte als Rundfunkautor, in: Böhme/Tiling (Hg.): *Leben, um eine Form der Darstellung zu erreichen* (Anm. 2), S. 50-69.
61 Fichte: *Die Palette* (Anm. 19), S. 332.
62 Ebd., S. 333.

tion und Reproduktion, von Präsenz und Repräsentation: »Ich steh draußen und hab nur die Wörter an, ich bins für alle sichtbar und auf Magnetofonband und Pelliküle und wenn meine Wörter versagen, dann schneidet der Hessische Rundfunk das mit und die Wochenschau hat es als Dokument und ich stürz ab mit meinen Wörtern über das, was ich erlebt habe, vor meinem Überich und vor meinem leibhaftigen Unbewußten in der ersten Reihe, tanzt zur Musik, wenn ich nicht lese.«[63] Aus der Perspektive des schriftlich verfaßten Romans, dessen Syntax, Sprachrhythmus und präsentischer Duktus auch an dieser Stelle die vermeintliche Unmittelbarkeit einer mündlichen Mitteilung simulieren, reflektiert Fichte die Situationsabhängigkeit der Lesung, die als *live performance* von den Fernsehkameras und Tonbandgeräten nicht nur mitgeschnitten und dokumentiert wird, sondern durch deren Präsenz – »vor dem zweiten und dritten Fernsehen und siebzehn Mikrophonen«[64] – auch direkt beeinflußt wird. Schon im Moment des Auftritts tritt die Stimme in ein Konkurrenzverhältnis zu jenen Medien, die sie aufzeichnen und vervielfältigen. Konfrontiert mit der Möglichkeit ihrer technischen Reproduzierbarkeit steht die Stimme schon im Moment des Sprechens unter den Vorzeichen der Nachträglichkeit, die häufig eher der Schrift zugeschrieben werden, und wirkt dabei gegenüber den auf sie ausgerichteten technischen Apparaturen hilf- und haltlos. So erscheint die vermeintliche Authentizität des Sprechens in einer Live-Situation – »Was ich rede, bin ich« – keineswegs als wünschenswerte Fortsetzung des Schreibens, sondern als ein Problem, das der Vorstellung von Literatur, die Fichte in seinen Texten in vielfachen Variationen entwirft, strukturell zuwiderläuft.

Fichtes Text ist nachhaltig von Formen der Mündlichkeit geprägt, führt zugleich aber vor, daß die »mündlichkeit im text«, von der Röggla spricht, ihre spezifischen Qualitäten

63 Ebd.
64 Ebd., S. 332.

und ihren Halt in dem Moment verliert, in dem sie ihren Ort nicht mehr »im text«, sondern auf einer Bühne hat. Der Text läuft Gefahr, gerade das zu verlieren, was ihn ausmacht, wenn er den Gesetzen einer *live performance* ausgesetzt ist und nicht mehr dem, was Fichte – in einem Gesprächsmitschnitt aus dem Jahr 1979, transkribiert von Röggla – als die entscheidenden Parameter der Literatur begreift: »es ist sicher amüsanter ... vorgelesen bekommen. aber das hat mit literatur nichts zu tun. ... literatur sind buchstaben und nachdenken.«[65] Die »mündlichkeit im text« zielt weder auf eine mündliche Inszenierung des Textes noch auf die schriftliche Reproduktion einer vorgängigen Mündlichkeit ab. Der Eindruck von Unmittelbarkeit und Aktualität, den Fichtes Texte ausstrahlen, ist vielmehr ein Effekt sprachlicher Strategien. Der »Performanz-Charakter« und der Effekt der »Präsenz und Realitätsdichte«, der Fichtes Prosa zugeschrieben wird,[66] entsteht auch im Fall der *Palette* in nicht geringem Maß dadurch, daß sich der Text Formen der Mündlichkeit annähert. Er versucht diese jedoch nicht naturalistisch abzubilden, sondern setzt sie aus der Perspektive der Schrift einem Prozeß der Abstraktion aus, inszeniert sie im Medium der Schrift, als Literatur, und produziert so einen Text, der unentscheidbar zwischen den Registern von Mündlichkeit und Schriftlichkeit oszilliert.

PRÄGNANT, ZERSTREUT

»Wo andere Autoren für die in einer Fichte-Zeile komprimierte Information prosaisch Nebensätze benötigen, um Ambivalenzen zu erörtern, ergibt sich Ambivalenz bei Fichte durch die Komprimierung und die über seine Schnitte er-

65 Hubert Fichte, zit. nach Röggla: Fichte telefoniert nicht (Anm. 57), S. 42.
66 Bekes: Hubert Fichte (Anm. 31), S. 7.

zeugten Kontraste«, erläutert Martin Büsser zwei weitere Merkmale von Fichtes Texten, die für den »Performanz-Charakter« seiner Sprache verantwortlich sind.[67] Über kurze, oft unvollständige, elliptische Sätze, über vereinzelte Zeilen, die häufig nur aus einem Wort bestehen, öffnet Fichte einerseits Freiräume für abschweifende Lektüren, läßt anderseits aber auch eine Form von Prägnanz entstehen, in der sich, verstärkt durch die Produktion sprachlicher Ambivalenz und Verfahren der assoziativen Abstraktion, die performativen Qualitäten des Textes punktuell verdichten. In der *Palette*, aber auch in vielen anderen Texten kann Fichte auf diese Weise ein Projekt realisieren, das er im Rahmen einer Auflistung von Plänen am Ende der *Palette* skizziert: »Einen Roman, der die Dinge nicht benennt und die Vorkommnisse, sondern ersetzt: / Heidi und Barbara als Wörter selbst. / Nichts über Halleluja und Barbara berichten. Sie nachmachen in Wörtern.«[68] Wenn Weinberg betont, die Formulierung »nachmachen« sei hier »im Sinne des poetischen Machens« zu begreifen, unterstreicht er genau das, was hier als Modus der Aktualität, als performative Qualität von Fichtes Prosa beschrieben werden soll: Die »Wörter benennen nicht die Wirklichkeit, sondern sie bringen sie erst hervor«.[69]

Charakteristisch für dieses Verfahren ist, daß Fichte die Konzentration auf einzelne, vereinzelte Formulierungen, die Fixierung auf »Wörter unter der Lupe«,[70] immer wieder durch gegenläufige Bewegungen konterkariert, durch das Prinzip der Zerstreuung in Bewegung setzt. Der Vergleich mit fotografischen und filmischen Verfahren, der in vielfachen Variationen zur Beschreibung von Fichtes Texten herangezogen wird, setzt an genau dieser Kopplung von fixie-

---

67 Martin Büsser: Der von Zuweisungen befreite Mensch. Der Autor Hubert Fichte, in: *testcard. Beiträge zur Popgeschichte* 7 (Juni 1999), S. 192.
68 Fichte: *Die Palette* (Anm. 19), S. 331.
69 Weinberg: *Akut. Geschichte. Struktur.* (Anm. 37), S. 117.
70 Fichte: *Die Palette* (Anm. 19), S. 50.

render Konzentration und dezentrierender Bewegung an: Fichte arbeitet, schreibt Teichert, mit Aufreihungen von »kürzesten ›snap-shots‹«, mit einer »Technik der Reihung von kürzesten Beobachtungs-*takes*«,[71] er produziert »Augenblicksbilder«, »Momentaufnahmen«, und präsentiert sie, schreibt Madsen, als »zersplitterte filmatische Streifen«.[72] Auch Baumgart greift auf den Vergleich mit dem Medium Film zurück, um den Effekt der Zerstreuung zu beschreiben, den Chotjewitz' *Die Insel*, Brandners *Innerungen* und Fichtes *Die Palette* evozieren: »Der Vortrag ist in allen drei Büchern sprunghaft, schnell geschnitten wie Film, zerstreut, ohne jede Kontinuität, durchsetzt von Montagen aus lauter Fertigteilen, einpräparierten Redeweisen, Zeitungsartikeln, Parodien.«[73] Die so verfertigte »Zerstreuungsliteratur« verlange, schreibt Baumgart weiter, »auch eine zerstreute Rezeption, appelliert an einen kurzfristig neugierigen Leser, der beliebig aufschlägt, zuschlägt, anfängt, aufhört, so wie jemand, sagte damals Bichsel in einer Rezension, der durch eine großstädtische Hauptstraße geht, der gern und deshalb alles nur Lesbare liest, Schlagzeilen, Reklameinschriften, Plakate.«[74] Die Nähe zu Techniken, die seit Mitte der 1960er Jahre unter dem Schlagwort Pop verhandelt wurden, läßt sich an derartigen Beschreibungen ebenso ablesen wie die Qualitäten, die Fichtes Texte auch heute noch für Autoren wie Goetz, Meinecke oder Röggla attraktiv erscheinen lassen.

Die Verfahren der Konzentration und der Zerstreuung werden in Fichtes Texten jedoch nicht nur wechselseitig aufeinander bezogen, Fichte arbeitet nicht nur mit Aufreihun-

71 Teichert: »*Herzschlag aussen.*« (Anm. 6), S. 258 u. 266.
72 Madsen: *Auf der Suche nach einer Identität* (Anm. 1), S. 114.
73 Baumgart: Was kommt nach der modernen Literatur (Anm. 21), S. 186.
74 Ebd., S. 187; Baumgart bezieht sich hier vermutlich auf Peter Bichsel: Zum Beispiel auch Berlin. Peter O. Chotjewitz: »Die Insel. Erzählungen auf dem Bärenauge«, in: *Der Spiegel* 22/1968, S. 152 f.

gen von Momentaufnahmen und Techniken des Cut-Ups,[75] er reflektiert zugleich auch deren Effekte, beschreibt deren Konsequenzen für die Strukturierung von Zeit, für den Zeitindex der sinnlichen Wahrnehmung, die Zeitlichkeit des Schreibens und des Lesens. Die Konfrontation von Prägnanz und Zerstreuung verweist in diesem Sinn immer auch auf Überlegungen zur Konstitution und Wahrnehmung von Zeit. »Sind die kleinsten Teile von Bewegungen Bewegungen oder starr? [...] Was sind die kleinsten Teile der Zeit? Gibt es in der Zeit immer noch ein Zeitigeres?« fragt Fichte in *Detlevs Imitationen* »*Grünspan*«, nachdem er in einer Aufreihung von Wörtern das »Sahara«, eine Diskothek in Hamburg, »ohne zeitliche Ausdehnung«, in Form einer »Saharalitanei von Bewegungslosem« präsentiert hat: »Tische. / Stühle. / Gläser. / Scherben. / Blut. / Leuchtfarben. / Pop. [...] Gelblicht. / Martinshorn. / Blaulicht. / Tanzfläche. / Discjockey. / Mikrofon. / Bewegtes.«[76] An die Stelle von narrativ entfalteten Handlungs- oder Bewegungsabläufen treten »Wörter unter der Lupe«, die in kleinste Einheiten zerlegt, über Momentaufnahmen fixiert und isoliert werden. Die Frage nach den kleinsten Teilen der Zeit wird so jedoch nicht beantwortet, sondern durch ihre Reflexion im Medium der Sprache allererst evoziert. Auch wenn die Momentaufnahmen die Vorstellung eines zeitlichen Kontinuums unterminieren, indem sie Zeit scheinbar fixieren, erscheint das »Sahara« im Text nicht »als zeitlose Wortoberfläche«,[77] sondern, wie Fichte betont, in Form einer unweigerlich temporalisierten Folge von Wörtern. Auf vergleichbare Weise reflektiert Fichtes Versprachlichung der Stroboskopeffekte »des psychedelischen Schuppens ›Grünspan‹« die Parameter der Zeitwahrnehmung und die Möglichkeiten der schriftlichen Dar-

75 Zu Fichtes »Cut-up-Kalkül« vgl. Gerd Schäfer: Kalkül und Verwandlung. Zur Poetik Hubert Fichtes, in: *Merkur* 40 (1986), S. 388-402.
76 Fichte: *Detlevs Imitationen »Grünspan«* (Anm. 13), S. 26f.
77 Ebd., S. 27.

stellung von Zeit, indem diese über Verfahren der Fragmentierung und Serialisierung zugleich fixiert und in Bewegung versetzt werden: »Zwei / Stro / Zwei / Stro / Zwei / Bo / Bo / Zwei / Stro / Bo / Stro / Sko / Bo / Sko / Pe / Pe / Für das Auge sind die kleinsten Teile von Bewegungen keine Bewegungen, sondern starr.«[78]

Die Kopplung von rhythmisierter Bewegung und erstarrter Zeitfixierung, die die »Saharalitanei« und die sprachliche Evokation der Stroboskopeffekte im »Grünspan« aneinanderrücken läßt, bestimmt auch eine weitere Konstellation, die den Roman in mehrfachen Wiederholungsschleifen durchsetzt – die schlagartige Dissoziation von Vorstellungen eines Kontinuums der Zeit in der Vergegenwärtigung der Bombenangriffe auf Hamburg im Jahr 1943: »Jetzt fängt die Flak an zu schießen. [...] Jetzt sind sie über uns. [...] Jetzt knallt es, daß Opa doch gleich vom Stuhl rutscht. [...] Jetzt bleibt der Strom weg. [...] Jetzt fällt es runter über uns und dann schlägt es ein [...]. Jetzt! Jetzt! Jetzt! Jetzt! [...] Jetzt ist es aus.«[79] Die hedonistische, unter den Vorzeichen von Pop zelebrierte Zerstückelung der Zeit wird konfrontiert mit der Katastrophe des Krieges, die in Fichtes Text über Reflexionen über die Zerstörung des Lebens und das Sezieren der Bombenopfer zugleich auch als Auslöschung von Zeit und Sprache erscheint, als schlagartige Zersetzung eines von Büchern, Worten und Buchstaben geprägten Vorstellungsraums. Die Sprache im Roman ist »nicht mehr das subjektiv gesteuerte, flexible, darstellungsfähige Medium zur Deutung von historischen Prozessen«, sie zerfällt vielmehr, wie Böhme im Rahmen einer ausführlichen Analyse der Zeitreflexion in *Detlevs Imitationen »Grünspan«* zeigt, in »inventarisierende Protokollsätze« und »Stakkato-Litaneien«.[80]

78 Ebd., S. 230 f.
79 Ebd., S. 22 ff.
80 Vgl. Böhme: *Hubert Fichte* (Anm. 5), S. 163-182, hier: S. 177.

In der Evokation traumatischer Ereignisse wie auch in weniger katastrophischen Konstellationen wiederholt sich in vielfachen Variationen eine Konfrontation von Zeitvorstellungen, die das vergegenwärtigende »Jetzt«, die den Text rhythmisierende Momentaufnahme, immer wieder erneut in einen Zustand der Zeitlosigkeit umschlagen läßt, in einen Zustand, der in der *Palette* als »Timelessness« entworfen wird: »Die Verneinung der Zeit, zunächst vorgestellt als Zeit nach und hinter der Zeit, dann auch als Zeit vor der Zeit, als anfangs- und endlose Zeit.«[81] In derartigen Reflexionen über Zeitzerstückelung und Zeitlosigkeit reproduziert sich einmal mehr jene Kopplung von Konzentration und Zerstreuung, die auch auf anderen Ebenen die Strukturierung von Fichtes Texten prägt. Charakteristisch für diese Reflexionen ist ihre Zurückhaltung gegenüber vereindeutigenden Erklärungen, gegenüber eindeutig deutenden Zugriffen auf die Schreibverfahren und das durch sie Hervorgebrachte. Was sich an der Mikrostruktur der Momentaufnahmen beobachten läßt, betrifft ebenso auch die Makrostruktur der Textorganisation. Nicht nur im *Versuch über die Pubertät* geht es Fichte darum, im Text die »Freiheit« zu entwickeln, »das Diskrepante zu schreiben«, »Sprünge, Widersprüche, das Unzusammenhängende« nicht zu kitten, sondern heterogene »Teile unverbunden nebeneinander bestehen« zu lassen. Nicht nur an dieser Stelle lautet das Projekt: »Schichten statt Geschichten, Kiesel, Zeitraffer, Zeitlupe, die Uhrzeit verlieren und auch die wiedergefundene Zeit wieder verlieren«.[82]

So wie die gegenläufigen Konfigurationen von Zeitvorstellungen produzieren auch die Techniken der Komprimierung und des Schnitts gezielt Formen von Ambivalenz, die die Lektüre herausfordern und vorantreiben. »Fichte liefert Materialien, setzt sie in Beziehung, gibt Argumentationen

---

81 Fichte: *Die Palette* (Anm. 19), S. 33 f. u. 302.
82 Fichte: *Versuch über die Pubertät* (Anm. 4), S. 294.

qua Komposition vor. Doch nirgends«, schreibt Teichert, »versucht er, die szenischen Vorstellungen nachträglich zu deuten. Der Leser ist zur Mitarbeit aufgerufen.«[83] Wie die »inventarisierenden Protokollsätze« und die »Stakkato-Litaneien« wäre auch die Vorstellung eines »Romans über die Palette in Katalogform«, die Fichte am Ende von *Die Palette* skizziert,[84] ein Modell, das in diesem Sinn vorgefundenes Material über Komprimierung und Schnitt, über Fixierung und Zerstreuung zueinander in Beziehung setzt, aber gleichwohl auf die Mitarbeit des Lesers angewiesen bleibt. Fichte realisiert diese »Katalogform« in Teilen der *Palette*, etwa in den Kapiteln »Lexikon«, »Palettenabc« oder »Zweites Palettenabc«,[85] nimmt vergleichbare Verfahren aber auch in den ethnographischen Reportagen und in verschiedenen Texten aus dem Komplex der *Geschichte der Empfindlichkeit* wieder auf.[86] Nicht zuletzt an diese Verkürzungstechniken, an Verfahren der Auflistung, Katalogisierung und Inventarisierung versuchen, explizit oder auch nur implizit, verschiedene Autoren heute – und vielleicht gerade heute wieder[87] – anzuknüpfen. Zugleich sind sie aber auch, heute wie vor fünfunddreißig Jahren, ein Ansatzpunkt für skeptische Einwände. Das »Verlangen des Verfassers, sich der Wirklichkeit in glitzernden Vokabelketten zu versichern«, schreibt Blöcker über *Die Palette*, sei so stark, daß das »Erzählen oftmals zum Aufzählen« werde.[88]

83 Teichert: *»Herzschlag aussen«* (Anm. 6), S. 271.
84 Fichte: *Die Palette* (Anm. 19), S. 330.
85 Ebd., S. 46ff., 153ff. u. 187ff.
86 Vgl. dazu Teichert: *»Herzschlag aussen«* (Anm. 6), S. 262.
87 In dieser Hinsicht ließen sich auch Moritz Baßlers Überlegungen zu Katalogisierungs- und Archivierungsverfahren im »Pop-Roman« der 1990er Jahre weiter perspektivieren, vgl. Moritz Baßler: *Der deutsche Pop-Roman. Die neuen Archivisten*, München 2002.
88 Blöcker: Ein deutscher Beat-Roman (Anm. 36), S. 375.

»Hubert Fichte fragte sich: Wie soll man alles beschreiben?«[89] Cordula, eine der drei mit »Ich« markierten Erzählinstanzen in Thomas Meineckes *Hellblau*, und zwar jene, von der man am Ende des Romans erfährt, daß sie in naher Zukunft »in Hamburg eine Reihe von Interviews für eine Publikation zum fünfzehnten Todestag Hubert Fichtes machen wird«, liest, hier und an anderen Stellen des Romans, Texte von und über Hubert Fichte.[90] Und wie an anderen Stellen verweist das, was dem »Ich« zugeschrieben wird, auch hier auf den Entstehungsprozeß von *Hellblau*. Nicht nur in dieser Passage sieht sich auch Meineckes Text mit der Frage »Wie soll man alles beschreiben?« konfrontiert, und nicht nur an dieser Stelle findet man in seinen Schreibverfahren – und das heißt in mehrfachem Sinn auch: mit Fichte – eine mögliche Antwort. Wie bei Fichte rücken auch bei Meinecke an die Stelle des Beschreibens Verfahren des Auflistens und der Inventarisierung, des Ab-, Mit- und Umschreibens, das Schreiben konstituiert sich über ein Aufnehmen von und Arbeiten mit vorgefundenem Material. Im zitierten Fall handelt es sich dabei um »Torsten Teicherts 1986er Dissertation über die poetische Konstruktion des Fremden und des Eigenen im Werk von Hubert Fichte«, ein Buch, auf das Meinecke das »Ich« an dieser Stelle verweisen läßt, ein Buch, aus dem er, einzelne Formulierungen oder ganze Sätze zitierend, paraphrasierend, reformulierend, abschreibt.[91] Meinecke zitiert jedoch nicht allein Teichert, der Fichte zitiert,[92] sondern zu-

89 Meinecke: *Hellblau* (Anm. 16), S. 270.

90 »Ziehe Hubert Fichtes Forschungsbericht, den XV. Band seiner Geschichte der Empfindlichkeit, aus meiner Jackentasche«, heißt es am Ende des Romans; vorher schon notiert Cordula: »Lektüre: Hubert Fichtes Band XV seiner extensiven Geschichte der Empfindlichkeit.« (Ebd., S. 335 u. 230.)

91 Ebd., S. 270; die zitierten Stellen finden sich in Teichert: *Herzschlag aussen* (Anm. 6), S. 267 ff.

92 »Fichte fragt: *Wie soll man alles beschreiben?*«, schreibt Teichert (ebd.,

gleich auch Fichte, indem er sich an dessen Verfahren der Textkonstitution annähert, etwa an jene »wesentliche Form der Beschreibung«, die Teichert, bezogen auf Fichte, über ein Zitat des Literaturtheoretikers Georg Lukács anführt, das das »Ich« in *Hellblau* aufnimmt und in eine neue Form bringt: »In Klammern: Schon Georg Lukács bezeichnete das Selbständigmachen der Einzelheiten als wesentliche Form der Beschreibung.«[93] Derartige Übernahmen aus vorgefundenen Texten bleiben selten auf den spezifischen Kontext der Figurenrede beschränkt, in diesem Fall Cordulas Lektüre von Teicherts Fichte-Studie, sie verweisen fast immer auch auf die Schreibverfahren, denen sich diese Figurenrede verdankt. So vollzieht sich auch an dieser Stelle in *Hellblau* genau das, was über die zitierten Texte benannt wird. Die Frage nach der Möglichkeit, »Detroit Bass auf Anhieb von Miami Bass unterscheiden zu können«,[94] löst im Monolog der Ich-Erzählerin Assoziationen aus, die im Text so angeführt werden, daß sie sich über thematische Verzweigungen, metaphorische Verdichtungen und, stärker noch, metonymische Verschiebungen unablässig fortsetzen,[95] sich in scheinbar disparate Einzelheiten verselbständigen, letztlich aber fast

S. 270) und belegt das Zitat mit »[*Lazarus*, 263]«, also Hubert Fichte: *Lazarus und die Waschmaschine. Kleine Einführung in die Afroamerikanische Kultur*, Frankfurt/M. 1985, S. 263.

93 Meinecke: *Hellblau* (Anm. 16), S. 270; Teichert schreibt: »Lukács behauptete einst als ›wesentliche Form der Beschreibung‹: ›das Selbständigmachen der Einzelheiten‹.« (Teichert: »*Herzschlag aussen*« (Anm. 6), S. 270.)

94 Meinecke: *Hellblau* (Anm. 16), S. 269; Miami Bass ist Anfang der 1980er Jahre als schnelle, baßlastige Ausdifferenzierung von Hip Hop und Electro entstanden; Detroit Bass, ebenfalls rückdatierbar auf die 1980er Jahre, kombiniert Versatzstücke aus Electro, Hip Hop, Techno und Miami Bass; eine Übersicht zu Geschichte, Labels, Produzenten und Tracks findet sich unter http://www.basschamber.de.

95 Zur Unterscheidung von Metapher (als paradigmatische Selektion) und Metonymie (als syntagmatische Kombination) vgl. Roman Jakobson: Der Doppelcharakter der Sprache und die Polarität zwischen Metaphorik und Metonymik [1956], in: Anselm Haverkamp (Hg.): *Theorie der Metapher*, Darmstadt 1996, S. 163-174.

immer auch wieder in neuen, oft erst durch den weiteren Textverlauf konstituierten Zusammenhängen verhaken. Aus der Perspektive der Gegenwart, markiert über Computerbildschirm und Plattenspieler, datiert über Hinweise auf Zeitungen, Bücher und Schallplatten, die in der Entstehungszeit des Romans erschienen sind, wird auf diese Weise in immer neuen Wendungen historisches mit neuem, aktuell anfallendem Material verknüpft: »Auf meinem Bildschirm: Hubert Fichtes Miami. Auf beiden Plattenspielern: Parallel Dimensions, das neue, bezaubernde, auf seinem Sound Signature Label erschienene Doppelalbum des Theo Parrish.«[96] Meinecke macht in seinem Text, vermittelt über das »Ich« namens Cordula, gerade das, was Theo Parrishs Titel *Parallel Dimensions* verspricht, und potenziert dieses Verfahren noch, wenn er im weiteren Verlauf des Textes die Parallelisierung von »Miami Bass« und »Hubert Fichtes Miami« auch auf Theo Parrishs »Doppelalbum« und die dort angelegte Frage nach der Konstruktion des Eigenen und des Fremden ausweitet: »Heinrich vermeint, konkrete Voodoo Conga Patterns in seinem Spiel zu erkennen. Theo Parrish behauptet: The difference between imitation and emulation is specific experience. Hubert Fichte fragte sich: Wie soll man alles beschreiben? Und erfuhr an den atlantischen Gestaden der Neuen Welt: Eine Vaudouzeremonie ist alles.«[97]

Hellblau läßt sich in dieser Hinsicht als Entwurf einer »postkolonialen Literatur« lesen,[98] als ein »Forschungsbericht«,[99] als literarische Form einer breitangelegten Diskurs-

---

96 Meinecke: *Hellblau* (Anm. 16), S. 269; die Platte ist in der Entstehungszeit von *Hellblau* erschienen, vgl. Theo Parrish: *Parallel Dimensions*, 2 × 12", Sound Signature 2000; »Hubert Fichtes Miami« bezieht sich auf Hubert Fichte: *Petersilie. Die afroamerikanischen Religionen*, Frankfurt/M. 1980.

97 Meinecke: *Hellblau* (Anm. 16), S. 269f.

98 Vgl. dazu Susanne Messmer: Eine elegante Einladung zum Dialog [Rezension von *Hellblau*], in: *die tageszeitung* 3. 9. 2001.

99 Etwa im Sinn von Hubert Fichte: *Forschungsbericht. Roman*, Frankfurt/

analyse,[100] die in ihrer quasidetektivischen Spurensuche und ihrer ebenso archäologischen wie assoziativen Erkundung kultureller Oberflächen auf mehreren Ebenen an Hubert Fichte erinnert. In vielen Kritiken werden diese Lektüremöglichkeiten jedoch ausgeblendet und durch Anmerkungen zur Frage der Gattungszugehörigkeit überdeckt, die Ende der 1960er Jahre auf ähnliche Weise auch gegen *Die Palette* gerichtet wurden und schon damals nicht selten in der tendenziell trüben Frage versackten, ob derartiges noch als Roman bezeichnet werden sollte. So wie das *Lexikon der Weltliteratur Die Palette* als ein »Kompendium« präsentiert, das »nicht als Roman angesprochen werden« könne,[101] wird in vielen Kritiken auch Meineckes Roman *Hellblau* als ein Roman vorgestellt, der sich nicht an »traditionelle Gesetze der literarischen Gattung« halte,[102] der »vielleicht gar nicht Roman genannt werden sollte, eher Traktat, Materialsammlung, Zettelkasten«.[103] Kurz: »Soll man, kann man Thomas Meineckes neuestes Textkonvolut noch lesen und verstehen als Roman?«[104]

Der weitreichende Verzicht auf Figurenpsychologie, narrativ ausgestaltete Handlungszusammenhänge und eindeutig

M. 1989; ohne Bezug auf Fichte wird *Hellblau* als »Forschungsbericht« beschrieben von Jörg Magenau: Jäger und Sampler [Rezension von *Hellblau*], in: *Frankfurter Allgemeine Zeitung* 6. 10. 2001.

100 Oder auch als »Landkarte des Diskursdschungels« zwischen Rhizom-Theorie, Cultural Studies und Dekonstruktion, vgl. Ulrich Rüdenauer: Ist Mariah schwarz? [Rezension von *Hellblau*], in: *Tagesspiegel* 22. 9. 2001.

101 A. Sdt. [= Adalbert Schmidt]: *Die Palette*. *Roman* von Hubert Fichte, in: Gero von Wilpert (Hg.): *Lexikon der Weltliteratur. Band II: Hauptwerke der Weltliteratur in Charakteristiken und Kurzinterpretationen*, Stuttgart ³1993, S. 1002.

102 Peter M. Boenisch: Mein Text weiß mehr als ich [Rezension von *Hellblau*], in: *Süddeutsche Zeitung* 9. 10. 2001 (Münchner Kultur).

103 Ina Hartwig: Sexy Attachment from Germany [Rezension von *Hellblau*], in: *Frankfurter Rundschau* 10. 10. 2001 (Literaturbeilage).

104 Reinhard Baumgart: Im Chaos fischen. Thomas Meinecke taucht ab ins Diffuse: »Hellblau«, in: *Die Zeit* 4. 10. 2001 (Beilage *Zeitliteratur*).

festlegbare Themen kann heute offenbar immer noch jene Unzufriedenheit auslösen, die 1968 auch zu einem Ausgangspunkt der Kritik an Fichtes Schreibverfahren wurde: »Stoff breitet sich also aus. Was ihm fehlt, ist das Thema«, kritisiert Baumgart 1968 *Die Palette*.[105] Gut dreißig Jahre später schreibt Thomas Steinfeld über *Hellblau*: »Doch die Handlung bedeutet fast nichts, denn dieser Roman besteht vor allem aus dem von überall her, nicht zuletzt aus der populären Kultur einschießenden Stoff.«[106] Und auch Baumgart greift in seiner *Hellblau*-Kritik zu Argumenten, die er in ähnlicher Form bereits Ende der 1960er Jahre im Blick auf *Die Palette* formuliert hat: »Er bietet nur noch kaum anskizzierte Figuren und hat keine Lust mehr auf Geschichten. Bis auf letzte kümmerliche Reste scheint alles Fiktive aus der neuen Textlieferung herausgeblasen. Dokumentiert wird nur ein besessenes Sammeln von Fakten, Thesen, Sounds.«[107] Aus dieser Perspektive erscheint es trotz der Differenzen zwischen den Schreibweisen nur konsequent, daß Baumgart die »kurze Hommage an Hubert Fichte« auf den letzten Seiten von *Hellblau* zum Anlaß nimmt, den »ethnografischen Sammler, Spekulanten, Collagisten und vor allem Grenzverwischer, Grenzüberschreiter« Hubert Fichte als einen »Vorläufer« Thomas Meineckes zu beschreiben.[108]

105 Baumgart: Eine wüste Idylle, in: Beckermann (Hg.): *Hubert Fichte* (Anm. 25), S. 33 [zuerst in: *Der Spiegel* 9/1968]; potenzierte »Stoffhuberei« wird Fichte vorgeworfen von Scharang: Fichtes »Palette« (Anm. 22), S. 507.
106 Thomas Steinfeld: Wellensalat. Thomas Meineckes »Hellblau«, in: *Süddeutsche Zeitung* 22./23. 9. 2001; Meinecke verweist in Interviews auch auf andere Lesarten des Wortes »Stoff«: »›Hellblau‹ hat ja eine Struktur, so wie Frottee: Lauter kleine Haken, lauter kleine Ösen, die zurückkehren zum Stoff.« (Thomas Meinecke, zit. nach Wilfried Eckl-Dorna: Im Prozess liegt die Arbeit [Interview mit Thomas Meinecke], in: *Die Zeit* 10. 12. 2001); auch der auf dem Einband von *Hellblau* abgebildete hellblaue Frottee-Stoff legt diesen Vergleich nahe.
107 Baumgart: Im Chaos fischen (Anm. 104).
108 Ebd.

Wenn Meinecke in seinen Büchern auf Fichte verweist, bezieht er sich nicht auf die Texte, die üblicherweise unter dem Stichwort Pop-Literatur verhandelt werden. Er führt zwar in einem Zeitungsartikel *Detlevs Imitationen* »Grünspan« als eine seiner »Pop-Initialzündungen« an und beschreibt in den Linernotes zu der Platte *Ekkehard Ehlers plays Hubert Fichte* rückblickend seine Verwunderung und Begeisterung darüber, »daß einer da, zwanzig Jahre älter als ich, den Namen meiner liebsten Diskothek auf den Titel seines Romans gesetzt hatte«.[109] Diese thematischen Bezüge auf Pop treten in Meineckes Büchern und Hörspielen aber nahezu vollständig in den Hintergrund. In *Hellblau* verarbeitet er ethnographische Texte von Fichte und Teile der *Geschichte der Empfindlichkeit*, in der in Zusammenarbeit mit Michaela Melián und David Moufang entstandenen intermedialen Performance *Konvent* zitiert und montiert Meinecke Ausschnitte aus Diskussionen über literarische Schreibverfahren, an denen 1964 im Rahmen eines Schriftstellertreffens im Literarischen Colloquium Berlin neben einer Reihe von anderen Autoren auch Hubert Fichte beteiligt war.[110] Auf die Frage nach der heutigen Relevanz der Gesprächsprotokolle von 1964 verweist Meinecke auf die Debatten über »das sogenannte Erzählen, das doch zurückkehren solle«, die damals geführt wurden und auch heute wieder – auch in Rezensionen zu *Hellblau* – aufkommen, auf den nur scheinbar erledigten »Kampf zwischen Avantgarde und herkömmlichem Erzählen« und auf die Aktualität von Entwürfen eines »Experimentierens mit Sprache«, das »das Wesen von Sprache« mit

109 Meinecke: From A to B and back again (Anm. 16); ders.: Linernotes auf *Ekkehard Ehlers plays Hubert Fichte*, 12″, staubgold 2002.
110 Vgl. Michaela Melián/Thomas Meinecke/David Moufang: *Konvent*, Intermediale Performance im Rahmen von *intermedium 2*, ZKM Karlsruhe, 24. 3. 2002; als Hörspiel gesendet in: *intermedium 2*, WDR 3, 28. 3. 2002; Meinecke zitiert die Gesprächsausschnitte aus Walter Hasenclever: *Prosaschreiben. Eine Dokumentation des Literarischen Colloquiums Berlin*, Berlin 1964.

ausstellt.[111] Folgt man der Kommentierung Meineckes, versucht die Performance über die Aneinanderreihung und Modulation von Zitaten in der Verbindung von Text (Meinecke), Bild (Melián) und Musik (Moufang) die Aufmerksamkeit auf den »Komplex der Konstruktion« von Texten und auf die »Musikalität« von Sprache zu lenken, ohne die Sprache dabei als Medium des Wissenstransportes oder im Sinne eines Bildungsauftrages »dominieren zu lassen«.[112] In welchem Maße Meinecke mit derartigen Verfahren immer auch auf Fichte verweist, zeigt sich an den in *Konvent* verarbeiteten Diskussionsbeiträgen ebenso wie an den in *Hellblau* ausdifferenzierten Schreibverfahren. Wenn er an anderer Stelle die »hypnotische Musikalität« von Fichtes Texten hervorhebt, mit den Verfahren des Protokollierens, Zitierens und Aufzählens assoziiert und auf diesem Weg, eher strukturell denn thematisch, an einen Begriff von Pop koppelt, wird zudem erkennbar, daß Meinecke das, was er Fichte zuschreibt, nicht zuletzt auch in seinen eigenen Texten verfolgt: »Je stärker Hubert Fichte sammelte, auflistete, protokollierte und zitierte, desto deutlicher wurden seine Texte, gerade abseits aller einschlägigen Topoi, zu Pop.«[113]

»Fichte beschreibt nichts, erzählt nichts nach. Er läßt die Sache in ihren eigenen Wörtern zu Wort kommen, spielt das Medium«, kommentiert Baumgart, bezogen auf *Die Palette,* diese Qualität von Fichtes Texten.[114] An die Stelle von Beschreibung und Nacherzählung, von narrativen Zusammenhängen und psychologisch ausgearbeiteten Figurenkonstellationen, rückt die Aufreihung von Momentaufnahmen, knappen Reflexionen und Dialogfetzen, die, wie Marcel Reich-Ranicki schreibt, »in der Regel wie Zitate angeführt«

---

111 Thomas Meinecke, zit. nach *intermedium 2*, WDR 3, 28. 3. 2002.
112 Ebd.
113 Meinecke: Linernotes auf *Ekkehard Ehlers plays Hubert Fichte* (Anm. 109).
114 Baumgart: Eine wüste Idylle (Anm. 105), S. 32.

werden.[115] Als »Autor« ist Fichte, wie es in der *Palette* heißt, immer zugleich »Erzähler und Aufzähler«.[116] Rhythmisiert über Wiederholungsstrukturen, über litaneihafte Serialisierungen und die Lust an ritualisierter Repetition,[117] schlägt das mechanistische Moment der Katalogisierung immer auch in eine sinnliche Qualität um, die einen hypnotischen Sog entwickeln, dem Text verblüffende Präsenzeffekte unterlegen, aber ebenso auch die Zeit über eine »Wortprozession auf der Stelle« scheinbar stillstehen lassen kann.[118] Aufzählen und Erzählen sind nicht mehr eindeutig zu unterscheiden, sie bedingen sich vielmehr gegenseitig, gehen in der Aneinanderreihung von Protokollen, Zitaten, Transkriptionen oder Wortkatalogen ineinander über und lassen so einen Text entstehen, der im Medium der Schrift genau die Effekte produzieren kann, die Thomas Meinecke dem Auflegen von Schallplatten, dem Ineinanderblenden von »Records«, der Arbeit des DJs zuschreibt: »Spannend daran sind jene Momente, in denen nicht klar auszumachen ist, welches Versatzstück welcher Quelle entstammt. In denen sich vermeintlich Disparates zur Synthese mischt. In denen das Zitat seine Anführungszeichen verliert.«[119]

115 Marcel Reich-Ranicki: Gammler, Gauner, Ganoven [1968], in: Becker-mann (Hg.): *Hubert Fichte* (Anm. 28), S. 54 [zuerst in: *Die Zeit* 29. 3. 1968].
116 Fichte: *Die Palette* (Anm. 19), S. 160.
117 Gert Mattenklott identifiziert in dieser Hinsicht die »sinnlose Lust an der Wiederholung«, die Fichte in seinen Texten zelebriert, mit der »sinnlosen Wiederholung der Lust«: »Ihr Modell ist der sexuelle Akt, oder vielmehr [...] dessen serielle Ausführung, die Nummer.« (Mattenklott: Hubert Fichte (Anm. 35), S. 75.)
118 Vgl. Wolfgang von Wangenheim: *Hubert Fichte*, München 1980, S. 51.
119 Meinecke: Ich als Text (Extended Version), in: Ute-Christine Krupp/ Ulrike Janssen (Hg.): *Zuerst bin ich immer Leser. Prosa schreiben heute*, Frankfurt/M. 2000, S. 22f.

»Da gibt es nichts, was erfunden wäre, das sind alles gefundene Dinge«,[120] erläutert Meinecke in einem Interview – ein auch von ihm für die Authentifizierung literarischer Darstellungen häufig genutzter Kontext – ein Prinzip seines Schreibens, das sich auf ähnliche Weise ebenso bei Fichte ausmachen läßt. Und ähnlich wie bei Fichte korrespondiert auch bei Meinecke der Maxime, nicht mit erfundenem, sondern mit vorgefundenem Material zu arbeiten, die Haltung, das Schreiben als eine Konstruktionsarbeit aufzufassen und auszustellen, die den Realitätsstatus des Materials immer auch der Artifizialität der literarischen Verarbeitung und damit der Realität der Literatur aussetzt. In diesem Sinn betont Fichte, ebenfalls in einem Interview, es ginge ihm »immer um Realität, wie sie wirklich gewesen war«, verweist aber zugleich auf seine »sehr künstliche, artifizielle Art, dieses naturalistische, natürliche Geschehen und Material zu präsentieren«.[121]

»Wir fragen uns beide, ob es eine Bedeutung hat, wenn ich schreibe: Aber es ist ganz bestimmt wahr. So ist es gelaufen, als ich im Starclub gelesen habe«, relativiert Fichte im letzten Kapitel der *Palette* die Beweiskraft von vermeintlich realitätsnahen Darstellungsweisen.[122] »Meine Fiction ist nicht ganz ohne Non-Fiction«, schreibt Fichte weiter, markiert mit einem Hinweis auf die Konventionen des Literaturbetriebs aber auch die Grenzen dieser Konstellation: »Solange die Palette nicht in Rowohlts Deutscher Enzyklopädie erscheint oder im Springer Verlag wie meine Embryologie, bleibt es eben doch bloß eine Novel. Fiction! Fiction! Fanta-

---

120 Thomas Meinecke, zit. nach Eckl-Dorna: Im Prozess liegt die Arbeit (Anm. 106).
121 Hubert Fichte, zit. nach Rüdiger Wischenbart: »Ich schreibe, was mir die Wahrheit zu sein scheint.« Ein Gespräch mit Hubert Fichte, in: *Text + Kritik. Zeitschrift für Literatur* 72 (Oktober 1981), S. 68f.
122 Fichte: *Die Palette* (Anm. 19), S. 333f.

sie! Man weiß eben nichts Genaues.«[123] Derartige Relativierungen führen Fichte jedoch nicht dazu, etwas grundsätzlich anderes zu schreiben als »bloß« einen Roman. Reflexionen wie diese sind vielmehr Teil einer systematischen Verunsicherung der Gattungsgrenzen, an der Fichte in seinen Romanen wie auch in anderen Texten mit hoher Präzision arbeitet. Die Grenzen zwischen »Fiction« und »Non-Fiction«, zwischen der Erfindung fiktionaler Szenen und der Arbeit des »gewissenhaften Journalisten, dessen Recherchen nachprüfbar sind«,[124] werden nicht klar gezogen, Fichtes Texte oszillieren vielmehr mit entschiedener Unentschiedenheit zwischen journalistischen, wissenschaftlichen und literarischen Schreibweisen. Hans Mayer hebt die auf diese Weise aufgeworfenen Probleme deutlich hervor, wenn er die in der Kritik beschriebene Entwicklung Fichtes von einer subjektivistischen Form von Literatur zu Verfahren objektiver Dokumentation nicht nur konstatiert, sondern auch in Frage stellt, indem er durch signifikante Klammerzusätze die »(scheinbare) Hinwendung von der subjektiven Erlebniskunst der ersten Bücher zur (scheinbar) dokumentarischen Objektivität der *Palette*« merklich relativiert.[125] Immer wieder, in der *Palette* wie in der *Geschichte der Empfindlichkeit*, läßt sich beobachten, daß sich »das Authentische und das Fiktionale« in Fichtes Texten derart wechselseitig durchdringen, daß »die Grenze zwischen beiden irritierend fließend wird«.[126]

»Es versteht sich von selbst, daß die Personen frei erfunden sind«, kommentiert Fichte ein Postenverschiebungsszenario, das er in der *Palette* am Beispiel von Umbesetzungen

123 Ebd., S. 334.
124 Vgl. von Wangenheim: *Hubert Fichte* (Anm. 118), S. 60; Fichte betont, *Die Palette* sei »aus einer journalistischen, oder wenn man so will soziologischen Arbeit heraus entstanden« und die »Methode der ›Palette‹« unterscheide sich »fast nicht« von der Methode seiner »mehr ethnologischen Bücher«; vgl. Wischenbart: »Ich schreibe...« (Anm. 121), S. 75.
125 Mayer: Hubert Fichte (Anm. 32), S. 134.
126 Büsser: Der von Zuweisungen befreite Mensch (Anm. 67), S. 190.

in und zwischen den Foto-Redaktionen verschiedener Zeitschriften entwirft: »Die Redakteurin für ganze Farbserien von der Praline sitzt nämlich jetzt bei der Hör zu! für die Abteilung Boutique und verhandelt mit Schöner Wohnen, um dort die Inneneinrichtung zu übernehmen. Der von den Inneneinrichtungen in Schöner Wohnen macht ab nächsten Ersten die ganzen Farbserien in der Praline. Bei der WELT wird der, der nichts von Architektur versteht, ersetzt von einer, die nichts von Architektur versteht. Er macht jetzt die Reiseseite bei der ZEIT – «.[127] Die im nächsten Satz folgende Information, die genannten Personen seien frei erfunden, dient nicht als ein absichernder Hinweis auf die Fiktionalität der Schilderung, sie leitet vielmehr über zu einer weiteren Verschiebung der Szenerie, die die Zusammenhänge so präsentiert, wie sie »in Wirklichkeit« zu beobachten seien: »Es versteht sich von selbst, daß die Personen frei erfunden sind und daß der von der WELT in Wirklichkeit bei der Constanze das Shopping machte und als Chefredakteur zu twen ging und daß die, die nichts von Architektur versteht, bei Schöner Wohnen sitzt und nicht bei der WELT.«[128] Verfahren der Authentizitätsfiktion, über die durch die Einarbeitung von Briefen, Interviews und Gesprächsprotokollen oder durch Erwähnungen real existierender Personen und Institutionen in einem fiktionalen Rahmen Realitäts- und Authentizitätseffekte produziert werden, finden sich in fast allen Texten Fichtes. Für die gezielte Unterminierung der Grenzen zwischen »Fiction« und »Non-Fiction« fast noch entscheidender sind jedoch jene in der *Palette* wie auch in vielen Teilen der *Geschichte der Empfindlichkeit* entwickelten Schreibverfahren, die genau das vorführen, was Rainald Goetz ohne Bezug auf, aber durchaus im Sinn von Fichte in den Begriff »Fiktionsfiktion« projiziert und ähnlich wie Fichte auch in seinen Texten praktiziert.

127 Fichte: *Die Palette* (Anm. 19), S. 238.
128 Ebd.

Als »Fiktionsfiktion« umreißt Goetz ein Erzählverfahren, bei dem das Geschriebene »ausschauen würde wie Literatur, dadurch deren Freiheitsräume hätte, die Beweglichkeit der Perspektiven und den ganzen Stimmungsreichtum, aber in Wirklichkeit nichts daran was Ausgedachtes wäre, sondern alles echt«.[129] Wie sehr sich Goetz mit dem Verfahren der Fiktionsfiktion, mit dem er auch im Rahmen seines Projekts *Heute Morgen* wiederholt arbeitet, an vergleichbare Schreibweisen Fichtes annähert, zeigt sich in einigen Passagen von *Rave* und *Dekonspiratione*, die sich aus dieser Perspektive als eine Form des Zitats – oder als ein weiteres »Salut« an eine von Fichte eröffnete Form – lesen lassen. Goetz durchsetzt seine Texte mit Szenarios, in denen er real existierende Namen von Journalisten und Redakteuren, Zeitungen und Zeitschriften, Fernsehsendern und Fernsehsendungen anführt, diese über größere oder auch nur minimale Verschiebungen jedoch in eher unwahrscheinliche, ironisch verstellte, zum Teil objektiv komische Konstellationen verstrickt: »Bei Viva stand der kritische Techno-Moderator Sascha Kösch mit seiner Freundin und Komoderatorin Mercedes Bunz am Cola-Automat«; »Jörg Heiser machte für die Woche eine kleine Geschichte, ausnahmsweise diesmal mehr von der kritischeren Seite her. Christoph Gurk vom SZ-Magazin kam dazu, dazu Lorenz Schröter, Spiegel-Spezial, Hamburg. Schon da: Christian Gracht, Die Bunte, München; Patrick Walder, Liebe Hiebe, Berlin«.[130]

Die Effekte derartiger Kopplungen von Authentizitäts- und Fiktionsfiktion komplizieren sich noch, wenn sie nicht

129 Rainald Goetz: *Kronos*, Frankfurt/M. 1993, S. 379; schon Goetz' erster Roman *Irre*, Frankfurt/M. 1983, ließe sich in diesem Sinn als Fiktionsfiktion beschreiben; ein ähnliches Konzept verfolgt einige Jahre später auch ein weiteres Buch, das verschiedentlich als potentielles Vorbild für die neuere Pop-Literatur diskutiert worden ist: Joachim Lottmann: *Mai, Juni, Juli. Ein Roman*, Köln 1987 [Neuauflage als Taschenbuch: Köln 2003].
130 Goetz: *Rave* (Anm. 50), S. 60 u. 72; vgl. auch S. 258ff.

auf polemische Ausfälle oder auf die Ridikülisierung des angeführten Personals beschränkt bleiben, sondern wenn, wie etwa in *Dekonspiratione*, im Text zugleich das »Verhältnis der Presse zur Realität« und die »Funktion der Fiktion von Authentizität in Texten für die Presse« thematisiert wird.[131] In dieser Hinsicht drängen sich Parallelen zu Fragestellungen, die auch Fichtes Texte bestimmen, ebenso auf wie im Blick auf den in *Abfall für alle* und *Dekonspiratione* problematisierten Umgang mit Geschichten, die »Material enthalten, das die Ordnung der öffentlichen Diskretion berührt«, auf Experimente mit »Formen des Indirekten, in denen das direkt Unaussprechliche sich gerne und quasi wie von selber sagen kann«.[132] Daß die Perspektivierung dieser Geschichten durch die eigene Positionierung als Autor und als Akteur in den beschriebenen Zusammenhängen häufig konterkariert wird, ist nicht nur eine unvermeidbare Konsequenz, sondern ein für das Verhältnis von Authentizität und Fiktionalität auch konstitutives Moment dieser Verfahren – bei Goetz wie bei Fichte.

»Ich sitze jeden Tag in der Palette. Ich greife nicht ein. Ich beobachte die Bewegungen«, erläutert Fichte in der *Palette* die Ausgangssituation der Arbeit am Buch.[133] Gefährdet wird die distanzierte Beobachtungsposition, aus der sich der Text entwickeln soll, durch die Möglichkeit der Aufhebung der vorausgesetzten Distanz: »Jäcki hat Angst, nicht mehr draußen vor zu bleiben, sondern, nachdem er schon anfängt wiederzuerkennen, hineingezogen zu werden in Zweiundzweis.«[134] Was sich hier und in anderen Passagen des Romans als ein Problem darstellt, die Möglichkeit der Überschreitung des konstitutiven Abstands zu den Gegenständen des Schreibens, ist für sein Gelingen letztlich von ähnlich entscheiden-

131   Rainald Goetz: *Dekonspiratione*, Frankfurt/M. 2000, S. 120.
132   Goetz: *Abfall* (Anm. 3), S. 304.
133   Fichte: *Die Palette* (Anm. 19), S. 106.
134   Ebd., S. 93.

der Bedeutung wie die Aufrechterhaltung der Distanz. Entsprechend verweist auch die von Goetz in *Dekonspiratione* notierte Feststellung, er sei als Schreiber »selber mitten drin« und also »zu nahe dran«,[135] keineswegs nur auf ein Hindernis, das die Perspektive verzerren und das Schreiben blockieren kann. Nur vor dem Hintergrund der Möglichkeit, daß die vorausgesetzten Differenzen immer auch unterminiert und die beschriebenen Grenzen immer auch überschritten werden können, funktionieren sie als entscheidende Momente der Authentizitäts- und Fiktionsfiktion. Dies betrifft die im Text entworfenen Figuren, wie im folgenden noch gezeigt wird, es betrifft aber auch und in besonderem Maße die eigene Positionierung als Autor, Erzähler oder Figur im Personengeflecht des Textes.

»– Ich, sage ich, würde nie ein Buch in der ersten Person Singular schreiben«, sagt ein »Ich« in Fichtes Roman *Versuch über die Pubertät*, in dem nicht nur ein »Ich«, sondern genaugenommen drei zu Wort kommen. »Setz doch dein Ich in Anführungsstriche! / – Nenn dich ›Roman‹«, wird einige Zeilen später die Reflexion über das »Ich«, das »Donnerwort, das Zentnerwort, das Echowort, die Lüge«, fortgesetzt.[136] Wenn Albert von Schirnding schreibt, Fichtes »Kernenergie« stecke »in dem Wörtchen ›Ich‹ – wobei die Anführungszeichen freilich zur Substanz gehören«, beschreibt er ein in mehrfacher Hinsicht zentrales Moment von Fichtes Texten,[137] das auf vergleichbare Weise auch Goetz' Schreibverfahren bestimmt. Einerseits wird das »Ich« derart auf die eigene Position als Autor bezogen, daß sich fast automatisch autobiographische Verrechnungsversuche einstellen. Die auf diese Weise provozierten Authentizitätseffekte werden bei beiden Autoren noch verstärkt durch das Verfahren, potentielle Verweise auf

135 Goetz: *Dekonspiratione* (Anm. 131), S. 142.
136 Fichte: *Versuch über die Pubertät* (Anm. 4), S. 36f.
137 Albert von Schirnding, zit. nach Schäfer: Kalkül und Verwandlung (Anm. 75), S. 392.

die eigene Person im Text systematisch zu vervielfältigen –
über die Selbstpositionierung als Schriftsteller, als Erzähler
und als »Ich« ebenso wie über die Einführung von Protagonisten wie »Hubert«, »Jäcki« und »Detlev« (im Fall von
Fichte) oder »Rainald«, »Wirr« und »Schütte« (im Fall von
Goetz), die in den Texten als mehr oder weniger stark ver-
schobene Alter Egos der Autoren figurieren. Die Vervielfälti-
gungsstrategien liefern Interpretationsansätzen, die auf autobiographische Identifikationen abzielen, jedoch nicht nur
weiteres Material, sie führen auch Differenzen und Binnendifferenzierungen ein, die gerade in der vermeintlichen Fixierung auf die Person des Autors vereinheitlichende Zurech-
nungen auf ein identifizierbares Künstlersubjekt verstellen.
Über Strategien der fiktionalen Distanzierung und der ver-
vielfältigenden Perspektivierung werden idealistische Konzeptionen von Identität und Subjektivität zugleich massiv
unterminiert.[138]

Diese Zersetzung von Identitätsmodellen und Authentizi-
tätszuschreibungen ist auch für Meinecke ein wichtiger Ansatzpunkt für seine Auseinandersetzung mit Fichte. Was er
im Blick auf Gender Studies und Cultural Studies über trans-
atlantische Kommunikationsverwirrungen und popkulturell
nomadisierende Mythologeme in *Hellblau* als Dekonstruktion ethnischer, sexueller und kultureller Identität thematisiert und vorführt, findet er in strukturell vergleichbarer
Form auch in Fichtes Texten. Und auch in dieser Hinsicht
vollzieht sich Meineckes Annäherung an Fichte über ein Zitat – über ein nicht mit Anführungsstrichen markiertes, erst
im weiteren Verlauf des Textes als Zitat identifizierbares Zitat: »Die scheinbar exzessive literarische Beschäftigung mit
sich selbst, immer wieder, immer neu, dabei die substantiell-
inhaltliche wie narrativ-strukturale Infragestellung des Iden-

---

138 In verschiedenen Arbeiten zu Fichte ist dieses Verfahren sehr genau
herausgearbeitet worden, vgl. etwa Böhme: *Hubert Fichte* (Anm. 5),
S. 21-29; Teichert: *»Herzschlag aussen«* (Anm. 6), S. 44-75.

titätszentrums, Wechsel, Maskierungen, Theaterrollen, Ego-rollen, poetische Imitationen, Kunstfiguren, Brüche im Le-ben, gedoppeltes, Blicke aufs Ganze: Das sind viele Teile, schreibt Torsten Teichert«, schreibt Meinecke, Teichert ab-schreibend und diese Abschrift einer der »Ich«-Instanzen des Romans, nämlich Cordula, zuschreibend, in *Hellblau*.[139]

So unterschiedlich die Infragestellungen von Identität bei Fichte, Goetz und Meinecke letztlich ausgearbeitet sein mö-gen, so ähnlich sind sie sich in der Fokussierung auf jene dop-pelte Bewegung, die alle drei Autoren in und mit ihren Tex-ten in Gang setzen. Einerseits erweist die Unterminierung der Unterscheidung von Authentizität und Fiktionalität jede Vorstellung einer feststehenden Identität als Ergebnis einer Konstruktion, andererseits wird dieses Moment der Kon-struktion in den Texten derart herausgestellt, daß selbst ein in viele Teile aufgespaltenes »Ich«, ein über fiktive Figuren per-spektivierter Diskurs oder eine distanziert reflektierende Er-zählinstanz als Verweise auf den Autor und den Kontext, in dem er sich bewegt, gelesen werden. Im Fall von Meinecke erscheint dies zunächst weniger naheliegend als im Fall von Fichte und Goetz. Dieser Abstand wird jedoch durch Kom-mentare zu Hintergründen, Verfahren und Intentionen des Schreibens verringert, über die Meinecke seine Bücher in einer Reihe von Interviews supplementiert. Wenn er dabei wiederholt seine Rolle als Autor relativiert, indem er sich als Leser und Fan beschreibt, der keinerlei Kontrolle über sein Material beansprucht, sondern nur, neugierig und hinge-rissen, seine Lektüren abbildet, beim Lesen mitschreibt, lösen sich autobiographische Verrechnungsoptionen letzt-lich ebensowenig auf wie die Möglichkeiten, die Texte den-noch im Blick auf die »Autorfunktion ›Thomas Mei-necke‹«[140] zu lesen. Sie werden vielmehr nur verschoben und

139 Meinecke: *Hellblau* (Anm. 16), S. 270.
140 Vgl. Christopher Strunz: Thomas Meinecke. Black Atlantic, in: *Spex* 10/2001, S. 56f.

neu formatiert: »Ich erzähle nicht viel von mir. Die Summe all dessen, was da passiert, bin ich dann vielleicht oder ist aus mir gekommen, aber eher durch mich hindurchgeflossen. Insofern nämlich, als ich ganz viele Lektüre- und sonstige Partikel als solche durch mich hindurch sprechen lasse.«[141] Nimmt man auch in dieser Hinsicht den Vergleich von Schriftsteller und DJ ernst, auf den Meinecke wiederholt verweist,[142] ließen sich seine Schreibverfahren als eine Arbeitsweise begreifen, die zwar immer nur unter den Vorzeichen der Verarbeitung von vorgefertigtem Material operiert, aber gerade deshalb die Aufmerksamkeit nicht nur auf das verarbeitete Material, sondern auch auf die Art der Verarbeitung, auf die gerade im Kontext des DJ-Diskurses damit verbundenen Vorstellungen von Autorschaft und Autorität[143] und damit unweigerlich auch auf die eigene Person lenkt.

Auch die Figuren, die Fichte, Goetz und Meinecke in ihren Texten entwerfen, sind jener doppelten Bewegung ausgesetzt, über die einerseits jede Identitätszuschreibung nur unter den Vorzeichen von Konstruktion und Fiktionalität erscheint, andererseits aber auch Realitätsrückkopplungen ausgelöst werden, die im fiktionalen Kontext gezielt Authentizitätseffekte produzieren. Wolfgang von Wangenheim weist darauf hin, daß Fichte in der *Palette* auf signifikante Weise darauf verzichtet, die nicht wenigen Personen, die im Roman auftauchen, auch »in ihrer Erscheinung« vorzustel-

---

141 Thomas Meinecke, zit. nach: Daniel Lenz/Eric Pütz: »Ich bin so ein Pop-Sommer-1982-Typ. Ein Gespräch mit Thomas Meinecke«, in: *Neue Zürcher Zeitung* 23. 8. 1999.

142 Vgl. ebd. u. Eckl-Dorna: Im Prozess liegt die Arbeit (Anm. 166).

143 »A disc jockey is in a position of power. He can mould taste«, beschreibt 1968 ein Discjockey seine »position of authority«; vgl. Angela Carter: Out of the way. A prince of cloud-cuckoo-land, in: *New Society* 18. 7. 1968, S. 96; Jahre später schreibt Westbam: »Ein Mix, der sich komplett vom zugrundegelegten Musikstück emanzipiert, wird zur eigenen Komposition, der DJ wird zum Komponisten, sogar im Sinne des Autorenrechts.« (Westbam: *Mix, Cuts & Scratches mit Rainald Goetz*, Berlin 1997, S. 56.)

len: »es würde den Personen eine Festigkeit, eine Individualität geben, die sie als kommende und gehende Kneipenbesucher für Jäcki nicht haben. Darum führt er sie nicht ein, er stellt sie hin: Heidi, Susi, Anne, Igor, Arnim, Grischa [...]; zu Charakteren werden sie nicht, sondern genau zu dem, was sie für Jäcki sind: im umgangsprachlichen Sinne ›Typen‹.«[144] Auf vergleichbare Weise verzichtet auch Goetz darauf, die kaum überschaubare Menge der Personen, die in *Rave* angeführt werden, über die Ausgestaltung einzelner Charaktere zu differenzieren: Albert, Hardy, Leksie, Fabian, Sigi, Wolli, William, Max, Olaf, Sue, Cora, Armin, Dana, Caro, Felix, Alex und eine beinahe dreistellige Zahl weiterer Namen werden nicht mit einem nachvollziehbaren Innenleben oder einer rekonstruierbaren Vorgeschichte ausgestattet, sondern ohne weitere Lesehilfen in den Kontext der Erzählung integriert.[145] Nahezu alle der angeführten Namen verweisen auf real existierende Personen, und auch die mit Vor- und Nachnamen erwähnten Protagonisten aus Kulturbetrieb, Popjournalismus, Literatur und Fernsehen – Stefan Aust, Maxim Biller, Ulf Poschardt, Tobias Thomas und viele andere – haben im sogenannten wirklichen Leben durchaus reale Entsprechungen. Für die Lektüre von *Rave* ist dieses Wissen zwar nicht entscheidend, es löst aber Rückkopplungen aus, die sich schon kurz nach der Veröffentlichung der Erzählung in ungezählten, nicht immer unaufgeregten Telefongesprächen der erwähnten oder auch nur vermeintlich erwähnten Personen und auch in einer Reihe von Rezensionen niedergeschlagen haben, die über Feedbackeffekte durchaus bemerkbare Auswirkungen auf die öffentliche Wahrnehmung des Buches gezeitigt haben.

Meinecke arbeitet insofern anders, als er zwischen den im

144 von Wangenheim: *Hubert Fichte* (Anm. 118), S. 47.
145 Die aufgelisteten Namen sind nur eine Auswahl der auf den ersten Seiten von *Rave* angeführten, vgl. Goetz: *Rave* (Anm. 50), S. 17-31; vgl. auch die Auflistung von Namen auf S. 70.

Text entworfenen Kunstfiguren und real existierenden Personen vergleichsweise deutlich unterscheidet. Gleichwohl haben, wie er in einem Interview erwähnt, auch die fiktionalen Protagonisten seines Romans *Tomboy* schon nach der öffentlichen Präsentation erster Ausschnitte des Manuskripts bemerkenswerte Rückkopplungen ausgelöst: »Ich bekam Briefe von Studenten und Studentinnen aus Heidelberg, die wie aus einem Vorabdruck meines Textes lebten und dachten und mich wiederum feedbackmäßig versorgten, während ich den Text noch schrieb.«[146] Meinecke verwendet das Feedback zur Vervielfältigung des diskursiven Materials, er nutzt es aber nicht, um das Personal seines Romans mit soziologisch und psychologisch relevanten Merkmalen zu verlebendigen, um die fiktionalen Figuren zu authentifizierbaren Charakteren auszubauen. In *Tomboy* wie in *Hellblau* ergeben sich die Realitätseffekte vielmehr dadurch, daß die im Text entworfenen Figuren immer auch als fiktive Konstruktionen, als literarische Abstraktionen erkennbar bleiben. Aus umgekehrter Perspektive beschreibt Helmut Böttiger in einer Qualifizierung des *Tomboy*-Personals den gleichen Effekt: »Vivian, Frauke, Korinna, Hans und die anderen gerieren sich zwar wie Comicfiguren, immer auf die jeweilige Situation bezogen, ohne Vergangenheit, ohne Zukunft – aber sie bilden etwas ab, was von der konkreten Zeitgeschichte vorgegeben ist.«[147]

»Stilistisch verhält sich Fiction zu Non-Fiction wie der ›selbstgefundene‹ Ausdruck zum Zitat«, schreibt Heinrich Bosse in einer Rezension zu Fichtes *Palette* und reformuliert

---

146 Thomas Meinecke, zit. nach Christopher Strunz: Methode Pop. Ein Interview mit Thomas Meinecke, Schriftsteller, Musiker und DJ, in: *Einblick. das kölner stadt- und unimagazin* 12/1998, S. 10.

147 Helmut Böttiger: Theorie ist Pop. Eine Tonspur geht in die andere über: Thomas Meineckes Roman »Tomboy«, in: *Frankfurter Rundschau* 29. 8. 1998.

auf diese Weise die Beobachtung, daß in dem Roman »Wirk-lichkeitsbrocken« gerade dort eingestreut werden, »wo in früheren Zeiten vielleicht ein Vergleich gestanden hätte«.[148] Was hier zum Ausgangspunkt der kritischen Anmerkung wird, der wiedergegebene »Jargon« verliere an »Leben« und sei »bei aller Kunstfertigkeit« letztlich nur eine »Sprache ohne jegliche Phantasie«,[149] trifft unabhängig von der negativen Wertung sehr genau einen Punkt, auf den sowohl Fichtes Texte als auch die von Goetz und Meinecke abzielen. Alle drei Autoren unterlaufen jene Zuordnungsmechanismen, die Fiction mit dem selbstgefundenen Ausdruck oder anderen gängigen Vorstellungen von Phantasie und Non-Fiction mit der Form des Zitats identifizieren, indem sie über Verschränkungen der vermeintlichen Gegensätze Texte produzieren, die unentscheidbar zwischen jenen Polen oszillieren, die Goetz als »Höchst-Abstraktion« und »Maximal-Konkretion« beschreibt.[150] Entscheidend dafür ist nicht zuletzt das Prinzip, den Akt des Zitierens nicht auf seine referentielle Funktion zu beschränken, sondern auch dessen performative Qualitäten gezielt zu nutzen. Das Zitieren erscheint nicht nur als ein reproduktives Verfahren zu Zwecken der Dokumentation, sondern vollzieht immer auch eine Geste des Zeigens, des absichtlichen Herausstellens, die Differenzen markiert und auf diese Weise Signifikanz produziert. Die bei Fichte, Goetz und Meinecke beobachtbare Vermeidung von Anführungszeichen, das Zitieren ohne konventionelle Markierung des Zitierten, läßt dabei die Grenzen zwischen eigenem und fremdem Text zugleich diffundieren, was die beschriebenen Effekte – das performative Potential der Texte – jedoch keineswegs auflöst, sondern eher noch verstärkt. Wenn Meinecke Pop als ein »Sich-Verlassen auf die Gegen-

148 Heinrich Bosse: Hubert Fichte/Die Palette, in: *Neue Rundschau* 79 (1968), S. 330.
149 Ebd.
150 Vgl. Goetz: *Abfall* (Anm. 3), S. 802.

wart« beschreibt, verweist er in genau diesem Sinn »auf das Zitieren, das Montieren von Dingen, die man nicht aus seinem tiefsten Inneren herausleiert«. An die Stelle von Phantasie und der Suche nach dem eigenen Ausdruck tritt ein Modus der »Vergegenwärtigung«, der sich zu nicht geringen Teilen über das Prinzip des Zitierens von nicht nur vertrautem, sondern ebenso auch fremdem, unverstandenem Material konstituiert und die beschriebene Gegenwart – oder zumindest die »Illusion des Gegenwärtigen« – so häufig allererst produziert.[151] Nicht Nostalgie und Sentimentalität bestimmen diese Form von Literatur,[152] sondern eine Konzentration auf Sprache und diskursive Formationen, die in der Verarbeitung heterogener – historischer wie aktueller – Quellen nicht auf sprachschöpferische Phantasieleistungen setzt, aber auch keine vollständig distanzierte, nur registrierende Beobachterposition einnimmt.

Weder Gegenwart noch Vergangenheit stellen sich aus dieser Perspektive, die auch Goetz' und Meineckes Projekt einer »Geschichte der Gegenwart« bestimmt, als etwas dar, das man aus einer vermeintlich sicheren Position des Wissens erzählen oder als verstanden abhaken könnte. Der Modus des Zitierens und die Verarbeitung von vorgefundenem Material implementiert den Texten vielmehr unweigerlich immer auch Kontexte, die nicht zu kontrollieren sind und auch nicht

---

151 Thomas Meinecke, zit. nach Eckhard Schumacher: Pop, Literatur. Ein Interview mit Thomas Meinecke, in: *Kritische Ausgabe. Zeitschrift für Germanistik & Literatur* 1/2000, S. 19; auch in dieser Hinsicht ist Pop natürlich nicht die einzig denkbare Bezugsgröße; zu vergleichbaren Verfahren der Vergegenwärtigung durch Techniken des Zitierens bei Walter Benjamin vgl. Bettine Menke: Das Nach-Leben im Zitat, in: Anselm Haverkamp/Renate Lachmann (Hg.): *Gedächtniskunst: Raum – Bild – Schrift. Studien zur Mnemotechnik*, Frankfurt/M. 1991, S. 75.

152 Fichtes Einwand gegen die Beat-Literatur von Kerouac und Ginsberg: »Sentimentalität. Sentimentalität in der vollen Wucht ihrer Bedeutung, nämlich bei Gefühlsarmut der falsch gefühlten Sätze.« (Hubert Fichte, zit. nach Madsen: *Auf der Suche nach einer Identität* (Anm. 1), S. 80.)

kontrolliert werden sollen, die sich fortsetzen, vervielfältigen und in der Lektüre weiterprozessiert werden können. Auf diese Weise formieren sich literarische Schreibweisen, die im Unterschied zu vielen Texten der heute unter dem Stichwort »Pop« verbuchten Verständigungsliteratur gerade nicht ansetzen, »von dem zu sprechen, was man schon kennt, ein Repertoire aus Vereinbarungen darüber zu etablieren, was man an Marken und Fernsehserien prägend hinter sich hat, sondern von dem, was man tun könnte, was man wissen und erfahren könnte«.[153]

Die Aufladung mit Aktualität, die Fichtes Texten zugeschrieben wurde, ließe sich in genau diesem Sinn reformulieren. Sie verlassen sich nicht auf die Attraktivität, Aktualität oder Repräsentativität der beschriebenen Gegenstände, sondern entfalten über Verfahren des Zitierens und der Materialmontage ein performatives Potential, das den Akt des Schreibens ebenso wie die Möglichkeiten der Lektüre als das Ergebnis einer Versuchsanordnung erkennbar werden läßt, deren Ausgang strukturell offen bleibt. Thomas Meinecke übersetzt auch diese Konstellation in die Parameter von Pop, wenn er betont, Hubert Fichte sei nicht jemand, der »über Schallplatten schreibt«, sondern ein Autor, »der selbst Schallplatte, Tonkopf, Abtastsystem ist«.[154]

153 Diedrich Diederichsen: Die License zur Nullposition, in: *die tageszeitung* 7. 8. 2000.
154 Thomas Meinecke, zit. nach Rüdenauer/Meinecke: Der Reiz des Rhizomatischen (Anm. 16), S. 116.

NF 318/1/3.02